产学通® 职业技能教育培训标准丛书

总策划：
中联集团教育科技有限公司
产学通®职业技能专家组

能力导向的职业教育体系构建

（上·理论篇）

李宇红 著

北京大学出版社
PEKING UNIVERSITY PRESS

图书在版编目(CIP)数据

能力导向的职业教育体系构建.上,理论篇/李宇红著.—北京:北京大学出版社,2019.10
ISBN 978-7-301-30795-3

Ⅰ.①能… Ⅱ.①李… Ⅲ.①职业教育—教育体系—体系建设—研究—中国 Ⅳ.①G719.2

中国版本图书馆CIP数据核字(2019)第215520号

书　　名	能力导向的职业教育体系构建(上·理论篇)
	NENGLI DAOXIANG DE ZHIYE JIAOYU TIXI GOUJIAN (SHANG · LILUN PIAN)
著作责任者	李宇红　著
责任编辑	任京雪　刘　京
标准书号	ISBN 978-7-301-30795-3
出版发行	北京大学出版社
地　　址	北京市海淀区成府路205号　100871
网　　址	http://www.pup.cn
微信公众号	北京大学经管书苑(pupembook)
电子信箱	em@pup.cn　　QQ:552063295
电　　话	邮购部 010-62752015　发行部 010-62750672　编辑部 010-62752926
印　刷　者	河北滦县鑫华书刊印刷厂
经　销　者	新华书店
	787毫米×1092毫米　16开本　12印张　232千字
	2019年10月第1版　2019年10月第1次印刷
定　　价	34.00元

未经许可,不得以任何方式复制或抄袭本书之部分或全部内容。
版权所有,侵权必究
举报电话:010-62752024　电子信箱:fd@pup.pku.edu.cn
图书如有印装质量问题,请与出版部联系,电话:010-62756370

前　言

　　职业教育成为一种教育类型而从学科教育中独立出来,并且能够向上衔接至高等职业教育层次,培养相当于普通教育的本科、硕士层次的高级职业人才,关键在于能够与普通教育的学科体系分离,建立自己独立的、稳定的、有序的内部逻辑关系,能够实现内外部自洽和良性循环。职业教育存在的基础是职业,因此其逻辑起点是职业。职业具有内在的体系,职业体系中的工作体系相对于学术体系而独立存在。职业教育与学科教育的主要区别在于一个是工作结构化的,另外一个是知识结构化的。职业知识与能做什么紧密关联在一起,在实践中存在大量的过程性知识,比如技术性、默会性、创设性知识,是具有工作载体和工作情境的知识。职业知识的运用程度往往体现在个人的专业技术、工作技艺和解决实际问题的能力上。因此,能力将与知识一样贯穿于职业教育的培养过程当中,并体现出知识的职业性。在这方面,德国、澳大利亚、加拿大、美国、英国等经济发达国家已经构建较先进、较系统和较完善的职业教育理论与标准体系,积累了丰富的职业教育理论和教学实践经验,其形成的一整套独立而完整的职业教育及教学体系已经经过它们的成功实施在实践中得到验证。近些年,这些理论在中国受到理论界的高度关注,其流行的一些理念与方法,如"双轨制""CBE""TAFE 模式"及其"DECOM 课程模式""学徒制"等,在一些职业院校进行了试验实施和推广。

　　如今中国职业教育迎来了历史性变革和大发展机遇,特别是近年来,中国职业教育不断吸收借鉴国际职业教育经验和探索中国职业教育体系化实践,进入了关键性的变革时期。其标志包括教育制度变革、职业教育法出台、办学模式体制创新、产教深度融合、职业教育体系成形、终身教育体系构建等。同时,与中国社会经济迅速发展相辅相成,中国职业教育培养出大批工作在国家经济、产业发展、企业一线的高技术技能建设者,支撑着中国制造到中国创造转型、互联网创新、"一带一路"倡议实施。中国职业教育正在摸索出具有中国特色的人才培养之路,在激光、通信、农作物、模具、建桥及道路工程方面具有技术领先和人才优势,逐渐取得职业教育教学的先进经验和模式。

目前,职业教育正在推进大的变革,需要真正形成以行业企业为主、基于"雇主需求"的职业教育体系;还需要全面而清晰地把握职业教育中专业所对应的职业能力素质、职业工作任务、职业工作过程要素,界定它们之间的相互关系及其与职业教学和课程之间的逻辑关系;此外,在职业课程开发方面,还需要建立独立的教学逻辑和体系。目前,职业教育课程内容与实际工作任务和就业岗位技能要求还存在差距,工作过程性知识研发还不够到位,教学改革和课程开发工作中还需要跳出学科体系的藩篱,这些问题都迫切需要行业企业特别是行业龙头企业的深度参与。

中国的职业教育必须结合中国社会经济环境和教育环境背景,融合中国行业职业资格及职业标准,在借鉴国际职业教育先进理念和成功实践经验的基础上,建立基于能力本位而不是学科本位的课程理论和实践体系,解构职业岗位工作任务,建立职业教育的教学标准和课程标准,着手解决教育教学实践中的机制体制创新问题。

中联企业管理集团(以下简称"中联集团")率先开展职业教育理论引领性研究与引导性实践探索,在国家构建职业教育体系的基础性、前沿性研究方面进行了有益的尝试,对于中国构建现代职业教育体系具有重大的理论及实践价值。作为全国首屈一指的"互联网+综合财经"一体化大型服务公司,评估业龙头企业,以及会计、审计、造价、税务、财务顾问等专业服务领域翘楚,中联集团的资产评估、财税服务等专业服务面向绝大多数中央企业、1/3上市公司企业和百万级中小微企业,服务地域遍布全国和境外五大洲40多个国家。中联集团具有会计服务资质、税务服务资质、审计资质、证券期货相关审计资质、资产评估资质、证券期货评估资质、土地评估资质(A级)、矿业权评估资质、一级房地产估价机构资质、甲级工程造价咨询资质等,其业务规模和专业水平在国内财经领域及财经专业服务领域处于领军地位。其下属的中联集团教育科技有限公司(以下简称"中联教育")是中国专门致力于财经领域复合型技术技能人才培养的机构,其将产业前沿技术(如智能会计、智能审计、智能税务、智能评估)引入教育培训,将产业智投教育、融合教育、落地教育,推动产业资源转化为教育资源。

中联教育深耕职业教育理论研究与实践,致力于科学化、系统化、规模化投入职业教育资源,深化产教协同和校企深度融合,与全国近500家职业院校合作开展产业学院、产教基地、专业共建、1+X证书培训评价等一系列职业教育探索性实践。中联教育旗下产学通联盟,携手来自如中石化、中石油、国家电网等龙头企业的重量级行业企业专家80

多人，整合中联集团的全球500强优质客户资源中的企业家、技师、工程师，形成数千人的资深企业专家团队，并联合高等院校、科研院所的优秀的职教专家形成研发队伍，合作开展标准开发、课程设计、专业认证研究，在工作任务与教学任务之间建立有机联系，以构建一种独立于学科体系的职业教育能力标准、教学体系和课程体系。

本系列著作是中联集团联合产业界与教育界，借鉴国际先进职业教育与培训理念和经验，分析数千万字的国内外职业教育研究资料，结合数百家企业案例和职业经验，形成的一套建立在中国职业分析基础上的职业教育系统化研究方法论。其从行业企业角度，阐述怎样基于经济发展和企业需求制定人才培养目标，研究能力导向的职业教育标准、课程内容、教学方法；并从职业分析入手，通过解构职业任务，吸收职业标准，制定职业教育标准，建构职业课程体系。

本系列著作是产教协同、校企融合的产物和标志。

本系列著作总策划、总纂人为中联教育首席专家、北京联合大学李宇红教授。

加拿大多伦多大学的赵晶媛教授和北京联合大学应用科技学院的王丽博士为本系列著作提供了大量理论依据、内容组织、资料调研、案例解析，本系列著作多处引用二位的学术观点及论述。

本系列著作的企业研究团队来自中联教育旗下产学通联盟，一批企业专家深度参与职业教育与教学理论研究与实践探索，他们是和越（北京）网络科技有限公司总裁夏凯先生，北京合思管理咨询有限公司首席顾问逄增钢先生及总经理汤晶琪女士，中科曙光集团人力资源部副总经理肖忠野先生，北京盛辉睿德国际咨询（北京）有限公司总经理尹立新女士。他们在设计开发职业仓模型、职业能力序列模型、职业课程开发方法与流程、典型工作任务提取方法等方面做出卓越贡献，为形成项目成果奠定了扎实的实践逻辑基础。

本系列著作的院校研究团队主要是来自北京联合大学应用科技学院的职业教育研究团队，主要成员包括职业教育学科带头人、经济学教授李慧凤（在职业教育理论与实践综述方面做出贡献），教学管理专家、教务处处长齐再前教授（在职业教育理念、历史变迁以及教学管理方面提供研究论据），科研副院长、IT工程师王廷梅副教授（为课程开发提供研究范例），市场营销专业杨洁副教授（提供国际职业标准研究与课程研究成果，并在职业标准构建方面做出贡献）。

本系列著作还引自前期北京联合大学应用科技学院研究团队主持开发的北京市教委、职业教育学会及国家"十二五"规划教育部重点课题关于分级制的研究成果，其中管理学副教授苏艳芳、管理学讲师姚迪、市场营销学讲师刘军、经济学博士张苏雁进行了大量的市场调研、数据资料挖掘和分析以及内容整理、编辑、校对工作，对本成果所需要的资源包括外围技术、人员、工具、方法提供了有力的支持和帮助。此外，如无特别说明，书中相关图表均由作者根据相关资料整理绘制。

同时，参与本系列著作的院校研究团队还包括北京林业大学张青副教授，四川财经职业学院杨勇教授及其团队。

在此对上述主要研究者、参与者表示由衷的敬佩和感谢；同时，还对在本项目研究中给予专业技术支持和理论实践指导的所有学者、专家同人表示感谢。

作 者

2019年1月于北京

目 录

第1单元　学科教育与职业教育 …………………………………… 1
　1.1　学科教育 ……………………………………………………… 3
　1.2　职业教育的理性背景和现实动力 ………………………… 10
　1.3　我国构建职业教育体系的机遇 …………………………… 19

第2单元　职业教育的体系 ………………………………………… 27
　2.1　职业教育的学问体系 ……………………………………… 29
　2.2　职业教育的职业化 ………………………………………… 37
　2.3　职业教育的标准体系 ……………………………………… 39
　2.4　职业教育的教学组织形态 ………………………………… 49

第3单元　职业教育体系建设的理论基础 ………………………… 53
　3.1　现代职业教育体系的文献基础 …………………………… 55
　3.2　能力本位教育（CBE）理念概述与分析 ………………… 67
　3.3　相关概念的厘清 …………………………………………… 85

第4单元　现代职业教育体系实践 ………………………………… 93
　4.1　我国职业教育体系实践 …………………………………… 95
　4.2　德国职业教育体系实践 …………………………………… 98
　4.3　澳大利亚职业教育体系实践 ……………………………… 103
　4.4　美国职业教育体系实践 …………………………………… 108

4.5 加拿大职业教育体系实践 …………………………………… 113

  4.6 亚洲其他模式 …………………………………………………… 117

第 5 单元 现代职业教育体系的特征 127

  5.1 从职业出发构建教书育人全过程 …………………………… 129

  5.2 双能力培养体系 ……………………………………………… 142

  5.3 以学生为中心组织与管理教学 ……………………………… 149

  5.4 信息化下的现代职业教育体系创新 ………………………… 155

参考文献 ………………………………………………………………… 169

第1单元

学科教育与职业教育

第 1 单元　学科教育与职业教育

学科教育与职业教育是现代教育中两类不同的教育形式,其发展背景、基本性质、体系结构和直接培养目标有着明显的区别。究其根源,学科教育与职业教育有着不同的逻辑起点和功能定位:学科教育侧重于知识、理论和学术的严谨与完整,是推动科学发展的根本途径与重要保障;而职业教育侧重于行业和职业岗位的实际需要,直接服务于经济和生产活动,是推动科学转化为现实生产力的关键。本单元对学科教育与职业教育进行的比较,有助于理解职业教育的本质属性,对其有更系统、全面、深刻的认识。

1.1　学科教育

学科教育继承了现代高等教育产生以来的基本内核,按照系科来组织教育、教学活动,并以培养相关专业的高级专门人才为基本目的。学科教育追求各学科知识体系的自身完整和深刻,试图通过对某一学科本身的学习与研究,抓住学科的本质,摸清学科的基本发展规律,从而发现学科中尚未被知晓的东西,为相关领域的研究、发展和相关实践活动的开展进行理论上的指导。因此,学科教育的逻辑性比较强,重在解决理论与实践的结合问题。

1.1.1　学科教育中的知识门类和分支

学科教育是在社会分工出现、私有制产生之后逐步发展起来的。研究者经过不懈的研究和探索,逐渐发现知识中带有规律性的东西,根据相关性、相近性和相似性的特征,按照一定的逻辑顺序对知识进行分门别类的总结、研究和传播,知识的学科属性日渐明朗,学科发展具备雏形,进而出现不同的学科领域。[①]

1.1.1.1　学科教育中的知识门类

学科教育是对应于学科发展取向的知识本位教育,目的是培养学生掌握系统、全面、深刻的学科知识,打下坚实的理论基础,胜任发展学术理论、繁荣民族文化的重任。知识在学科教育中是基础性的要素。学科教育以学科发展中形成的知识理论和学科方法论,即知识体系为主要教学内容。因此,学科教育主要是通过知识理论(包括学科的知识内容及其结构、学科语言符号体系等)和学科方法论引导学生思维方式、表达方式、价值取向乃至生活方式的形成,从而达到学科教育的目的。

学科首先是一门经过分类的知识。反思学科教育中的知识分类,美国社会学家伊曼

---

① 薛濋,王军红.(2008).职业教育与学科教育的相互融合与发展.职业技术教育,29(10),10—12.

纽尔·沃勒斯坦(Immanuel Wallerstein)认为,学科不是我们今日所见的静态的知识分类,而是以一定的措辞构建起来的历史产物。学科知识的分化首先出现在18—19世纪的西方国家,学科知识的分化有利于提高社会生产力。教育部的学科门类表把我国的所有学科分成13大学科门类:哲学、经济学、法学、教育学、文学、历史学、理学、工学、农学、医学、军事学、管理学和艺术学,13大学科门类下面再划分各个学科。科技统计部门把我国研究和科研活动的门类划分为自然科学、农业科学、医药科学、工程与技术科学、人文与社会科学5组,各组之下包含具体的学科。

1.1.1.2 学科发展中的知识分支

在学科发展中,像物理学、化学、经济学、历史学等是经典而成熟的学科,它们是学科知识群中的"内核",这些"内核"在生态环境和学科内部会出现分化、组合和繁衍,从而产生出形形色色的新学科,使得学科知识门类在分类上存在困难。在现代社会,学科既高度分化又高度综合。

1.1.1.3 知识的分类

知识是人脑对物质世界和人类实践活动的主观印象,是人以物质世界和人类自身实践活动为认识对象所获得的观念形态的认识成果,这是广义知识的概念。

知识有多种类型,不仅有概念的、理论的知识,还有经验的、实践的知识。早前,亚里士多德(Aristotle)便明确地区分了认识与实践这两种活动。他认为前者的目的主要在于"知",在于理解世界;而后者的目的主要在于"做",在于改造世界。从用途上看,知识可分为理论知识和实践知识,理论知识和实践知识是构成完整的知识体系不可缺少的组成部分,二者辩证统一。学科教育中的知识以理论知识为主。以下是几种常见的知识分类方式。

(1) 根据知识形态分类

迈克尔·波兰尼(Michael Polanyi)将知识分为显性知识(明言知识)和隐性知识(默会知识),默会知识是明言知识的基础,明言知识是默会知识的外显形态。根据他的观点,人们又把可言传的知识称为显性知识,把那些高度个人化、不容易传递、不能脱离认识主体的知识称为隐性知识。隐性知识部分由技术型技能组成,即那些非正式、难以掌握的所谓"诀窍",包括个体的思维模式、信仰和观点,在认知过程中占有重要的地位。

国际经济合作与发展组织(OECD)在1996年的年度报告《以知识为基础的经济》中,以波兰尼的知识分类为基础,把知识分为四类:事实知识、原理规律知识、技能知识、人力知识。

- 事实知识(know-what),指人类对某些事物的基本知识所掌握的基本情况。

- 原理规律知识(know-why),指对产生某些事情和发生某事件的原因与规律性的认识。
- 技能知识(know-how),指知道实现某项计划和制造某个产品的方法、技能和诀窍等。
- 人力知识(know-who),指知道是谁创造的知识,它涉及谁知道和谁知道如何做某事的知识。

前两类为可编码的显性知识,后两类主要基于实践经验而获得,为不可言传的隐性知识。很明显,隐性知识属于实践知识范畴。

(2)根据认知心理学分类

① 信息加工角度。20世纪80年代,现代认知心理学家约翰·R. 安德森(John R. Anderson)从信息加工的角度,把知识分为陈述性知识和程序性知识。这种分类是根据人们学习知识的信息加工过程不同而提出来的,有实证研究作为基础,所以这种观点普遍被教育学界与心理学界接受,并对教育心理学和学习心理学的研究与实践以及教学领域有关问题的研究产生了积极的影响。

陈述性知识是指描述事物的属性、原因或发展规律的知识,用以说明事物"是什么"或"为什么"等问题。它容易被人意识到,可以明确地陈述出来,比如"长方形的面积是长乘以宽""功的计算公式:$W = F \cdot S$"等。陈述性知识与过去所说的狭义的知识概念是等同的,其主要表现形式是概念与原理。

程序性知识是指用于具体活动的操作性知识,用以说明"怎么做"的问题。这里的操作既包括外部动作操作,又包括头脑内部的认知操作,如计算、推理、决策等。程序性知识体现在实际活动中,个体到底有没有程序性知识不是通过他的回忆而是通过他的活动来判断的。

② 学习结果角度。罗伯特·M. 加涅(Robert M. Gagne)认为,教学是为了达到特定的教育目标,对教学目标的分类,也就是对学习结果的分类。加涅提出了五类学习结果:言语信息、智慧技能、认知策略、动作技能和态度。言语信息即学生将信息存储在长时记忆库中,必要时能够做出回忆和陈述,是一种陈述性知识。智慧技能、认知策略、动作技能、态度均属于实践知识的范畴。

③ 智力角度。从智力来看,美国心理学家罗伯特·J. 斯滕伯格(Robert J. Sternberg)认为,成功智力包括分析性智力、创造性智力和实践性智力。分析性智力用来解决问题和判定思维成果的质量;创造性智力可以帮助人们一开始就形成好的问题和思想;实践性智力则可在日常生活中将思想及其分析结果以一种行之有效的方法加以使用,一般表现为理论联系实践,或是将抽象的知识转换为具体的实际操作。

斯滕伯格将隐性知识和实践性智力联系起来,认为实践性智力发展的一个重要标志就是隐性知识的获得。斯滕伯格指出,具有实践性智力的个体,一般会主动地寻找那些不为人知且常常隐藏于环境中的知识,他们容易获得并使用隐性知识,这是以行动为导向的知识。

(3) 哈贝马斯的知识分类

德国学者尤尔根·哈贝马斯(Jürgen Habermas)同样关注人的实践活动,但是相对于物质生产而言,他更加重视主体间的语言交往行为,并希望通过一定的规范调节这一行为,让主体在自由的沟通和辩论中达成非强制性的共识。他将知识分为三类:第一,科学技术知识,源于物质利益的需要,其目的在于利用技术知识有效地改造自然界,它遵守的是工具合理性;第二,人文科学知识,源于理解意义和价值的需要,目的在于澄清实际生活中的行为规范和符号用以表达行为的意义问题,它要求遵守交往合理性;第三,自我反思的批判知识,源于人类自我解放的需要,它通过对不合理的社会制度和意识形态的批判,把人们从他人的强制和自我异化的状态中解放出来,恢复人的自由和自律。

1.1.2 知识是学科教育的逻辑起点

逻辑起点是一个理论体系逻辑展开的出发点和依据,而知识是学科教育的逻辑起点。从词源学角度,"discipline"学科一词源于希腊文"didasko"(教),与学习有密切的关系,"discipline"在14世纪是指各门知识,尤其是医学、法律和神学这些大学科中的"高等部门"。学科教育是以"关于自然、社会和思维的知识体系"为基础的,知识是学科教育中的基本单元。学科发展本质上是"生产知识的活动和过程"。学科教育植根于专业学科的理论沃土。从教育目的上看,学科教育培养学科的知识体系、学术能力,倡导"学以求知"。从培养的人才类型和层次上看,学科教育培养"治学之才"、学术型人才。从学科设置角度上看,学科教育以知识类型为载体划分学科,如数学、物理、文学、管理学等。

1.1.3 学科下的知识生态

知识生态是指知识在一定环境(包括社会环境和文化环境)下产生和发展的状态以及与环境相互作用的关系。知识生态强调的不是个别要素,而是诸要素有机结合的彰显。

1.1.3.1 知识生态的形成

学科下的知识生态起源于学科和学术专业化。在美国南北战争到第一次世界大战期间,社会行业专业化带动了学术专业化的进程,在学术专业化的过程中,现代大学学科分类逐渐形成。大约在1920年前后,现代大学占支配地位、学术专业化的知识生态环境已明显形成,各学科之间及学科专业内部等级序列的轮廓也基本形成。19世纪思想史的首要标志就在于知识的学科化和专业化,即创立了以生产新知识、培养创造者为宗旨的永久性制度结构[①],在这一时期形成的知识制度模式持续到了今天。

1.1.3.2 组织的知识生态模型

组织的知识生态模型将组织视为一个知识生态系统,它由知识种群、知识群落、组织资源及外部环境构成。组织内具备相同目标、知识能力并分享生存资源的人员组成知识种群。一个组织中拥有执行不同任务的知识种群,如营销、财务、研发等,这些不同的知识种群在组织内彼此互动并相互影响,构成组织的知识群落。知识群落既受组织内部环境因素的影响,如人员素质、作业流程、组织结构、组织文化等,也受外部环境的因素影响,如产业环境、政策、经济、社会及技术等。[②] 知识生态系统通过知识分布(distribution)、知识互动(interaction)、知识竞争(competition)和知识演化(evolution)四种生态机制(DICE)与外部环境保持平衡,从而获得组织利益的最大化,如图1-1所示。在知识群落中,DICE模型能够解释群落中的互动和共同演化行为。

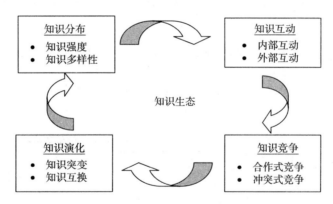

图 1-1 知识生态系统的 DICE 模型

资料来源:Chen et al. (2010)。

知识分布描述了组织中不同知识种群有哪些和如何做的知识不同知识种群具有不同的知识强度和知识多样性。这些知识种群为了解决问题,需要与组织内部或组织外部的知识种群进行互动。由于组织资源是有限的,这些知识种群需要通过合作式竞争或冲突式竞争(即知识竞争)来完成工作。这样,随着时间的推移,知识种群就会进行演化。

1.1.3.3 大学中的知识生态

学科下的高等教育学科系统具备与一般生态系统相似的生态属性和生态化发展趋

---

① 〔美〕伊曼纽·华勒斯坦,等.(1997).开放社会科学.刘锋译.北京:生活·读书·新知三联书店.
② 田庆锋,常镇宇.(2006).基于生态范式的知识管理架构研究.科学管理研究,24(06),65—73.

势,且其内部逻辑体系也符合组织生态学的四个基本假设(一致性假设、可分类假设、结构惰性假设和自然选择假设),所以大学中已形成知识生态。

大学知识生态由五大要素组成:知识资源、知识人、知识环境、知识技术、知识服务。这五大要素相互影响、相互作用,使得整个知识生态系统在时间、空间上趋于复杂。

知识资源指的是进入大学生态系统的人类知识,是智力劳动发现和创造的成果,是人类(或组织)一切知识资源的汇总。知识资源作为整个知识生态系统作用的客体,其数量的多少和质量的优劣直接影响着整个系统乃至大学联盟的建设、运行与维护。

知识人指的是活跃在整个大学知识生态系统里的个体。按照知识流转的先后顺序可以将知识人分为知识生产者、知识传递者、知识序化者、知识消费者及知识分解者。对于大学而言,知识人的各种角色之间并没有明显的界限,例如教师既是知识的生产者又是知识的传递者和知识的消费者。

知识环境是知识产生、存在、成长和创新的不可缺少的物质基础和文化基础,大学知识生态系统的环境影响该系统的健康、平稳、高效、和谐发展。大学知识生态系统的环境可以分为两大类:外部环境和内部环境。外部环境指的是高校所处的宏观环境,主要包括社会知识环境、国家知识环境和全球知识环境;内部环境指的是通过校园内部的具体实物所表现的物化环境,主要包括内部硬环境和内部软环境,如图1-2所示。

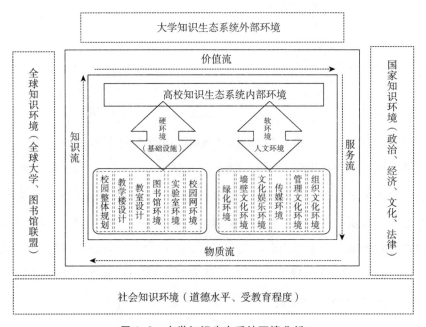

图1-2 大学知识生态系统环境分析

知识技术为实现知识生态系统高效、生态、智能地运行、交流与协作提供所需的手段与方法的支持,包括虚拟网络、行为脚本、操作过程模板等,是知识生态系统的重要组成部分。知识技术强调在知识的识别、组织、存储、服务及创新过程中也需要技术支持,主要包括互联网技术、网络安全技术、数据库技术、数据仓库技术和数据挖掘技术。

知识服务是知识资源与知识创新的中间环节,以大学为研究对象的知识服务主要存在于校园图书馆。它是利用本组织内部的资源或知识服务系统的资源为用户提供特定知识服务的平台,包括知识识别服务、知识组织服务、知识存储服务、知识检索服务、知识呼叫/响应服务和知识创新服务。

1.1.4 知识导向的教育困局

我国素有重视知识导向的学科教育的传统,各级、各类教育都深受这种传统的影响。《国家中长期教育改革和发展规划纲要(2010—2020年)》提出,到2020年我国高等教育毛入学率达40%。那么,剩下的60%上不了大学怎么办呢?其实,发达国家也并非人人上大学,为什么其学生没有高考压力?因为那些国家在学生接受义务教育后就进行分流,学生可以根据自己的特长、兴趣和职业目标选择上或者不上大学。我国的情况却是:绝大多数学生无论自己是否有兴趣等,都把上大学和上名校作为唯一目标。

再看普通高等教育,课程设置上主要是以学科知识为导向的,虽然也重视对社会需求的广泛适应性,但还是以学科体系为线索,重点传授学科前沿理论知识和高新技术。知识导向的教育中教师充分发挥主导作用,在较短的时间内把知识系统地传授给学生,学生的学科知识基础较牢固,但这种人才培养模式重理论轻实践,重知识轻技能,学生有丰富的理论知识却难以掌握熟练的工作技能。

高级创新人才培养上,知识导向的教育同样遇到困境。一个是"中小学生学业负担越减越重"的难题,另一个是著名的"钱学森之问"——"为什么我们的学校总是培养不出杰出人才?"的难题,这两大难题相互交织地形成了以"学业负担越重,教育质量越低"为特征的教育困境。教育困境是由"知识就是力量"理念驱使的知识评价制度造成的。知识评价制度导致学校培养了一批怀揣状元梦、只知死读书而丧失创新能力的人。[1]

因此,知识导向的教育培育出的学生已不能完全满足我国经济发展、科技创新方面的需求。当前,大学毕业生能力与社会需求失衡,就业困难。教育内部及其与社会的多重矛盾汇聚形成的压力最终都压到了学生身上,学生投入的学习时间总量位居世界前列,学习成本付出巨大但收益不大,由此引发的教育困境呈现出愈陷愈深的态势。

"知识就是力量"不能说是不对的,教师传授知识是其本职工作,学生学习知识是其应该做的,考试考知识、考重要的知识点是考试的基本功能,但培养人才仅靠知识积累就

---

[1] 刘尧.(2018).教育困境源于教育质量迷失.教育科学研究,(05),15—17+45.

可以吗？答案一定是否定的。教育当然要传授知识，但教育不只是传授知识，教育最终要给学生的是运用知识进行创造的能力。

1.2 职业教育的理性背景和现实动力

职业教育要得到科学、和谐的发展，必须正本清源。职业教育的理性背景对职业教育政策制定、职业教育体系建设、教育教学设计等方面有重大影响。动力机制是指一个事物赖以运动、发展变化的不同层级的推动力量及其产生、传播并发生作用的机理和逻辑。社会、经济、科技进步和政策环境变革为职业教育发展提供了动力之源。

1.2.1 工业时代的职业教育取向

近代工业时代的发展对职业教育发展起推动作用。19 世纪中叶，欧洲开始工业化进程，经济飞速发展，国民收入成倍增加。而当时传统的以学术研究为主的大学已不能满足迅速发展的科技对实用人才的需求。因此，以欧洲国家为代表率先开展职业教育，大大促进了工业化的发展。工业时代下的职业教育从哲学取向上看，主要有社会取向、职业取向、技术取向和人本取向。

职业教育的社会取向。职业教育有着显著的社会性特点。经济结构变化、产业结构转型升级、经济社会发展等，对职业教育产生了强烈的影响和促进作用。以社会需求为导向的职业教育，需要调整自身实践中人才培养模式的构建及其实施策略：与时俱进，根据经济社会不断发展变化的需求，把职业教育作为受教育者个体社会化过程中的一个环节，将接受职业教育的"学人"培养成为能够适应社会需求发展变化的"社会人"；根据经济、产业、社会和文化的发展要求调整专业人才培养的目标，体现职业教育的社会适应性。职业教育培养适应经济社会发展需要的"社会人"以及发挥文化传承等功能，满足了经济社会发展的需要，促进了社会的和谐与发展。

职业教育的职业取向。职业教育的产生和发展史表明，职业教育是"为了职业而进行的教育"。虽然职业教育经过了数百年的发展，但职业性仍是其最根本的属性。基于职业取向的职业教育，其逻辑起点和生存基础应是使受教育者完成个体的初步职业化——通过有组织、有计划、有目的的职业教育和岗位实践活动，使受教育者将已获得的知识和技能内化为基本胜任特定职业岗位（群）工作的职业能力；其落脚点和发展空间应是使受教育者具备初步的职业发展能力——在受教育者完成个体初步职业化并逐步明确职业角色的基础上，使接受职业教育的个体具备"完全职业化"和基于职业的基本发展能力。因此,职业教育必须关注社会职业的变化,并根据变化的职业岗位的要求培养不同知识、能力和素质结构的职业化专门人才。

职业教育的技术取向。基于技术取向的职业教育应当以"技术"为核心,构建职业教育课程体系——根据职业岗位"技术"的特点和要求组织教学内容;组织教学实践活动——根据职业岗位"技术"的特点和规律加以实施;凸显教学内容的手段性和方法性——对学生进行技术性很强的技术应用能力训练,以便在规定的时间内达到某种职业或职业岗位的基本技能或高级技能要求,进而实现职业教育的目标。这种基于技术取向的职业教育是否具有职业教育特色,在很大程度上取决于课程内容是否以技术为导向进行选择和序化,教学实施中是否遵循技术特点进行训练和模拟,教学目标上是否围绕技术目标的实现进行突破和创新,实现与特定职业岗位的"无缝"对接。

职业教育的人本取向。强调把学习者作为一个真正的独立个体来看待。职业教育作为教育活动中的一个子系统,同样需要将理解人、尊重人、发展人放在第一位。基于人本取向的职业教育,应确立的基本教育理念是:人是一切活动的中心和主体,社会生活中包括教育活动在内的一切实践活动,都是围绕人的健康、快乐、幸福生活而展开的。

1.2.2 变迁时代的教育变革

我们正处于社会和经济变迁的时代,需要职业教育提供有力的人才支撑。2013 年,德国联邦教研部与联邦经济技术部在汉诺威工业博览会上提出"工业 4.0"概念,并调整教育规划,重点培养符合"工业 4.0"战略需求的人才;美国提出重整制造业,大力培养理工人才及高级技术人才;日本大力培养高级技术开发及职业应用型人才。发达国家通过战略规划、政策制定、资金投入及基础设施建设,持续地为制造业升级、为经济和社会发展储备高级技术技能型人才、高层次技术人员、一线管理人员、社会服务领域专业从业人员。部分国家政策措施如表 1-1 所示。

表 1-1 发达国家人才培养政策及措施

国家	时间	政策或背景	教育发展及人才培养措施
美国	2009 年	《美国复苏与再投资法案》	教育投资是法案的重点;设立基金,培养年轻人在理工科深造,以缓解理工人才短缺
	2011 年	《"高端制造合作伙伴"计划》	培育制造业人才
	2012 年	《先进制造业国家战略计划》	大量培养先进制造业增长所需的技术工人,要求培训和教育系统对先进制造业对技术人才的需求做出快速、有效的反应
	2013 年	《国家制造业创新网络:一个初步设计》	建设制造业创新中心,助力专业领域人才培养

(续表)

国家	时间	政策或背景	教育发展及人才培养措施
德国	2013 年	《保障德国制造业的未来——关于实施"工业 4.0"战略的建议》	确立以信息化为首的跨领域人才培养的新要求，培养以信息化素养为首的一系列复合型人才；建立职业教育与普通教育等值的资格体系，培养高级技术技能型人才以满足"工业 4.0"战略的人才需求
日本	2013 年	《教育振兴基本计划》	培养面向社会、具备独立的职业能力和态度的应用型人才
	2014 年	《出入境管理法改正案》	吸引海外高等人才
	2015 年	《2015 年制造业白皮书》	培养制造业所需人才；培养适应新型制造业需求的人才

2015 年，国务院印发《中国制造 2025》。我国推进新工业革命，不仅推动着生产制造业的转型升级，而且深刻影响着人们的思维方式、行为方式、交往方式、生产方式和生活方式，同时影响到职业教育的变革。伴随国家建设工业化、信息化、城镇化、市场化、国际化的关键时期，部署"创新驱动发展""中国制造 2025""互联网+"等重大战略，经济结构转型和社会发展迫切需要大量的高层次应用型、复合型人才作为人力支撑。党的十九大报告明确提出，我国的改革已经进入深水区，职业教育改革更是如此。加强顶层设计，构建国家职业教育体系，建立职业教育各级、各类教育机构与组织的内部联系规则和机制及其与外部环境的响应机制已经迫在眉睫。

当前职业教育改革的目标是形成适应经济发展方式转变和产业结构调整要求、体现终身教育理念、制度完善、发展协调的现代教育体系，满足人民群众接受职业教育的需求，满足新时代中国特色社会主义建设对高素质劳动者和高新技术技能人才的需要。新时代职业教育改革要坚持"三个面向"和"两个服务"的总体要求。

职业教育要坚持"三个面向"。首先，职业教育要面向现代化。为满足领会党的十九大精神、贯彻新的发展理念、建设现代化经济体系的要求，职业教育要根据现代化进程中社会分工的复杂性和人才结构的层次性，建立专业体系、教育层次和培养模式，为经济发展和社会发展提供人才支撑。其次，职业教育要面向世界。我国致力于维护全球自由贸易体系和开放型世界经济，参与国际经济技术合作的范围更大、领域更广，为顺应世界多极化、经济全球化、文化多样化、社会信息化的潮流，对产业发展、人才规格的国际化水平要求更高，迫切要求我国职业教育制度、体系、标准同世界各国职业教育制度、体系相互沟通、衔接，增强共融性和认可度。最后，职业教育要面向未来。职业教育作为与经济社会结合得最为紧密的教育，既要立足于为现实生产力水平需要培养人才，又要为适应生产力创新、发展、变化储备人才。根据十九大关于决胜全面建成小康社会,开启全面建设社会主义现代化国家新征程的目标,职业教育的内涵和外延处于动态调整的变化过程中。经济发展方式不断变革,新的行业和职业不断涌现,职业教育与经济产业不断融合,应按照市场发展调整教育内容。

职业教育要坚持"两个服务"。首先,职业教育要服务人人。职业教育应当建立以人为本的学习制度,创新办学模式和教育内容。针对不同的教育对象提供丰富的、个性化的教育内容,采取更加灵活的教育教学方式和方法,为每个人在不同的发展阶段提供相应的教育服务;针对新就业群体、农村地区和城市困难家庭以及社会弱势群体开展职业教育,使无业者有业、有业者乐业,使每个人都能为从事职业掌握一定的职业技能,促进创业、就业可持续发展。其次,职业教育要服务终身。职业教育既是终身教育的主要内容,又是构建终身教育体系的重要环节。终身教育、终身学习、终身深造已经成为人们职业迁移、职业升迁甚至生存和发展的内在需求。职业教育体系能够应对职业发展和职业转换,建立教育、培训的二元结构,在制度设计上统筹考虑非学历培训、转岗培训和成人继续教育与职业教育,形成大职业教育。学习者可以通过在校连续学习以及多次学习实现知识、技能水平的提高,实现终身发展。

构建有中国特色的现代职业教育体系,就是建立职业教育组织机构及其管理体制、职业教育内部结构及其运行规则。职业教育教学管理制度(如入学制度、考试制度、专业设置、学籍管理制度、考核评价制度等),是由一系列的教育政策、制度和规则构成的。当前存在一些困扰职业教育的瓶颈问题,具体包括:职业教育是专科层次的低层次教育;职业教育"立交桥"缺失,与普通教育相互融通,内部各层次相互衔接没有制度保障,多元化人才成长路径不通畅;职业教育人才培养的结构性矛盾日益突出;职业教育办学功能单一,吸引力不足;人才培养模式和学习制度不够灵活。

在国家层面设计并组织构建职业教育体系是世界各国采取的普遍做法。其重点是建立职业教育分级制度,丰富职业技术技能人才培养层次,以适应新时代发展的需要;统筹社会各类职业教育资源,为人们创造更多的学习机会;建立灵活开放的学习制度,设计好以能力为导向的职业教育学历标准,融合教育标准和用人标准,兼顾连续学习和非连续学习;创新财政、就业、社会保障等相关政策制度。

1.2.2.1 人力资本需求数量的变化

随着制造业转型升级,我国经济由高速增长转为中高速增长的新常态,人力资本需求的增长速度也由此放缓。[①] 我国制造业正从以重工业化和传统制造为核心的劳动密集

---

① 窦争妍.(2016).中国制造业转型升级背景下的人力资本积累研究.上海社会科学院.

型、资本密集型转向高加工度化和技术知识密集型。由此造成我国人力资本需求增速放缓,但人力资本的效率在不断提高,这也由日本、韩国和我国台湾地区的发展经验所证实。

1.2.2.2 人力资本需求结构的变化

第一,制造业转型升级中产业结构的快速变化,对人力资本的需求结构和层次提出了全新的要求。已实现工业化的国家的经验事实表明,在工业化进程加快和产业结构不断升级的过程中,制造业转型升级对人力资本需求的规模、结构及质量都提出了更高的要求,尤其表现在人力资本的结构性需求方面。在工业4.0中,最大的转变就是"智能化"。智能化生产系统中,服务与生产融为一体,技术技能人才将直接面向客户进行生产,这对他们来说是一种全新的工作模式。由此,智能化生产系统需要的技术技能人才将是一种高度复合型人才。

第二,不同行业对人力资本需求的结构性特点不一样,给人力资本发展带来了一系列的矛盾。制造业转型升级给不同行业带来了不同冲击,造成各行业的发展趋势和速度产生差异,由此形成了各行业人力资本的供求矛盾。一方面,传统行业对人力资本需求开始呈现下降趋势;另一方面,制造业转型升级背景下,高端制造业、新兴产业的人力资本需求在绝对数和相对数上都快速增长,但增长状况和趋势不确定性较大,导致高端劳动力及技能型人力资本需求增长的不确定性。

1.2.2.3 职业教育变革需求

在创造业转型升级的变革背景下,职业教育需要在人才培养目标定位、课程设置、教学内容、教学过程、教学组织和管理方法等方面进行变革,需要在职业教育体系中探索一种能促进能力持续积累的长学制的人才培养体系。一方面,随着高等教育规模的扩大,高校培养对象由少数精英人才转变到为经济社会发展提供大量应用型人才。学生来源多样化、教育质量取向多样化、人才规格与需求多样化、社会职能选择多样化,需要不同类型、不同层次、不同特色的高等学校分别履行不同的责任。① 另一方面,随着经济发展进入新常态,人才供给与需求关系发生变化,面对经济结构深刻调整、产业升级步伐加快、社会文化建设不断推进,特别是创新驱动发展战略的实施,高等教育结构性矛盾更加突出,同质化倾向严重,毕业生就业难和就业质量低的问题仍未得到有效缓解,生产服务一线紧缺的应用型、复合型、创新型人才培养机制尚未完全建立,人才培养结构和质量尚不适应经济结构调整和产业升级的要求。为适应服务对象变化和高等教育大众化的多样化发展要求,解决高等教育面临的问题,发展职业教育成为高等教育大众化变革的必

---

① 潘金林.(2010).高校分类:高等教育多样性发展的重要导向.教育发展研究,(01),34—37.

然结果。

1.2.3 职业教育的功能和价值

1.2.3.1 职业教育的功能

职业教育与教育所具有的功能,如文化传递功能、政治功能、经济功能、发展科学技术功能、培养人才功能等是一致的,但作为一个特定的教育类型,除共性外又有其自身特有的功能。

(1) 职业教育推动经济发展功能

英国经济学家托马斯·巴洛夫(Thomas Balogh)提到,发展中国家的职业教育与经济发展是相辅相成、相互促进的。职业教育规划做好了,就能推进经济发展和社会进步;而经济发展了,社会进步了,又能使职业教育有更大的发展空间。[1] 德国学者埃罗尔·维什努·拉姆萨罗普(Errol Vishnu Ramsaroop)和来自商业、经济、劳动、生产、服务行业以及教育部门的专家就"职业技术教育什么方面可察觉的变化会对未来3—5年的经济产生潜在的影响"的研究结果表明,对经济影响最大的是职业技术教育的质量方面,排在第二位的是职业技术教育项目的质量和职业技术教育的基础方面。[2]

关于职业教育是否在经济发展中起着促进作用,众多学者也进行了大量研究。Rumberger and Daymont(1984)对美国国家长期调查的研究发现,职业教育有正面的影响,较高的职业教育学分有助于增加就业机会,减少失业等待的时间并增加收入。Kang and Bishop(1989)也发现了相似的结果,他们认为职业课程增加了男性及女性的就业时长,并且增加了男性的工资。[3]

职业教育为社会培养了大量的、涉及众多行业及众多岗位的初中级技术型和技能型人才,他们占社会劳动力的绝大部分,并直接服务于经济建设,推动了经济的发展。另外,职业教育有助于提高劳动者的整体素质,促进劳动生产率的提高,推动经济的发展。

(2) 职业教育促进个体职业化发展功能

德国著名教育家G.凯兴斯泰纳(G. Kerschensteiner)认为,公立学校应办成"劳作学校",主要任务是进行性格培养和职业训练。劳作教育思想从国家利益出发,肯定了职业教育的价值与职业教育的重要性,认为职业训练是"人的教育"的先决条件,主张消除普

---

[1] 周正.(2006).从巴洛夫到福斯特——世界职业教育主导思想的转向及启示.湖南师范大学教育科学学报,5 (01),84—89.

[2] Ramsaroop, E. V.(2011). Vocational and technical education changes that are potential contributors to the economic development of Trinidad and Tobago, Virginia Tech.

[3] 石凌.(2009).职业教育与经济增长的关系研究——以柳州市为例.华中科技大学.

通教育与职业教育的对立,用职业教育改造传统基础教育,培养新时期国家需要的既忠诚又有用的公民。这一思想符合 20 世纪初的西方经济发展对教育及人才的需要,因而迅速为西方国家所接受,并演变成欧美的"劳作学校运动",使劳作教育思想走出德国,成为 20 世纪初流行于西方世界的最强劲的职业教育思想。所谓职业化发展功能,是指职业教育使受教育个体由自然人趋向并成为职业人。这项功能是职业教育区别于普通教育的根本功能:一方面,职业教育可以促进学生从"学校人"向"社会人""职业人"转化,通过职业教育使学生掌握必要的文化基础知识、专业理论知识、实践技能及职业道德等,具备一定的职业能力和职业素质,为就业做好准备;另一方面,职业教育可以对在岗人员和下岗失业人员进行在岗提高与转岗培训,充分挖掘和开发人的潜在劳动能力。

(3) 职业教育对教育结构与作用的完善功能

职业教育是"有教无类的教育"。专业教育的特点决定了职业教育的多样化特点,而与经济紧密结合的特点决定了职业教育的创新性。职业教育的这些特点使得它在各类教育事业中独树一帜,并对其他教育类型产生积极的推动和完善作用。主要表现在:改变精英式教育,使教育向大众化转化;对教育事业协调发展具有支撑价值;完善教育体系,构建开放、灵活的教育体制;实现终身教育,构建学习型社会。

(4) 职业教育人力资源开发功能

人力资源开发是指充分、科学、合理地发挥人力资源对社会经济发展的积极作用而进行的数量控制、素质提高、资源配置等一系列活动相结合的有机整体。人力资源开发需要从三个方面入手:第一,对人力资源赖以产生的人口规模进行适当的控制;第二,通过教育和培训等手段,全面提高人力资源各方面的素质,包括科学文化知识、劳动技能、职业道德及身体素质;第三,把人力资源配置到合适的岗位上。其中,职业教育与训练是更新知识技术和岗位转换培训的最适合、最主要的教育形式,因而职业教育是人力资源开发最主要的途径。

1.2.3.2 职业教育的价值

职业教育的价值是其本质和特征的具体的社会意义,至少包括以下四个方面:

(1) 教育价值。普通教育依据理论知识的掌握和逻辑思维能力来培养和选拔人才,职业教育则依据实践动手能力来培养和选拔人才,在一个健全的教育体系里二者缺一不可。

(2) 社会价值。职业教育将人由潜在的劳动力转变为具备一定技术技能的现实劳动力,它是促进经济社会发展、增加就业、消除贫困、促进社会和谐稳定的重要积极因素。

(3) 对人的价值。职业教育在普通教育之外开辟了一条成才之路,有利于人们根据自身特点充分实现人生价值,并能促进就业和改善生活质量。

(4) 社会文化价值。职业教育可以提高劳动者的社会地位,彰显劳动的价值,有利于克服传统观念中"重道轻器"和"劳心者治人,劳力者治于人"等消极思想。

1.2.4 职业教育的类型结构、属性与层次结构

1.2.4.1 职业教育的类型结构

职业教育的类型可以从不同角度来理解:一是指各办学机构不同类别的比例构成,如中等职业教育机构中技校、中专、职业学校数量的比例及其之间的关系;二是从不同教育阶段来划分,可以分为职业启蒙教育、职业准备教育和职业继续教育三个阶段。职业启蒙教育是指在基础教育阶段实施的,引导学生树立职业意识,普及一定职业常识的教育;职业准备教育是为初次就业者提供就业所需的知识、技术、技能和素质的各级各类职业教育和培训;职业继续教育则是对已就业人员提供各种职业再教育、再培训,以提高、扩大、更新他们的职业知识和技能。这三个阶段的比例随着社会经济、技术、文化水平的发展而变化。

职业教育的类型结构主要指的是具有鲜明职业属性的职业教育种类[1],即职业教育的专业结构。它与高等教育体系的专业结构不同,不是根据学科类型来划分的,也不能与社会职业类型结构一一对应,它与当时社会需求的人才类型以及社会职业结构类型密切相关,受社会和地区的产业结构、技术结构和就业结构的制约。随着经济水平和结构的发展变化,职业教育的类型结构必然要相应地调整。因此,在不同时期、不同地区、不同经济技术发展水平,职业教育体系的类型结构是不同的。

1.2.4.2 职业教育的属性

教育是一种复杂的社会现象,职业教育作为教育形态之一,其属性更是复杂。

(1) 领域论视角下的跨界属性

领域论视角下的职业教育,是一个复杂的、开放的、多层结构的有机系统,跨界是贯穿于职业教育相关问题的主要属性[2],具体体现在:学理跨界,指职业教育传递的教学内容是知识与技能的跨界整合;物理跨界,指场所上(学校与企业)跨界,学习与工作相整合;事理跨界,指教育与职业有着各自的事理(即规律),职业教育开展的不同阶段,教育与职业会形成介于"同"与"异"之间的无形的、动态的界限。

---

[1] 欧阳河.(2009).职业教育体系论.中国职业技术教育,(30),5—8.
[2] 刘晓,周明星,GAO Han.(2016).现代职业教育理论体系:认识论、本体论与方法论构建.大学教育学,(05),101—104.

（2）层级分类视角下的九大属性

职业教育是一种重要的与生产直接相关的人类实践活动，蕴涵着极为丰富的属性。职业教育的主流属性由社会性、生产性、职业性、适应性、中介性、产业性、平民性、大众性和多样性组成。① 第一层是职业教育社会性，为职业教育提供了范畴属性；第二层是职业教育的生产性、职业性、产业性，这三个属性共同决定着职业教育必须有着明确的职业导向性；第三层是职业教育的适应性、中介性、多样性，它们是职业教育的功能和作业属性；第四层是职业教育的大众性和平民性，体现了职业教育"以人为本"的出发点和归宿。

（3）教育教学视角下的六大属性

教育教学视角下的六个属性分别是：

① 教育对象的广泛性。职业教育的对象是最广泛的，是其他任何一类教育都无法比拟的。

② 教育教学内容的职业性。职业教育的教育教学内容是针对一定的行业、职业岗位需求来设置的，包括从事这一职业的基础知识、专业知识、基本技能、专业技能，以及相应的思想观念、道德品质、综合素质、职业规范等，所有这些无不体现着鲜明的职业性。

③ 教育教学过程的实践性。职业教育的教学过程，即便是学习相应的基础理论，也是为指导实践、提高技能服务的，而技能必须在实践中通过反复多次的训练才能形成。

④ 教育教学资源的社会性。这首先体现在职业教育的对象和整个职业教育工作的社会性上，另外职业教育的改进、改革也都得依赖于社会各界，特别是相应行业的信息反馈和积极参与。换言之，离开了社会，是不可能办出真正好的职业教育的。

⑤ 教育教学目标的指向（特定）性。无论哪种岗位职务、哪种层级、哪种类型，也无论学历、非学历职业教育，其目标指向都是非常明确的，而且有相应的考核检测标准。

⑥ 教育教学方式的多元性。职业教育的人才培养模式是多元的，职业教育完全可以多层次、多形式、多规格、多途径、多功能、多类型、立体全方位地培训与培养社会需求的各种人才，这是普通教育所无法比拟的。

1.2.4.3 职业教育的层次结构

（1）我国职业教育的层次结构

职业教育的层次结构主要是指各级职业教育学校和培训之间的比例构成以及相互衔接。职业教育的层次结构可以划分为初等、中等、高等三个层次。高等职业教育又分

---

① 南海.(2012).职业教育的逻辑.太原：山西人民出版社.

为高职、高职升本科和专业硕士研究生三个层次。职业教育体系的每一个层次都有自身质和量的规定,各层次之间具有依存性并可相互衔接沟通,高一层次在一定程度上要以低层次为基础,这是体系内部结构有序性决定的层次进化。

(2) 职业教育层次结构的发展趋势

随着时代和社会的发展,职业教育体系的重心经历了由初等职业教育向中等职业教育再向高等职业教育转移的过程。[①] 进入后工业化的发达国家,如美国、英国等职业教育的主体层次是高等职业教育,初等职业教育基本退出历史舞台。2004—2010年,我国职业教育的层次结构重心随着生产力发展水平的提高出现了上移[②],具体表现为:初等职业教育的发展规模出现萎缩;中等职业教育的发展规模和速度尽管呈现递增趋势,但趋于放缓,甚至不变或下降;高等职业教育的发展规模和速度都呈现逐年递增趋势,且增势不减。

层次多样化和上移是职业教育层次变化的规律,并出现一体化的趋势。但目前层次间的衔接主要集中在学制的衔接,如举办"五年一贯制"专科、"3+2"或"3+3"中高职合作办学等。统一设置中高职专业,明确培养目标及层次,中高职学校共同开发课程,实现课程的衔接是当务之急。

1.3 我国构建职业教育体系的机遇

当前,我国进入经济转型升级的新阶段,党的十九大报告提出,"建设知识型、技能型、创新型劳动者大军"。这对我国的教育事业,尤其是职业教育提出了新要求。构建我国现代职业教育体系是国家战略性制度安排,是经济社会发展的要求和反映。

1.3.1 发端、成长及发展阶段

1.3.1.1 发端与成长

职业教育是历史的产物,伴随着社会的发展而发展。我国的职业教育自清末以实业教育的形式出现,经民国时期职业教育的兴起与成长,至中华人民共和国成立后职业教育的改革与发展,经历了一个产生、发展的历史过程。

---

① 关晶,李进.(2014).现代职业教育体系研究的边界与维度.中国高教研究,(01),90—93.
② 刘新华,王冬琳,王利明,蒋从根.(2013).我国职业教育层次结构与生产力发展水平关系的实证研究.中国高教研究,(04),93—98.

清末实业教育是我国职业教育的雏形,是我国职业教育历史的发端。随着工业化时代的到来,西方工业化国家的职业教育取得了快速的发展。而我国经历了漫长的农业社会,职业教育发展缓慢。① 清末鸦片战争以后,我国饱受西方列强的侵略和凌辱,有识之士提出向西方学习,在"师夷长技以制夷"精神的指导下,掀起洋务运动,兴办洋务学堂,实施实业教育,迎来了职业教育短暂的春天。

民国时期的职业教育,对于促进我国职业教育发展最具典型意义的事件,当属1922年颁布的《学校系统改革案》和黄炎培先生创立的中华职业教育社与中华职业学校。② 黄炎培、晏阳初、陶行知等先驱的思想、职业教育的形式在那个时代得到了一定程度的传播,为后世职业教育发展打下了基础。

中华人民共和国成立前,共产党在苏维埃政府时期、抗日根据地时期、解放区时期制定了大量的职业教育政策,在职业教育的形式和内容上也展开了大量的实践和尝试,积累了丰富的职业教育经验,这为中华人民共和国成立后我国职业教育的发展奠定了坚实的基础。

1.3.1.2 主要发展阶段

自中华人民共和国成立以来,我国职业教育的发展经历了几番起落,特别是改革开放以来,迎来了新的发展机遇,职业教育事业得到了空前的发展。

(1) 奠基时期(1949—1957年)

1949年10月中华人民共和国成立,社会主义建设事业急需数以万计的熟练掌握应用技术知识和工作技能的技术工人。我国职业教育积极借鉴苏联的教育模式和管理体制,得到了较快的发展。1952年3月,政务院(现更名为国务院)发布了《关于整顿和发展中等技术教育的指示》,明确表示培养技术人才是国家经济建设的必备条件,大量地培养中初级技术人才尤为当务之急。为此,在"一五"计划时期,我国相继建设了许多中等职业学校、技工学校,成为我国培养中初级管理人员和技术工人的主要阵地,较好地满足了国家建设对各级、各类应用人才的急需。

(2) 起落时期(1958—1965年)

1958年的"大跃进"运动使职业教育深受影响,出现了一哄而上、盲目发展的失控局面。以中专学校为例,1957年是1 320所,在校生是77.8万人,到1960年中专学校发展到6 225所,在校生达到221.6万人,分别是1957年的4.7倍和2.8倍。盲目发展的结果是大批学校徒具形式、名不符实,学校办学条件差,合格老师严重短缺,学生的理论水平

---

① 姜闽虹,李兰巧.(2013).文科实训,一种高职实训模式的探索.上海:上海交通大学出版社.
② 李金奇,袁小鹏.(2015).教育民生论.北京:教育科学出版社.

和实际能力都非常差,整体素质十分低下。在国家"调整、巩固、充实、提高"八字方针的指引下,我国职业教育也进行了调整和整顿。中专学校、技工学校从学校数到在校生人数都调整到了一个合理的水平上。

(3) 重创时期(1966—1977年)

在"文化大革命"时期,我国职业教育事业遭到了重创,出现了严重的倒退。中等职业教育结构严重失衡,"双轨制"教育之一的职业教育受到批判,大批职业学校停办,大批教师改行。到1969年,我国中专学校减少到1 058所,为历史上最低,而农村职业中学在此期间为一片空白。

(4) 恢复时期(1978—1984年)

本阶段国家职业教育政策重点是改革中等教育结构、发展职业教育、建立职业教育体系。"四人帮"被粉碎以后,我国教育事业及时进行了拨乱反正,得到了恢复和发展。1977年,邓小平提出了"尊重知识,尊重人才"的号召,提倡教育要"两条腿"走路。1978年4月的全国教育工作会提出了"普中与职业教育并举"的方针,提出要按比例发展各类学校教育,特别是农村职业中学、中专、技工学校之间的比例要适当调整,中等职业教育迎来了快速恢复性发展。1980年,中共中央提出"有步骤地改革现行的教育制度,改变中等教育单一化,与经济建设严重脱节的情况,把职业教育作为教育体系的重要组成部分,逐步建立职业教育网"。1983年5月,中共中央、国务院颁布了《关于加强和改革农村学校教育若干问题的通知》。1983年5月,教育部、劳动人事部、财政部、国家经委联合下发了《关于改革城市中等教育结构,发展职业技术教育的意见》,明确了发展城市中等职业技术教育的方向、途径和要求,城市职业教育也迎来了恢复性发展。到1984年年底,全国中等职业教育在校生已达370万人。这一时期,我国高等职业教育、职业师范教育得到起步发展。

(5) 发展时期(1985—1996年)

本阶段从1985年《中共中央关于教育体制改革的决定》(以下简称《决定》)颁布至1996年《中华人民共和国职业教育法》(以下简称《职业教育法》)实施,职业教育发展呈现出政府推动、外部驱动、规模发展迅速等特点。[1] 首先,新时期我国职业教育发展的基本思路确立。1985年《决定》发布,标志着包含职业教育在内的新时期教育发展的思路已经初步形成。《决定》对职业教育的定位、发展路径及相关政策进一步系统化,提出了"调整中等教育结构,大力发展职业技术教育"的方针,明确要求各单位招工应优先录用职教毕业生的倾斜政策,并且确定了学校教育从中学阶段开始分流的方针。《决定》肯定

---

[1] 和震.(2009).我国职业教育政策三十年回顾.教育发展研究,29(03),32—37.

了"社会力量办学",为各种形式的职业教育办学提供了政策基础。《决定》中关于职业教育发展的政策具有高度的权威性,为新时期职业教育的发展确定了基调。其次,职业教育规模发展和内涵发展并重。1991年国务院出台的《关于大力发展职业技术教育的决定》,明确提出职业教育要继续扩大招生规模,使全国中职在校生人数超过普通高中在校生人数。在扩大招生的同时,主要走内涵发展的路子,包括有计划地建设骨干校、示范校,提出职业学校的师资队伍建设问题。此外,《国家教委关于推荐应届职业高中毕业生参加高考的有关问题的通知》明确中职生继续教育通道宣告开通,此举意义重大。

(6) 滑坡时期(1997—2001年)

本阶段是职业教育从计划经济体制转向引入市场驱动机制的转型期,职业教育矛盾重重,中等职业教育出现困顿与危机。首先,自1997年起,中等职业教育占高中阶段招生的比例不断下降,招生数出现负增长。与此同时,职业教育的社会声誉下降,被认可度降低,中等职业教育处于一片悲观和迷茫氛围之中。其次,生源减少。进入"九五"后,我国社会主义市场经济体制改革逐步深化,职业教育逐渐丧失原有的计划培养模式的基础。再次,自身改革滞后。职业教育计划培养的社会经济基础改变了,培养模式却没有相应地转变。从次,职业学校专业设置、课程体系与就业关联性不强,学生的实际操作能力也不强,难以适应市场的需要。最后,高校扩招,带来了普通高中热。鄙薄职教、"抑职扬普"观念升温。1997年普通高中招生数较1996年猛增14%,中职生源数则相应锐减。

为扭转这种局面,政府颁布了相关政策措施。1999年,国务院发布《关于深化教育改革全面推进素质教育的决定》,提出要构建不同类型教育相互沟通、相互衔接的教育体制,为学校毕业生提供继续学习深造的机会;职业技术学院(或职业学院)可采取多种方式招收普通高中毕业生和中等职业学校毕业生;职业技术学院(或职业学院)毕业生经过一定选拔程序可以进入本科高等学校继续学习。同年,劳动保障部等发布《关于积极推进劳动预备制度加快提高劳动者素质的意见》,要求从1999年起,在全国城镇普遍推行劳动预备制度,组织新生劳动力和其他求职人员,在就业前接受1—3年的职业培训和职业教育,使其取得相应的职业资格或掌握一定的职业技能,在国家政策的指导和帮助下,通过劳动力市场实现就业。同年,教育部发布《关于积极推进高中阶段教育事业发展的若干意见》,要求促进普通高中教育与中等职业教育协调发展,但中等职业教育滑坡的局面并未得到根本改变。

(7) 重振时期(2002—2010年)

本阶段在于重新认识职业教育,确立了大力发展职业教育的战略重点不动摇,走中国特色职业教育发展道路的指导思想。2002—2005年短短几年的时间里,国务院连续召开了三次全国职业教育工作会议,先后做出了国务院《关于大力推进职业教育改革与发展的决定》(2002)、教育部等七部门《关于进一步加强职业教育工作的若干意见》(2004)、国务院《关于大力发展职业教育的决定》(2005)。三个会议文件的特点分别是：原则宣示、原则细化、确定发展目标、措施和投入。会议的高层级、高频度，是我国职业教育史上前所未有的，充分表明了中央政府对发展职业教育的迫切心情。

(8) 中职教育再度下滑、高职教育特色内涵化发展时期(2011—2016年)

中职教育方面，近几年我国中职教育招生数量快速下滑，普职比[①]向上走势程度惊人。例如，2010—2014年，我国中职教育招生人数下降了28.6%，普职比升高了33.7%。[②] 这一现象主要受到社会经济结构调整对不同类型人才需求的变化、家长和学生的教育选择意愿、适龄生源数量、普通高中招生数、人们对不同职业前景的主观预测和判断等多种因素的影响。

高职教育方面，2010年，为继续推进"国家示范性高等职业院校建设计划"实施工作，扩大示范高职院校建设成果，国家决定新增100所左右骨干高职建设院校。骨干高职院校建设更加注重校企合作体制机制建设、特色内涵建设等方面。2011年，国家相继出台了《关于推进中等和高等职业教育协调发展的指导意见》《关于支持高等职业学校提升专业服务产业发展能力的通知》《国家中长期教育改革和发展规划纲要(2010—2020年)》等文件，提出了关于"到2020年形成现代职业教育体系和增强职业教育吸引力的要求，探索系统培养技能型人才制度，提高职业教育服务国家经济发展方式转变和现代产业体系建设的能力"的精神。2012年，《国家教育事业发展第十二个五年规划》再次提出，要构建"具有中国特色、世界水准的现代职业教育体系框架"，指出"高等职业教育重点培养产业转型升级和企业技术创新需要的发展型、复合型和创新型的技术技能人才"，现代职业教育体系建设成为我们今后一个时期高等职业教育发展的重点和方向。

(9) 加快发展时期(2017年至今)

随着经济发展进入新常态，我国处于全面建成小康社会的决定性阶段，经济建设全面推进，国家深入实施科教兴国战略、人才强国战略、乡村振兴战略，大力提倡工业4.0、中国制造2025、互联网+、战略性新兴产业，强调创新驱动，鼓励大众创业、万众创新，我国职业教育更加注重战略布局、内涵发展，逐步形成具有中国特色的现代职业教育体系。2017年9月，教育部《关于进一步推进职业教育信息化发展的指导意见》指出，要"全面提升信息技术支撑和引领职业教育创新发展的能力，加快推进职业教育现代化"，这为加快职业教育信息化建设起到了助推作用。2017年10月，党的十九大报告首次提出"现代

---

① 普职比：普通高中与职业高中招生人数比。
② 谢良才，和震.(2016).论现阶段的普职比波动.教育科学,32(06),72—80.

化经济体系"这一概念,并将"建设现代化经济体系"作为发展的战略目标,指出推动职业教育产教融合是建设现代化经济体系的重要着力点和支撑点。2018年1月,国务院《关于全面深化新时代教师队伍建设改革的意见》指出,"全面提高职业院校教师质量,建设一支高素质双师型的教师队伍。继续实施职业院校教师素质提高计划,引领带动各地建立一支技艺精湛、专兼结合的双师型教师队伍",这为新时代职业院校教师队伍建设指明了方向。2018年2月,教育部等六部委《职业学校校企合作促进办法》指出,"产教融合、校企合作是职业教育的基本办学模式,是办好职业教育的关键所在",为推动形成产教融合、校企合作、工学结合和知行合一的共同育人机制奠定了基础。2019年1月,国务院正式印发《关于印发国家职业教育改革实施方案的通知》,开篇便提出"职业教育与普通教育是两种不同教育类型,具有同等重要地位",职业教育的重要性被提高到"没有职业教育现代化就没有教育现代化"的地位。

本阶段我国职业教育政策的制定与国家政治经济环境紧密相连,改革特色鲜明:一是适应新时期发展需求;二是产教深度融合;三是中职高职衔接、普职融通;四是体现终身教育理念;五是侧重创新教育、信息化改革、智能化发展;六是注重内涵发展。

现阶段,迫切要求职业教育加快构建现代职业教育体系,构建中国特色职业教育体系,服务经济社会升级转型需要,建立技术技能人才成长"立交桥",通过专业设置与产业需求相适应、课程内容与职业标准相对接、教学过程与生产过程相衔接,提高人才培养质量,培养一批与现代社会经济技术相匹配的、具有创新意识的、有可持续发展能力的、综合素质较高的人才队伍。

1.3.2 政府及政策推动

总体来看,我国职业教育的发展不仅受社会经济发展水平的影响,更深受职业教育政策的推动。自1996年《职业教育法》颁布实施以来,经过二十多年的努力,职业教育实现了从规模发展向内涵发展的重大转变。

首先,关于职业教育的法律法规更加完善。1996年第八届全国人民代表大会常务委员会第十九次会议通过《职业教育法》,2002年国务院出台《关于大力推进职业教育改革和发展的决定》,2005年国务院出台《关于大力发展职业教育的决定》,2010年中共中央、国务院颁布《国家中长期教育改革和发展规划纲要(2010—2020年)》,2014年国务院出台《关于加快发展现代职业教育的决定》,2017年教育部发布《关于进一步推进职业教育信息化发展的指导意见》,2018年教育部等六部门印发《职业学校校企合作促进办法》,2019年国务院印发《国家职业教育改革实施方案》等。一系列重大政策的出台,把职业教育摆在前所未有的高度,加快了职业教育现代化进程,职业教育进入黄金发展期。其次,现代职业教育体系框架全面建成,职业教育服务经济社会发展能力和社会吸引力不断增强。截至 2017 年,全国中等职业教育院校 1.07 万所,中等职业教育招生 582.43 万人;全国高等职业教育(专科)院校 1 388 所,比 2016 年增加 29 所。[①] 最后,在国家相关法规、政策的推动下,我国走出了一条中国特色职业教育发展道路,如表 1-2 所示。

表 1-2 我国职业教育改革发展脉络

序号	内容	发展脉络
1	国家政策变化	大力发展→加快推进→体系完善
2	层次结构变化	中职重点→中高职并重
3	办学定位变化	促进经济社会发展→为经济结构调整和技术进步服务,促进就业→以服务为宗旨,以就业为导向→以立德树人为根本,以服务发展为宗旨,以促进就业为导向
4	培养目标变化	实用人才→技能人才→技术技能人才
5	培养模式变化	加强实践教学→订单式培养→校企一体化育人
6	职教体系变化	参照高中、本科→中、高、本、硕衔接的现代职教体系
7	行业、企业角色变化	产教结合→产学研结合→校企合作、工学结合→产教融合、校企合作、工学结合、德技并修
8	校企合作方式变化	松散校企合作→职教集团→行业指导制度化
9	办学要求变化	规模扩张→内涵建设→中国特色世界水平院校建设 办学条件建设→示范校建设→优质校建设 粗放管理→精细管理→院校治理
10	服务对象变化	学历教育→学历教育与职业培训并重

资料来源:刘斌和邹吉权(2017)。

我国职业教育的发展,首先离不开国家经济体制改革、产业结构调整为职业教育发展与改革提供动力、提出需求;其次党中央的教育思想为职业教育发展与改革提供了明确的方向和路径;再次国家职业教育政策和法规为职业教育改革与发展提供了保障机制及激励机制;最后职业教育离不开企业,实行职业教育产教融合是我国职业教育发展的一大目标和努力方向,这需要政府从政策法律层面激励企业的参与积极性,提高企业的参与力度,并保障校企合作的有效运行,维护利益相关者的权益。

[①] 资料来源:中华人民共和国教育部《2017 年全国教育事业发展统计公报》。

第 2 单元

职业教育的体系

职业教育体系建立是职业教育发展的基本要求。在新的历史条件下,应全面规划、系统设计职业教育体系,以满足经济社会发展需求、产教深度融合、中职高职协调、与普通教育相互沟通、体现终身教育理念。因此,有必要全面梳理职业教育体系的内涵,本单元将从职业教育的学问体系、职业化、标准体系、教学组织形态等方面进行详细分析。

2.1 职业教育的学问体系

学问体系是职业教育的内容层面体系,清晰职业教育的内容层面特征将有助于职业教育课程体系设计、培养目标设定、教学活动设计、教学评价建立与完善等。

2.1.1 职业教育的学问内涵

职业教育的学问内涵是以职业为导向,以实践过程为中心的经验知识和隐性知识体系,即行动性知识。职业教育的学问主要解决"怎么做"和"怎么做更好"的问题[①],其获得依赖于学习者在实践情景中,通过行动来自主建构。工业时代,学校的职业教育逐渐取代了早期的学徒制教育,教学从无计划、无明确的训练与工作过程转变为有组织、系统的职业教育课程体系,职业教育的传统学徒制教学模式向着学问化方向发展。但是,职业教育在教学内容上与学科教育有明显的区别,职业教育的学问内涵延续了学徒制教学内容的特点,即教学内容主要是实践知识,职业教育的学问教学形式以实践为核心,面向学习过程和学习行动。

在理论性学科知识教育与实践知识、行动性知识教育的交叉区域,则呈现出一个更为丰富的空间。当课程开发在交叉区域进行时,这一交叉区域的大小,以及交叉区域内学科内容与行动内容的比例——理论知识(此处指陈述性知识)与实践经验的比例,就确定了培养兼具理论与实践两方面知识的人才,包括工艺型人才、技术型人才、工程型人才及管理型人才应具备的课程内容结构。无疑,这些人才的培养是在学科体系与行动体系之间进行的。[②] 这表明,科学性原则与情境性原则的交叉区域,是培养上述人才的主要通道,如图2-1所示。

---

① 姜大源.(2006).学科体系的解构与行动体系的重构——职业教育课程内容序化的教育学解读.中国职业技术教育,(07),53—57.
② 姜大源.(2002).论行动体系及其特征——关于职业教育课程体系的思考.教育发展研究,(12),70—75.

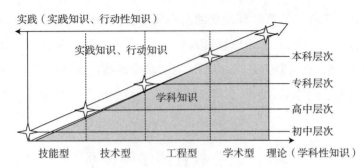

图 2-1　课程内涵体系与人才培养层次关系

资料来源：在姜大源（2002）的基础上整理绘制。

2.1.2　职业教育学问的系统化

职业教育的学问是以经验知识和隐性知识体系为主的，因此职业教育的学问系统化，不是按照学科教育中的分类进行组织和梳理，而是按照职业岗位、工作程序进行组织和分解。

学科教育中的课程内容编排呈现一种"平行结构"形式。尽管学科体系课程考虑了学习过程中学习者认知的心理顺序，即由浅入深、由易到难、由表及里的"时序"串行的情况，但课程内容是根据结构庞大且逻辑严密的学科顺序编排的。学科体系的课程结构常会导致陈述性知识与过程性知识分割，理论知识与实践知识分割，知识排序方式与知识习得方式分割。这不但与职业教育的培养目标相悖，而且与职业教育追求的整体性学习的教学目标相悖。

职业教育的学问，即与职业具体行动对应的课程内容，在编排上应呈现一种串行结构形式。学习过程中学习者认知的心理顺序，与专业对应的典型职业工作顺序（即与行动顺序相对应）都是串行的。针对行动顺序的每一个工作过程传授相关的课程内容，实现实践技能与理论知识的整合，将收到事半功倍的效果。按照工作过程组织知识，即以工作过程为参照系，将陈述性知识与过程性知识整合、理论知识与实践知识整合，意味着适度够用的陈述性知识在总量上没有变化，而是在课程中的排序方式发生了变化。课程不再关注建立在静态学科体系之上的显性理论知识的复制与再现，而更多的是着眼于蕴含在动态行动体系之中的隐性实践知识的生成与构建。

2.1.3　职业教育研究生态

2.1.3.1　职业教育研究范式

职业教育的"研究范式"是职业教育研究共同体所共有的研究传统、理论框架、理论上和方法上的信念,以及对职业教育的根本看法或根本观点。职业主义和能力本位是职业教育的两种基本范式。①

职业主义是一种传统而经典的职业教育范式,主要存在于一些欧洲大陆国家,尤其是德语系国家。在职业主义范式下,职业教育呈现如下特点:第一,职业教育体系呈现较为典型的双轨制形态;第二,人才培养模式注重过程监控、标准化,教学内容注重培养"职业人"的综合素养,培养方式注重规范化的课程和完整的培养过程;第三,职业资格体系相对独立,通常采用规范、严格的鉴定方式。

能力本位范式产生于20世纪七八十年代,盛行于盎格鲁-撒克逊国家,如英国、澳大利亚、加拿大等。在能力本位范式下,职业教育呈现如下特点:第一,职业教育体系呈现外部的普职融通、内部的学徒制与全日制学校职业教育等值,以及雇主主导的准市场机制等特点;第二,人才培养模式以模块化和弹性学制为重要特征,从控制过程转向控制结果,同时弱化教学内容和培养方式的规范;第三,在资格鉴定制度方面,以全国统一且与普通教育等值融通的资格框架及"学分累积制"为重要特色,鉴定方式更重视对能力的测试。

形成上述差异的主要原因是:职业主义范式的国家往往拥有深厚的职业文化,而以普通教育为基础的精英文化则在能力本位范式的国家更有影响;职业主义范式的国家的劳动力市场往往保持着高度的规范性,而在能力本位范式的国家多种资格证书均可在劳动力市场上通行。随着全球化的发展,两者呈现出了相互博弈、平衡甚至融合的趋势。②

2.1.3.2 职业教育研究群体

研究群体的状况反映了一门学科或学术领域的成熟程度和发展水平。李保强等(2016)使用社会网络分析方法,分析了我国高等职业教育学术群体的内部结构及力量分布。其研究发现:首先,我国高等职业教育研究学术群体已初具规模,形成了拥有近40位核心学者的学术群体。其次,核心学者群体的作者共被引网络图谱密度大、聚集度高,具有显著的小世界效应特征,说明高等职业教育研究领域的学术群体互动频繁、合作效果良好,处于一种相对自由的学术状态;学者马树超、姜大源、徐国庆、石伟平等在网络的中心性、核心-边缘结构等指标分析中,显示出较高的学术地位,有着极强的学术影响力。最后,我国高等职业教育学术群体的研究虽已初现派系特征,但总体上研究领域较为宽泛,研究主题较为分散,尚未形成特色鲜明的学派。③ 在职业教育的研究机构方面,与普

---

① 关晶.(2013).职业主义与能力本位:两种职业教育范式的比较.外国教育研究,40(10),21—29.
② 同上.
③ 李保强,蔡运荃,吴笛.(2016).我国高等职业教育研究学术群体知识图谱构建——基于作者共被引分析的视角.高等教育研究,37(08),40—47.

通高等教育研究机构集中在一些重点师范类大学和教育研究院以及高等教育研究所有所不同,高等职业教育研究机构还具有地域性的特点,地区经济发展在依靠高等职业院校培养的人才的同时也促进了高等职业教育研究的发展,这也体现了高等职业教育的职业性。[①]

2.1.3.3 职业教育研究领域

近年来,国内职业教育领域出现研究热潮,教育类核心期刊以及与教育相关的综合类核心期刊成为职业教育研究成果展示的重要领地。研究统计,2015年1月至2016年4月有关职业教育的文献共计1 946篇,研究领域聚焦七个主题,包括职业教育体系、校企合作、农村农民职业教育、职业教育与区域经济、教师专业化成长、地方高校转型、职业教育管理体系。

(1) 七个主题的文献分布情况

七个主题的文献分布情况如表2-1和图2-2所示。从表2-1列示的文献研究主题和图2-2的分布比例来看,七个主题可以分为三个数量集群,其中职业教育与区域经济和职业教育管理体系排在第一数量集群,占比近60%。职业教育体系、教师专业化成长、校企合作是近两年学界研究的重点,排在第二数量集群,占比近40%,其中职业院校特别是高等职业院校的研究在这方面贡献较大。在研究主题中,对地方高校转型、农村农民职业教育的研究还很薄弱,排在第三数量集群。

表2-1 2015年1月至2016年4月各研究主题的文献数量统计

序号	研究主题	数量(篇)
1	职业教育体系	265
2	校企合作	212
3	农村农民职业教育	38
4	职业教育与区域经济	606
5	教师专业化成长	253
6	地方高校转型	27
7	职业教育管理体系	545
合计		1 946

---

① 贾晓霞.(2018).基于知识图谱的我国高等职业教育研究进展可视化分析.江苏师范大学.

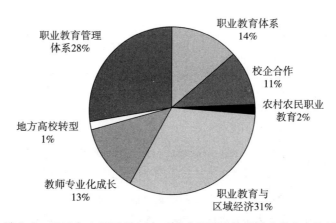

图 2-2　2015 年 1 月至 2016 年 4 月主要研究主题的文献分布比例

（2）七个主题研究机构的分布情况

七个主题研究机构的分布情况如表 2-2 所示。其中，除了华东师范大学、天津大学教育学院、浙江师范大学、北京师范大学、湖南师范大学等有学科博士点的院校继续保持传统研究优势，高等职业院校对职业教育研究的贡献度占据绝对的数量并呈持续上升趋势，中等职业院校占比进一步减小；各省、市、自治区的职业教育研究机构也参与其中，而教育行政部门介入研究的极少；极少数文献有来自企业的作者，但没有发现第一作者来自企业的文献，说明企业参与职业教育研究的积极性不足。还有一个明显的变化是，在这一阶段，普通高校研究职业教育体系的数量开始逐渐增加。

表 2-2　2015 年 1 月至 2016 年 4 月主要研究机构分布情况

序号	研究主题	主要研究机构（按文献数量排序）
1	职业教育体系	天津大学教育学院、天津职业技术师范大学、华东师范大学、广州番禺职业技术学院、北京师范大学、上海师范大学、湖南师范大学、浙江大学、江苏理工学院、常州市教育局、北京联合大学、浙江师范大学
2	校企合作	中山职业技术学院、重庆工商职业学院、浙江工业大学、华东师范大学、北京联合大学、杭州职业技术学院、苏州经贸职业技术学院、广州番禺职业技术学院、辽宁机电职业技术学院、广西交通职业技术学院
3	农村农民职业教育	北京师范大学社会发展和公共政策学院、武汉大学经济发展研究中心、浙江大学教育学院、华东师范大学职业教育与成人教育研究所、天津大学职业技术教育研究所、北京教育科学研究院、无锡职业技术学院
4	职业教育与区域经济	无锡职业技术学院、石家庄经济学院、河北工程技术高等专科学校、山东轻工职业学院、河北科技师范学院、海南政法职业学院、国泰安职业教育与产业发展研究院、南通职业大学社科部、安徽财经大学中国合作社研究院

(续表)

序号	研究主题	主要研究机构（按文献数量排序）
5	教师专业化成长	通辽职业学院、常州轻工职业学院、天津大学教育学院、江西科技师范大学、常州机电职业技术学院、河北科技师范学院职业教育研究所、华东师范大学教育学部职业教育与成人教育研究所、南京工业职业技术学院、浙江机电职业技术学院
6	地方高校转型	荆楚理工学院、通化师范学院、吉林工程技术师范学院、贵州工程应用技术学院高等教育研究中心、曲阜师范学院国际学院等
7	职业教育管理体系	常州机电职业技术学院、南京信息职业技术学院、河北机电职业技术学院、重庆大学城市科技学院、北京联合大学、湖南师范大学教育科学学院、浙江师范大学职业技术教育学院、南宁职业技术学院、河北师范学院职业教育研究所、武汉大学

研究统计,2016年5月至10月有关职业教育的文献共计448篇,除了延续前期的七大热点主题,本期还聚焦现代学徒制、产教融合、职业教育质量体系及职业教育供给侧改革等具有重点研究意义和研究价值的主题,具体包括职业教育体系、职业教育与区域经济、职业教育师资建设、现代学徒制、产教融合、职业教育质量体系、职业教育供给侧改革。

(1) 七个主题的文献分布情况

七个主题的文献分布情况如表2-3和图2-3所示。从表2-3列示的文献研究主题和图2-3的分布比例来看,七个主题可以分为三个数量集群,其中职业教育与区域经济和职业教育师资建设排在第一数量集群,占比56%,主要原因在于随着经济结构转型与产业结构调整,职业教育与区域经济的协同发展更为紧迫,教师作为教育改革的推动者、执行者,高质量职业教育师资培养成为职业教育改革和发展的重要内容,同时教育部相关政策密集发布的引领导向,对学术界研究的注意力引导起到了推动作用。职业教育体系是近年来学术界的研究重点,排在第二数量集群,占比近15%,其中职业院校特别是高等职业院校在这方面的贡献较大。在研究主题中,现代学徒制、产教融合、职业教育质量体系受到持续关注。职业教育供给侧改革是2016年特别是下半年职业教育研究的新主题,主要原因在于随着经济结构转型催生的供给侧结构性改革热潮,职业教育供给侧改革具有迫切性、必要性,吸引了理论界的注意。

表2-3 2016年5月至10月各研究主题的文献数量统计

序号	研究主题	数量（篇）
1	职业教育体系	67
2	职业教育与区域经济	149

（续表）

序号	研究主题	数量（篇）
3	职业教育师资建设	103
4	现代学徒制	20
5	产教融合	30
6	职业教育质量体系	44
7	职业教育供给侧改革	35
	合计	448

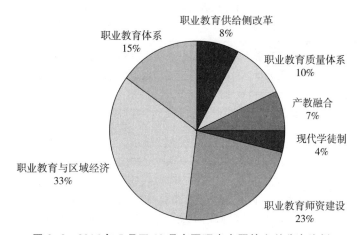

图 2-3　2016 年 5 月至 10 月主要研究主题的文献分布比例

（2）七个主题研究机构分布情况

七个主题研究机构的分布情况如表 2-4 所示。研究机构区域分布呈现以京、津、沪三大直辖市和东部沿海地区为主的趋势；师范类高等院校如北京师范大学、华东师范大学、天津职业技术师范大学、华中师范大学、浙江师范大学、湖南师范大学等 211、985 有学科博士点的院校继续保持传统研究优势，其研究侧重于宏观层面；高等职业院校对职业教育研究的贡献度占据绝对的数量并呈持续上升趋势，但关注面较窄，其研究侧重于教育教学实践的微观层面；各省、市、自治区的职业教育研究机构也参与其中，而教育行政部门介入研究的极少。

表 2-4　2016 年 5 月至 10 月主要研究机构分布情况

序号	研究主题	主要研究机构（按文献数量排序）
1	职业教育体系	上海师范大学教育学院、天津大学教育学院、北京师范大学教育学部、华东师范大学职业教育与成人教育研究所、常州大学研究生院、天津职业技术师范大学职业教育教师研究院、无锡职业技术学院

（续表）

序号	研究主题	主要研究机构（按文献数量排序）
2	职业教育与区域经济	无锡城市职业技术学院、常州信息职业技术学院、常州轻工职业学院、中山职业技术学院、重庆工商职业学院、浙江工业大学、华东师范大学
3	职业教育师资建设	云南大学、华南师范大学、北京师范大学、中国矿业大学、中央民族大学、解放军后勤工程学院、火箭军工程大学、山东大学
4	现代学徒制	华东师范大学、华中师范大学、重庆师范大学、江西科技师范大学、扬州工业职业技术学院、广东省教育研究院、浙江经贸职业技术学院、河北工艺美术职业学院、江苏财经职业技术学院、河南大学、南开大学、陕西交通职业技术学院、四川广播电视大学、南京交通职业技术学院、江阴职业技术学院、长春职业技术学院、巴音郭楞职业技术学院、重庆城市管理职业学院
5	产教融合	北京联合大学、河南省职业技术教育教学研究室、嘉兴职业技术学院、天津职业大学、重庆工商职业学院、广州铁路职业技术学院、江西科技师范大学、江西科技学院、江西工业职业技术学院、广西柳州职业技术学院、南京科技职业学院、宁波职业技术学院、岳阳职业技术学院、浙江工业大学、重庆工业职业技术学院
6	职业教育质量体系	北京师范大学、天津职业大学、江苏经贸职业技术学院、天津中德应用技术大学、北京联合大学、常州信息职业技术学院、江西外语外贸职业学院、苏州大学、南昌大学、上海市教科院、江西经济管理干部（职业）学院、广东培正学院创新创业学院、湖南怀化职业技术学院、塔里木大学生命科学学院、湖北工业大学职业技术师范学院
7	职业教育供给侧改革	北京师范大学、中国教育政策研究院、云南师范大学职业技术教育学院、天津大学教育学院、广州番禺职业技术学院、天津大学教育学院、周口师范学院经济管理学院、中国刑事警察学院、永城职业学院、辽宁机电职业技术学院、空军航空维修技术学院基础教育学院、山东轻工职业学院、湖南省教育科学研究院、湖南省教育科学规划领导小组、湖北工业大学职业技术师范学院

对"十一五"和"十二五"期间教育部人文社会科学研究一般项目中的职业教育研究项目分析结果表明，职业教育研究领域相对集中在职业教育管理、职业院校人才培养、职业教育制度、职业院校教师、职业院校管理、职业院校校企合作等方面。① 探索经济社会转型背景下，我国职业教育发展的使命和转向、构建现代职业教育体系、创新职业教育办学模式与人才培养模式、职业教育质量保障与评估、推进职业教育治理体系和治理能力

---

① 曹叔亮.(2016).近十年来我国职业教育研究发展实证分析——基于"十一五""十二五"期间教育部人文社会科学研究一般项目.职业技术教育,37(07),26—30.

现代化、职业教育公平治理,以及职业教育课程、教学及教师的标准化等方面构成近年我国职业教育研究的前沿和热点问题。[①]

2.2 职业教育的职业化

职业需求是职业教育课程体系设计的前提,职业教育根据职业需求培养生产、管理和服务第一线需要的技能型、应用型人才。

2.2.1 职业是职业教育的逻辑起点

"学以致用",职业教育培养"治事之人",职业教育各方面均需与职业对接。"职业"是社会学领域的概念。职业伴随着人类社会分工而产生和发展,社会分工产生了社会职业,而社会职业又形成了各种各样的社会群体。职业成为社会人身份、地位的标志和养家糊口的工具与手段。培养职业人,既是职业教育产生、存在的意义与价值,也是职业教育改革、发展的基本目的和任务。因此,定义"职业教育"为培养职业人的教育,确定"职业"为职业教育产生的前提和存在的意义。职业是职业教育的发生点或者胚芽。

2.2.2 职业与教育的紧跟与伴随

职业教育体系与社会分工和职业需求是紧跟与伴随发展的。从发达国家和地区的经验来看,工业化过程与职业教育之间是相互伴随的关系。在德国、日本、韩国和我国台湾地区等,工业化与职业教育发展之间表现出较高的相关性。

首先,工业化过程的推进伴随着职业教育总体规模的变动。在工业化前期,职业教育规模一般较小;从工业化初期到中期之前,职业教育规模呈现持续扩大的趋势;在工业化后期,职业教育规模一般会调整收缩,其发展历程表现为依据工业化的不同阶段而经历"增长—扩张—高峰—调整—收缩"的过程。

其次,不同工业化模式要求职业教育与之相适应。德国在工业化后期经历了职业教育规模收缩,但从后工业化的20世纪90年代中期开始,德国明确了提升制造业核心竞争力的政策,使得其职业技术人力资本存量在后工业化时期恢复性增长并持续发展。我国台湾地区的职业教育发展模式在很大程度上与德国的经验类似,而日本与韩国的职业教

---

① 郝天聪,石伟平.(2018).全面深化改革语境下的职业教育研究——近年中国职业教育研究热点问题分析.教育研究,39(04),80—89.

育发展规模基本与第二产业就业规模同步变动。

最后,职业教育体系在工业化过程中日趋完善,包括职业教育立法的完善,职业教育层次体系的优化,职业教育从产业导向型和需求被动适应型发展到体系化、普及化和义务化,以及学校、学制和课程设置的完备与健全。

从我国情况来看,经济发展与职业教育之间也是相伴发展的。有研究表明,2005—2011年,伴随经济的发展,各省份高等职业教育规模同步扩大。由于产业结构调整和产业转移,"引致性"高等职业教育需求在东部、中部和西部地区有所不同,各区域根据不同产业结构需要发展职业教育。①

2.2.3 职业技术技能与培训市场

职业教育的形式结构主要分为由职业学校实施的学历教育和由培训机构或企业实施的非学历教育两部分。学历教育目前有全日制和在职业余学历两种形式。非学历教育则有学徒制、就业前培训、上岗培训、转岗培训、在岗提高培训、农民工培训等多种多样的形式。职业教育的形式结构受经济发展水平、技术更新速度、岗位变动频率、社会阶层流动等因素的影响。

狭义的职业教育培训市场是指以与培训产品相关的需求和提供为交换内容的场所,它体现了培训供求双方和培训中介之间的关系。培训市场既有劳动力市场的特征,也有培训服务市场的特征。培训市场具有劳动力市场的核心要素:企业寻求潜在的、未来的劳动力,学习者提供自己在可预计时间内的劳动,并以此换取工作报酬。培训市场也同时具有服务市场的关键要素:职业技术技能培训可以被看作一种服务,它能够提高劳动者的劳动生产率,从而提升劳动者在劳动力市场上的价值。学习者寻求职业培训,在一定程度上就是用自己的劳动来交换培训这一教育服务;企业则提供培训服务,以低于市场价格的成本来获得劳动。

培训市场的存在能够有效地提升职业教育与培训的质量。以市场配置的方式来提供职业教育,充分发挥市场的作用,将激发学习者和培训机构的动力,使得技术技能型人才的供给更好地满足劳动力市场的需求,职业教育的内容和目标更加符合经济界的需求,从而提高职业教育的实用性和质量。

从我国情况来看,以追求学历为主的职业学校教育与以追求资格为主的职业培训这两者之间的长期分离,导致本应成为一个整体的职业教育和培训体系长期"瘸行",

---

① 李志刚.(2013).高职教育规模与经济发展水平的相关性研究——基于产业结构调整的视角.职教论坛,(07),30—33.

至今未能形成合力,从而加剧了职业教育在资源分配、运行效率和管理职能上的不协调。十九大报告对职业教育体系建设提出的要求是"完善",这就要求统筹职业教育与培训,使其融为一体,遵循职业教育自身规律,在体制机制上有重大突破,只有这样才能实现上述目标。[1]

2.3 职业教育的标准体系

实用主义者约翰·杜威(John Dewey)提倡"教育即生活""学校即社会""教育即生长"。实用主义知识论的"本质特征是坚持认识和有目的地改变环境的活动之间的连续性"。[2] 也就是说,在实用主义论的知识观中,知识与活动是统一的,统一的中介就是"有目的地改变环境",即"创造"。在教学中,只要学生真正主动思考了,通过自己主动的调查研究发现了什么东西,增强了他已有的经验的意义,提高了他指导后来经验的能力,那么这就是创造。

职业教育在杜威教育"一元论"的思想中获得了全新的解释。杜威的教育思想体系之中,职业教育已经不是"为职业而教育",而变成了"通过职业而教育"。只有通过职业活动来发展人的职业才是最有效的,也才能最有效地使人获得文化修养。正如杜威所言,"教育通过职业,把更多的实践因素融合到学习之中,这是一种最好的方法"。

基于杜威的教育思想,职业教育不再是满足经济社会的辅助工具,而提供的是民主国家公民所需的能够与他们的工作、家庭和社会生活相融合的能力。[3]

在职业教育的内容和方法上,杜威反对将职业教育视为操作技能的掌握,而尤为注重思维的训练与职业当中的理性思考,否则将无法应对未来职业需求与职业的更换。确如杜威所料,与新科技革命相伴随的是自动化生产技术对操作者的动作技能要求越来越低,有的甚至是简单按键即可,而对操作者解决问题能力的要求越来越高。因此在教学理念上,职业教育中引导学生在逼真的工作环境中自由地构想与有效地解决实际问题成为教学设计的基本原则。

2.3.1 产业要求的能力标准

职业教育应立足于产业发展需求,提供一系列机制来保证职业教育和经济发展不脱

---

[1] 姜大源.(2018).完善体系的现状、愿景与当务.中国教育报,01-02.
[2] 〔美〕约翰·杜威.(2016).民主主义与教育.王承绪译.北京:中国轻工业出版社.
[3] 路宝利.(2014).美国中等职业教育发展的职业主义与民主主义之争:"普杜之辩"研究.华东师范大学.

节。在全球产业升级、产业融合发展的今天，产业结构和生产技术都在迅速发生变化，生产第一线的体能化劳动逐步减少，而智能化劳动逐渐增加，产业对劳动者的能力要求出现了前所未有的多样性和多变性。

产业发展要求职业教育必须向学生提供能适应社会快速发展变化的"能力"培训。能力本位职业教育是一种以满足企业需求为目标，以实际能力培养为主的职业教育，它以全面分析职业角色活动为出发点，以提供产业界和社会对培训对象履行岗位职责所需要的能力为基本原则，强调学习者在学习过程中的主导地位，其核心是如何使学习者具备从事某一职业所必需的实际能力。较之传统的职业教育，能力本位职业教育提高了产业界在开发职业教育课程、进行职业教学中的介入程度。目前在职业教育领域，能力本位模式主要有以加拿大为代表的 CBE（能力本位教育）/DECUM（课程开发）模式，以澳大利亚为代表的 TAFE（职业技术教育学院）一般素质导向模式，以英国为代表的 GNVQ（普通国家职业资格）整合型模式等。

2.3.2 职业标准的嵌入与取舍

2.3.2.1 职业能力与职业标准的关系

英国学者鲍勃·曼斯菲尔德（Bob Malsfield）提出，职业标准实际上依据的是一种有关能力的观念。[①] 能力观念推动职业标准的发展，而职业教育质量评定与学习则直接来自职业标准，如图 2-4 所示。

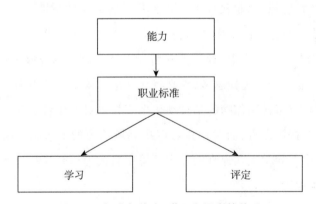

图 2-4　标准与能力、学习和评定的关系

职业教育的吸引力和有效性首先在于能成功地将产业的职业能力需求与教育体系的资格供给紧密结合在一起，其核心内容之一就是将职业体系中的职业标准与教育体系中的教学标准紧密结合起来。

---

① 石伟平.(1997).职业能力与职业标准.外国教育资料,(03),59—64.

2.3.2.2 教学标准与职业标准对接模式

职业教育的专业教学标准与职业标准相对接,是推动现代职业教育体系实现横向衔接的重要途径。按对接程度主要划分为一体化模式与松散性模式。采用一体化模式的国家以英国为代表。"一体化",顾名思义就是教育系列与劳动、人事系列的一体化运行,实现了专业教学标准与职业标准的完全对接。具体来讲,即专业设置与职业资格证书设置完全一致,专业课程设置及内容与职业资格证书的模块内容完全融通。美国是实施松散性模式的代表性国家。这种模式的显著特征是教育系列与劳动、人事系列完全按各自的体系运行,但职业教育主动地寻找与专业相对应的职业资格证书,把职业标准的内容尽可能地融入专业教学标准之中;同时,资格证书开发部门也会根据职业教育的相关信息,及时更新证书内容。专业教学标准主要以岗位任务分析基础上得出的行业能力标准为依据进行开发。各专业在根据行业能力标准设置课程、分析课程内容、分析教学活动的过程中,还尽可能地吸收美国联邦政府所建立的职业标准的内容,以加强职业教育与工作世界之间的联动。

2.3.2.3 我国的情况

具体来看,我国产业对人才的能力要求反映在国家职业标准上。国家职业标准是指在职业分类基础上,根据职业的活动内容对从业人员工作能力水平的规范性要求。但是,我国职业资格证书体系本身并不完善,并不能涵盖所有的职业,特别是一些专业水平较高的技术或管理职业;同时,国家职业标准内容也不够完整与规范。职业教育培养人才不仅要考虑职业岗位的针对性,还要考虑受教育者的认知发展、职业适应、生涯发展等问题。因此,职业教育的专业教学标准既要吸纳国家职业标准,又要超越国家职业标准。

具体操作上,在专业培养目标方面,以市场调研及企业专家的岗位分析为基础,列出专业可能面向的工作岗位,定位专业所面向的主要职业,以此选择并锁定与专业相关的国家职业标准,绘制职业生涯路径图,确定培养目标与规格;在课程设置及内容开发方面,以能力标准中的工作任务为依据选择课程内容,这样将职业标准有机地整合、融入课程。

2.3.3 学习绩效与学业标准

职业教育的学业评价中,应适当体现相应职业的能力标准和职业标准。根据毕业生就业职业岗位群,依照毕业生就业典型职业工种所规定的鉴定等级要求,确定相关专业核心课程作为"双证"课程,并实施行动导向教学,教学过程中渗透职业资格认证内容,并参照职业资格认证规范和标准进行课程考核。考核时可采用过程性考核与终结性考核相结合、技能操作评价与理论知识考核相结合、认证式评价与信息反馈式评价相结合。

2.3.4 职业教育质量评价体系

职业教育质量评价作为一种事实判断和价值判断的实践活动,科学、理性地确立职业教育质量保障和评价的价值取向非常重要,在深化职业教育改革的情境下尤为如此。学者们认为,在价值多元化时代,职业教育质量评价在宏观上要秉承以人为本、教育公平和可持续发展价值取向;在微观上要坚持工具理性与价值理性的统一,突出对教学过程中隐性要素的考查,提升院校参与评价的内在动力,推进"管、办、评"分离,实现教育质量监控的常态化、持续化和动态化。①

2.3.4.1 职业教育质量评价的国际发展

联合国教科文组织(UNESCO)在 2010—2015 年实施了一项《职业技术教育与培训(Technical and Vocational Education and Training,TVET)战略(2016—2021 年)》,其目的在于改进会员国职业技术教育与培训政策和体系。为了更加有效并便利其实施、监测和评价,在《职业技术教育与培训战略(2016—2021 年)》中,联合国教科文组织运用了注重成果的管理、监测和评价方法。从国外的相关实践来看,通过建立专门的职业教育质量监测机构,并制定系统、科学的评价指标体系,对职业教育与培训的发展情况和质量进行评价及定期报告,已经成为国际职业教育发展的重要举措。以国际组织以及英国、美国、澳大利亚、加拿大等为代表的发达经济体,在这方面形成了比较成熟的评价指标体系和框架。

技术和职业教育与培训机构间工作组(IAG-TVET)成立于 2008 年,该组织由国际劳工组织(ILO)、经济合作与发展组织(OECD)、联合国教科文组织(UNESCO)和世界银行(WB)组成;欧盟委员会(EC)、欧洲培训基金(ETF)、非洲开发银行(AfDB)和亚洲开发银行(ADB)是其区域成员。该组织旨在更好地利用每一个成员组织的工作来帮助各国设计和实施更有效的技术和职业教育与培训政策,以提高生产力、促进经济增长和增加就业机会,实现更好的生活。2014 年,IAG-TVET 发布了《技术和职业教育与培训评价指标》(Proposed Indicators for Assessing Technical and Vocational Education and Training)。2017 年,联合国教科文组织发表了《亚太地区技术和职业教育与培训的质量评价指导》(Guidelines for the Quality Assurance of TVET Qualifications in the Asia-Pacific Region)。这

---

① 王永林,王战军.(2014).高等职业教育评估的价值取向研究——基于评估方案的文本分析.教育研究,(02),104—111.

些指导方针的总体目的是,提出能够协助会员国优化职业教育质量的原则和指标,提供一个编制、开发、监测、评价和改善技术和职业教育的证书、文凭或学位的框架。

联合国教科文组织等重要国际组织及一些职业教育发达国家都非常重视职业教育质量评价指标的开发工作,并形成了独具特色的指标体系。如联合国教科文组织借鉴普通教育的评价指标,并考虑到职业教育与劳动力市场和就业联系紧密的特征,从机会和范围、职业技术教育与培训体系内部效率、人力和物质资源、经费、职业融合率、职业教育与就业一致性、职业教育与就业间关系、劳动力市场等八个维度构建了评价职业教育与培训发展情况的53个指标体系。欧洲培训基金会(European Training Foundation,ETF)开发的指标围绕职业教育与培训的可及性、职业教育与培训的结果、经费开支、就业趋势四个方面展开。欧洲议会(European Parliament,EP)在2009年通过了《欧盟职业教育与培训质量保障参考性框架》,提出职业教育质量的持续改进涉及职业教育宏观政策体系、职业学校和教学过程等不同的层面,是一个从投入(input)、过程(process)到产出(output)和成果(outcome)的循环过程,而作为质量目标的学习结果(学习者的能力)在职业和社会实践中的运用与迁移以及对职业世界的影响(impact),则是质量评价标准的核心。在2009年,亚洲开发银行依据联合国教科文组织和国际劳工组织的标准提出了技术和职业教育与培训的评价标准,从本质上来说,技术和职业教育质量评价只需考核三个方面:相关性、可行性和效率性(见图2-5)。①

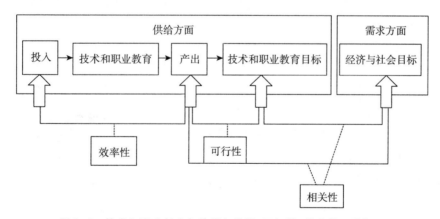

图2-5 技术和职业教育与培训相关性、可行性、效率性评价框架

资料来源:在 Asian Development Bank(2009)的基础上整理绘制。

美国各州职业教育管理机构每年都对生涯和技术教育的实施情况进行评价并发布质量报告,美国联邦政府为各州的质量评价制定了四个方面的核心指标:学术及职业技

---

① Asian Development Bank.(2009). Good practice in technical and vocational education and training. Mandaluyong City, Philippines.

术技能掌握情况、文凭完成率、向中等后教育及劳动力市场过渡及其保持情况、对企业实践等非传统项目的参与及完成情况。澳大利亚国家培训局(ANTA)为了监视全国职业教育与培训的目标并确保其效率、效能和落实绩效责任，发布了职业教育与培训(vocational education and training，VET)的关键绩效量数(key performance measures，KPM)报告。该报告提出了一个产出量数、四个效能量数和两个效率量数，如表2-5所示。美国和澳大利亚技术职业教育评价的政策焦点大体相同，都着重学生中心和教育结果。

表2-5 澳大利亚VET的关键绩效量数

层面及关键绩效量数	大纲
一、产出层面 · KPM1:在正式立案的VET领域中每年产出的能力	· 在全国培训纲领中，被考评为成功获得能力和取得凭证的单位数量
二、效能层面 · KPM2:VET能力预测层次的数量 · KPM3:雇主对VET毕业生获得能力的适切性的看法 · KPM4:学生修读VET前后的就业结果与展望 · KPM5:特殊团体就读VET的比例、产出和结果	· 促使人员习得具有国际竞争力企业所需能力的程度 · 毕业生在职场应用所获得能力促进生产力的情况 · 协助学生达到就业目标的程度 · 妇女、原住民和岛民、失能人员、非英语背景人员和偏远地区人员的就业率、修毕率和结果
三、效率层面 · KPM6:单位公共资助产出的公共支出 · KPM7:单位总立案产出的公共支出	· 每一公共资助产出的平均公共成本 · 每一公共及私人投资产出的平均公共成本

资料来源：ANTA(2000)。

加拿大各省教育部在对职业教育学校进行评价时采用五项指标，即员工满意率、毕业生就业率、毕业生满意率、学生满意率和学生毕业率。这样的评价标准显而易见是以教职工和学生利益为根本，以评价教学质量为重点，以内涵评价为宗旨，以动态指标为依据，不难看出加拿大的高职教育更注重对纳税人负责。英国职业教育数据系统中涉及的主要指标包括学生毕业率、毕业生去向（包括继续学业率和就业率）、学习者满意度、雇主满意度等。澳大利亚职业教育与培训学生年度调查结果的主要指标涉及六个方面：就业结果（毕业生、学习模块完成者和学徒就业情况）、继续学业结果、培训效益、专业与就业匹配情况、培训满意度和适应性、对之前学习的认可情况。芬兰作为世界上职业教育吸引力最强的国家，于21世纪初开发了职业教育与培训绩效指标，2011年对指标进行了修订，这一指标体系涉及六方面因素：学生毕业后就业情况、学生继续学业率、在预期时间内完成教育与培训情况、学生辍学情况、教师员工的职业资格、对员工发展所投入的资源。爱尔兰从定量指标和定性指标两方面建立了职业教育质量评价体系,定量指标包括培训完成率、获得职业资格情况、毕业生去向(特别是就业);定性指标包括个人技能(自信心、小组合作、容忍性等)掌握情况、就业质量、工作满意度、互相理解和文化认可性。荷兰注重通过加强有利的外部控制来提高职业教育与培训机构的质量,其职业教育与培训机构协会开发了一套对职业教育机构质量进行评价的指标体系,这一体系涉及11个方面:政策发展和质量管理、经费、员工、交流、设施和资源、项目可获得性、招生、转学、辍学、教育与培训产出、培训的适应性。

总体来说,国际组织和发达国家职业教育质量评价体系值得我们借鉴的经验如下:

第一,国际组织和发达国家职业教育质量评价体系表现出重视职业教育与培训结果、重视投入和重视过程的特点。重视结果,通过就业指标予以体现;重视投入,通过经费投入指标予以体现;重视过程,主要通过接受教育与培训人员的数量、课时数予以体现。从国际评价理论和实践来看,效率、效益、有效性、相关性、影响、可持续性等效果指标成为衡量职业教育质量的主要指标。国际组织共同关注的核心问题为教育投入、教育的参与和受教育机会、教育的成果及产出统一。

第二,国际组织和发达国家职业教育质量评价指标注重与企业的岗位工作要求对接。澳大利亚的职业教育中,产业界不仅是评价的主体,还是评价标准的主要制定者,其职业教育质量评价更凸现产学结合的指标和权重。英国职业教育质量评价关注用户需求,在现代学徒制评价中特别重视雇主、客户及其他利益相关方对学生职业能力的考评。德国在课程开发模式、教学设计思想和实施形式方面,都是直接引入企业标准,并围绕工作而评价。

第三,国际组织和发达国家都采用了多样化的指标来评价职业教育质量。纵览有较健全的职业教育体系的各个国家,包括美国、德国、英国、丹麦、荷兰、澳大利亚、加拿大等,都采用了多样化的指标来评价职业教育质量,其中有些指标具有广泛的代表性,包括取得的成就、参与程度、进步程度、在校率、学业完成情况;同时,学习者经验的本性以及支持职业教育发展的人力、物力、财力资源也常常被测评。其他经常出现但代表性没那么强的指标包括就业和其他劳动力市场结果、少数族裔的代表性、拓展服务、机会的可及性和平等性。出现频率较多的指标包括所提供课程的范围、内容和可获得性,培训的有效性和可支付性,培训的过程管理,培训的地点和持续时间,培训的相关性、有效性和实用性,过程评价,教师讲授课程的胜任能力。

2.3.4.2 职业教育质量评价的方法

依据实用性和逻辑性原则,职业教育质量评价受评对象可分为六大领域(big six)和两大超领域(super two),其中六大领域为学科(或院系)、人员、绩效、政策、计划和产品评价,两大超领域为学科内评价和元评价。[①]职业教育质量评价可依据重视过程和结果的程度,分为形成性(formative)和总结性(summative)评价两大类。至于内部(internal)和外部(external)评价的区别在于评价人员是受评对象的内部或外部人员。职业教育质量内部评价主要由教育行政部门和职业院校进行,主要评价办学条件和教学过程;职业教育内部的质量监控和评价应围绕学校专业建设、课程开发、教学过程和资源管理方面展开。职业教育质量外部评价主要由社会中介组织和用人单位进行,主要评价学校人才培养质量,是一种结果评估。需要说明的是,上述关于职业教育质量评价指标的观点并非完全相互独立,而是互相交叉和相互包含,只是从不同角度和切入点论述了职业教育质量的评价内容,为设计和构建职业教育质量评价指标体系提供了更多的视角和参考。

依不同轴向分类的各种评价指标可适当组合,以适应不同评价目的的需要。例如选定上述六大领域、两超级领域一项或多项之后,采取图2-6中的A1、A2和B1、B2,将有助于对受评对象做更纵深和宽广的资料搜集以及客观判断,但通常涵盖层面越多,评价成本越高。

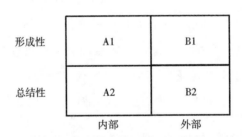

图2-6 内部、外部评价和形成性、总结性评价的组合

在评价方法上,英国和澳大利亚特别注重第三方证据的沟通和反馈,如雇主现场考察、客户满意度问卷等。在评价标准上,与企业岗位、用人标准对接。英国的经验是,由雇主在工作场所对学徒的实践学习进行测评,关注用人单位的需求和意见。澳大利亚和德国的经验是,由产业界、企业参与制定职业教育质量评价标准,评价主体转移至企业,评价标准也主要源自企业,由行业、企业制定评价标准和评价指标,并贯穿于职业教育教学评价中。评价方式与手段同步于企业,使内外评价具有统一的可比性,包括行业、企业与职业院校共同制定人才培养标准、专业核心课程考试标准、专业建设标准,开发本行业

---

① Scriven, M. (1999). The nature of evaluation (part I): Relation to psychology. *Practical Assessment, Research & Evaluation*, 6(11), 1149-1156.

特有工种职业资格标准、学生学业考评标准,实行教考分离。学校在专业调整与设置、人才培养方案制订、教学项目设计等方面,主动与行业组织和企业对接。

2.3.4.3 职业教育质量评价的模式

借鉴国际研究,职业教育质量评价的模式包含以下六种:

(1) 目标获得模式(goal-attainment model)

目标获得模式由 R. 泰勒(R. Tyler)提倡,此模式的目的在于确定课程目标达成的程度,以目标引导评价工作,评价者必须依照教育目标,搜集学生实际表现的数据,再与目标相互比较。

(2) 外貌模式(countenance model)

外貌模式由 R. 斯泰克(R. Stake)提倡,他主张评价应当对教育的先在因素、交流因素及结果因素进行描述和判断。

(3) 差距模式(discrepancy model)

差距模式由目标本位评估发展而来,是 M. 普罗佛斯(M. Provus)设计的系统评价方法,旨在比较"标准"和"表现",并分析其中的差距,作为改进课程方案的依据。

(4) 评价研究中心模式[center for the study of evaluation(CSE)model]

评价研究中心模式又称 UCLA 模式,由马文·阿尔金(Marvin Alkin)提出,此模式的目的在于使决策趋于明智。

(5) 认可模式(accreditation model)

认可模式或称采用内部标准评价模式。认可制(accreditation)是美国学校评价的特色。1787 年美国州立大学董事会成立了一个小组来检视纽约州的高等、中等及初等教育以及社会教育机构,慢慢演进成以高等教育机构为主要对象的认可制。Kells(1983)对美国认可制所下的定义是:认可制是一种自愿的过程,通过非官方的学术团体,采用同行评价来检视被认可的机构是否已达成自我评价中所定义的目标,并符合评价的标准。[1]

(6) 背景—输入—过程—成果模式(CIPP model)

背景—输入—过程—成果模式由 D·斯塔弗尔比姆(D. Stufflebeam)提出,"C"代表背景评价,"I"代表输入评价,"P"代表过程评价,"P"代表成果评价。此模式的目的在于指出评价是在描述、取得与提供有用的数据,协助判断各种变通方案以供做决定之用。CIPP 模式中的四类评价形态在形成性与总结性评价中的角色如表 2-6 所示。

---

[1] Kells, H. R. (1983). *Self-study Process:A Guide for Post-secondary Institution* (2nd ed.). New York:Macmillan Publishing.

表 2-6 CIPP 模式的四类评价形态

评价角色	背景评价	输入评价	过程评价	成果评价
改进/形成性导向	指引选择目标与指定优先级	指引选择方案/服务策略	指引实施	指引继续、修正、采用或终止
绩效责任/总结性导向	记录目标及优先级,并在选择的基础上记录所评价的需求、问题、资源及机会	在特定的设计程序、时程与预算中输入记录所选策略与设计,并给出选择理由	记录实际的程序及成本	记录成就,评价比较需求与成本,并做循环决策

资料来源:Stufflebeam(2003)。

CIPP 模式中的四类评价各有必须处理的要务,整体的流程结构着眼于系统的改进与发展,这也是 CIPP 模式的应用领域之一。CIPP 评价自提出以来历经多次修正,从 CIPP 评价的发展历程来看,早期 CIPP 评价将评价分阶段进行,将评价的目的分为形成性与总结性两部分,分别强调方案的改进与绩效责任,通过实施流程的展现与评价方法的描述提供评价运作指引。发展至今,通过对 CIPP 评价的诠释可知,当前 CIPP 评价已然发展成熟,虽然仍然主张评价实施流程与方法的重要性,但更加重视在一个选定的核心价值的基础上进行四类评价来达成预定的目标与功能,使得 CIPP 评价转而成为一个评价规划与实施的框架,并通过这个框架将方案实施的背景、输入、过程、成果四类评价再与其他评价取向相结合,运用多种数据三角校正的质化与量化方法,注重评价历程中的所有取向。

2.3.4.4 职业教育质量评价标准

职业教育教学活动包括岗位需求分析(输入源)、投入人员和经费(输入)、开展市场调查、进行课程开发(活动)、产出适合工作过程的课程(输出)、在教学中使用新的课程(输出的使用)、毕业生具备满足市场需求的职业能力(直接效益)、促进就业和经济社会发展(影响)这一"过程链"。在这一"过程链"中,只有得到有效的监控和管理,才能保证教学活动有效。这就是职业教育过程的有效性。如果按照这种标准对职业教育质量进行评价,我们就建立起了以效果为导向的职业教育质量评价标准。

从国际评价理论和实践来看,有效性、可行性、相关性等效果指标成为衡量职业教育质量的主要指标。国际组织和发达国家共同关注的核心问题是职业教育的投入、教育的成果及产出统一。因此,要参照国际上技术和职业教育与培训评价框架,在评价标准上与企业岗位、用人标准对接,使内外评价具有统一的可比性,即行业、企业与职业院校共同制定人才培养标准、专业核心课程考试标准、专业建设标准,开发本行业特有工种职业资格标准和学生学业考评标准,并设计以效果为导向,内部评价和外部评价相结合,评价标准与企业岗位、用人标准对接的职业教育质量评价指标体系。

2.4 职业教育的教学组织形态

教学组织形态是指为完成特定的教学任务,教师和学生按一定要求组合起来开展活动的结构,恰当的教学组织形态可以提升教学效果。在职业教育的职业化特点下,职业教育教学组织形态有其独特之处,主要体现在实践导向、行动导向的教学组织上。

2.4.1 教学要素的职业生态圈

职业教育通过校企合作,必然形成校企合作的职业生态圈。图2-7为五个共同(共建)的校企合作生态圈,在校企合作生态圈内,各利益相关者组成利益共同体,连接利益共同体的纽带是共同的"产出"。

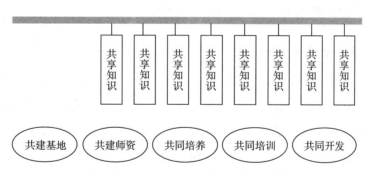

图 2-7 深化五个共同的校企合作生态圈

资料来源:李弟财(2016)。

(1) 课程内涵项目化

教师要根据企业的需求合理安排教材、课程内容,实行模块化或项目化教学。教师根据企业生产情景,对教材、课程内容进行重构,根据生产过程中不同的项目,整合教学内容,让学生在完成项目的过程中,掌握、理解、消化教学内容。

(2) 教学过程产出化

教学过程不再是教师单纯地讲授,学生单纯地接受的单线式过程,而应该把教学过程产出化,实现"通过职业而教育"和知识与活动的统一,让学习在生产过程中完成,学生在产出成果的实践过程中提升相应的职业能力和素质,真正实现教学、学习、生产"零距离"。

（3）师资队伍建设

构建校企合作生态圈的关键是人才的融合。从学校的角度看，一是要大量"引进来"，即引进企业技术人员参与教学过程，引进尽可能多的"企业导师"，让"企业导师"参与所有的教育教学过程；二是要让更多的教师"走出去"，教师走出课堂、走出学校、走向企业，到企业中挂职锻炼，了解企业的需求，熟悉生产过程，提高自己的动手能力，从而改革自己的教学内容，把自己的知识、能力转化为学生的技能。

（4）学习资源建设

学习资源，如职业教育教材、实践教学基地/实训基地、MOOC（慕课）等方面更是需要校企合作来共同建设。

学校要调动企业参与校企合作的积极性，就要充分考虑企业的需求，与企业一道解决其最关切的问题。对于企业来说，企业声誉、技术创新、产品升级、产品销售、企业服务等是其最为关心的主要方面，学校在与企业共育人才的过程中，如果能协同企业解决这些问题，校企之间的合作会更加紧密、更加融合。

2.4.2 产业的教育板块与教育的产业化

2.4.2.1 产业的教育板块

企业大学（又称公司大学）的产生源于企业自身发展对知识要素及知识生产服务的实质性需求，企业大学的产生具有历史必然性，并具有不可替代性。对企业大学的定义是：企业大学是一个过程，在这一过程中所有的企业员工、关键客户和供应商均参与到这一过程中，从而提高自己的工作业绩。目前，企业大学已经成为很多大型企业比较常见的机构。

社会培训机构的概念国内外尚无一个确切的定义，黄中阳和陈飞霞（2005）从社会培训机构的内涵角度定义其本质，即独立的法人实体，以技能培训为主，兼具多种功能，主要提供非学历教育。相对于学校的职业教育，社会培训具有学校教育所不能比拟的优势。[①] 首先，社会培训机构不但与产业联系紧密，而且机制灵活，可以随时调整授课方向和授课内容；其次，面对形形色色的企业，对于各种各样的工作岗位，社会培训机构能够有针对性和有目的地进行能力培训。

2.4.2.2 教育的产业化

职业教育产业化是指在资源配置逐步市场化的条件下，职业教育逐步摆脱对各级政府的行政依附关系，遵循市场价值规律和自身发展规律，使高等职业教育机构成为具有

---

① 黄中阳，陈飞霞.（2005）.论社会培训机构的角色定位.成人教育，(11)，27—29.

独立法人资格的现代化教育机构。

高等职业教育产业化的主要途径包括:第一,建立多元投资的高等职业教育体系;第二,建立科学、合理的培养成本分担与补偿机制;第三,根据区域经济发展和产业结构调整的要求优化布局高等职业教育专业;第四,提升高职院校内部资源利用效率;第五,发挥高等职业教育的规模效应;第六,以产业化教育模式促进高等职业教育国际化。[①]

2.4.3 教学设计与组织中的职业思维、职业语义和语境

教学设计是运用系统方法分析教学问题和确定教学目标,建立解决教学问题的策略方案,试行解决方案,评价试行结果和对方案进行修改的过程(乌美娜,1994)。职业教育的教学设计要体现职业取向,要求在教学设计和组织中贯穿职业思维,在课程教学目标制定、学习者分析、教学内容的选择与组织、教学方法和教学手段的选择方面都体现职业特质。从事不同职业所特有的职业素质就是特质,是能够将工作中成就卓越的人与成就一般的人区别开的深层特征。职业特质表现在职业情感、职业思维、职业行为、职业语言等多个方面。

2.4.3.1 评价职业需求以确定教学目标

职业教育中教学设计的第一步是确定教学目标,即学生完成学习之后你希望他们能够做什么、有什么能力。教学目标有多个来源,如对实际职业岗位工作人员的分析、对职业岗位新需求的评估、对学习困难学生实际情况的了解等。

2.4.3.2 分析学生、环境以选择和开发教学内容

在分析学生及其学习技能的环境和应用技能的环境的基础上,围绕职业能力的养成组织课程内容,以工作任务为中心整合相应的知识、技能和态度,实现理论与实践的统一。在教学内容的选择和开发上,注重以职业岗位的实际工作为出发点,将工作过程所需的技能列入教学内容和相关材料,包括教材、学生指导手册、幻灯片、音视频材料、应用程序和网络学习的网页内容等。

2.4.3.3 行动导向的教学策略

教学策略要基于职业教育的教学理论和职业领域的研究成果、传递教学的媒体特点、要讲授的职业教学内容以及接受教学的学生特点来制定。教学策略包括教学前的活动、信息呈现、练习和反馈、考试及延展活动几个部分。行动导向的教学策略主要采用教学情境引导学生学习,从学生的认知基础出发,设计学生熟悉的、能够理解的、感兴趣的

---

① 李弟财.(2016).生态战略视野下的校企协同研究.当代职业教育,(01),83—87.

教学情境。在情境中设置相应的任务,引导学生自主学习、完成任务,从而掌握相应的工作过程、知识和操作技能。

2.4.3.4 过程性的教学评价

基于前期制定的目标,开发出相关的评价方案,以测定学生对于目标中所描述行为的完成情况,重点在于将目标中所描述的行为种类与评价相对应。如德国泰特朗电子职业学校的网络管理课程使用了技术验收表、书面报告、展示汇报三种评分方法。[①]

---

① 张伦.(2009).德国职教教学设计案例分析.中国现代教育装备,(16),100—103.

第 3 单元

职业教育体系建设的理论基础

2014年,国务院印发《关于加快发展现代职业教育的决定》。为贯彻落实加快发展现代职业教育的精神,教育部、国家发展和改革委员会、财政部、人力资源社会保障部、农业部、国务院扶贫办组织编制了《现代职业教育体系建设规划(2014—2020年)》,并提出要按照终身教育的理念,形成服务需求、开放融通、纵向流动、双向沟通的现代职业教育的体系框架和总体布局。这些探索职业教育体系建设的理论基础与实践路径,对建设具有中国特色、世界水平的现代职业教育体系意义重大。

3.1 现代职业教育体系的文献基础

为了探索职业教育体系建设的理论基础与实践路径,本节进行了相关文献基础的梳理,概括了技术标准对职业教育的影响,职业教育的能力标准、类型层次,能力导向的职业教育教学,职业教育生态,终身教育与职业教育关系,以及职业教育体系建设方面的研究成果;厘清了现代职业教育体系相关概念;特别是对能力本位教育理论进行了讨论;并且总结了先进国家和地区的现代职业教育体系实践模式,引以为鉴。

3.1.1 技术标准对职业教育的影响研究

我们可以通过一套科学的职业资格分析、课程开发及考核鉴定的技术标准对职业教育课程开发各环节的工作方式、方法和质量控制过程进行规范,这些环节包括行业分析、案例分析、工作任务和职业活动分析、课程设计、课程实施、考核评估等,这样的技术标准对职业教育的质量控制有重要意义。

课程开发技术标准的制定是一个多学科、多领域的综合性研究课题,它从多方面探讨职业工作的内容、形式、要求、发展变化及其与职业教育培训过程设计之间的复杂关系。需要解决的难点问题是,如何把基于不同学科基础之上的职业资格研究和课程开发方法进行整合,从而形成符合国情的技术方法体系。

这一技术标准应具备以下功能:在职业教育培训宏观规划方面,能帮助职业院校设置符合劳动力市场和行业发展要求的专业;在课程开发方面,能使职业院校开发的课程计划符合学习者的职业发展规律,并与国家职业标准相对应,或能将国家职业标准要求完全融入课程目标;在教学培训过程设计方面,能构建有利于高技能人才成长的基于工作过程的学习情境;在外部机构如劳动保障部门和教育主管部门监管方面,能借此对职业院校的课程开发和实施质量实行简便而有效的控制。

在国际上,此类技术标准也称课程开发的工具包,内容涉及课程开发的方方面面,如相关概念、标准程序、实施方法、质量控制和检验标准及典型案例等。高技能人才的成长在很大程度上是对工作过程的构建行动,而工作过程的许多环节是隐蔽的,因此这个标准应同时将隐性的工作过程知识的获取过程进行显性化和明朗化处理,帮助人们在职业标准的基础上,找到现代职业工作的特征,对此做出恰当的描述,同时进行科学的教学设计和实施并为考核鉴定提供技术指导。

德国职业教育的成功在于,将职业技术标准与职业教育紧密结合。以德国为例,本节进一步诠释技术标准对职业教育的影响。

世界上许多国家制定的职业标准与职业教育专业教学标准大多是两个独立的体系。德国没有独立的(社会)职业标准,即所谓的"职业标准",只有"教育职业标准",采用与其他大多数国家不同的开发与使用方式。其教育职业标准也称"职业教育条例"的综合方案,形成了涵盖职业标准的专业标准。① 因此,德国的职业标准指的是教育职业的专业标准。德国教育职业标准的开发经验对开发兼具协调性与融合性的专业教学标准与职业标准具有一定的启发作用。

在教育标准体系方面,2012年德国发布的资格框架,将除基础教育之外的包括职业准备教育、中等职业教育、继续教育、专科和本科教育、硕士和博士教育等在内的各类职业教育与专业教育划分为八个等级。这八个等级的划分与欧洲资格框架是兼容的,但在各等级的描述及结构上又具自身特色,具体体现为:横向上按专业能力(知识与技能)和个人能力(社会能力与独立性)两个维度进行描述,纵向上涵盖学习/学术专业、工作/职业活动两个领域。由此,德国职业标准体系与教育标准体系之间建立了直接对应关系。如图3-1所示,左边是德国职业标准体系四个等级的职业类型,右边代表了融合职业资格与学历资格的国家八级资格框架。德国职业标准体系中与职业教育相关的职业主要是第一至第三等级要求的职业类型,教育标准体系中与职业教育相关的教育涉及第一至第六等级的资格水平。两者之间大致的对应关系表现为:第一等级要求的职业大致对应第一、二等级资格水平的职业准备与基础教育;第二等级要求的职业大致对应第三、四等级资格水平的(初次)职业教育,即"专业指向性的职业活动"对应两年至三年制的职业教育;第三等级要求的职业大致对应第五、六级资格水平的职业进修教育,即"综合专业性的职业活动"一般对应短期继续教育和学士(三年制)、师傅、技术员及专科学校毕业人员的相关教育。

---

① 谢莉花.(2017).德国职业教育的"教育职业标准":职业教育条例的开发内容、路径与经验.外国教育研究,(08),28—40.

德国职业类型			德国资格框架	
等级要求	四	高度复杂性的职业活动(例如硕士或博士毕业人员)	资格水平	八 博士
				七 硕士
	三	综合专业性的职业活动(例如学士毕业人员、师傅、技术员)		六 学士、师傅、技术员、专科学校毕业人员
				五 短期继续教育
				四 职业教育(三年制)
	二	专业指向性的职业活动		三 职业教育(两年制)
				二 职业基础教育(一年级)
	一	助手级与初等性职业活动		一 职业准备教育

图 3-1　德国职业标准体系与教育标准体系之间的相互关联

资料来源：Petersen and Jepsen(2015)。

3.1.2　职业教育的能力标准研究

(1) 能力的定义

能力可分为一般能力与专业能力。前者强调如听、说、读、写、算、数学、创造思维、学习如何学习等能力，以及负责、自我尊重、社交、自我管理等个人特质；后者强调职业人员执行工作或任务所需的知识、技能和态度。

就能力的定义而言，包括一般职业技能、特殊职业技能、职业能力、职业适应能力和社交能力。对于能力的定义各家看法不一：Knowles(1970)定义能力为执行工作所必须具备的知识、技能、态度及个人价值[①]；Stasz(2000)认为工作场所需要的全面技能，是由知识、技能及动机等复杂的交互作用组成的，我们称之为通用技能[②]。也有学者认为能力可分为两方面：一是影响工作或任务的个人知识经验、性格、价值观念与心理特征；二是执行任务或从事某一工作时所需具备的知识、情感与技能的实际表现。综上所述，能力是由知识、技能及态度三者组成的外在行为表现，能力是多元的，可为先天具有或后天学习而来。

(2) 专业能力

专业能力是指和工作或职务相关的专门能力，包括专业知识、专业技能及专业态度三方面，是成功完成任务不可或缺的重要因素。专业能力具有下列特点：第一，专业能力专指从事某一特定职业工作或任务所需的能力。第二，专业能力包含知识、情感、技能三

---

① Knowles, M. S. (1970). *The Modern Practice of Adult Education: A Systematic Approach to Education.* NY: Holt, Rinehart, & Winston.
② Stasz, C. (2000). *Assessing Skills for Work: Two Perspectives.* Oxford: Oxford Economic Papers.

个领域。Butler(1978)认为,专业能力系任何人在个人或专业生涯中,成功地完成每一项工作所需的知识、技术及价值观。① 一些学者认为,专业能力是指个人在认知、情感与技能三个领域中能够成功履行任务的行为特质,并能达到某一精通水准。还有学者将专业能力指标分为显性能力与隐性能力,其中显性能力包括专业能力、管理能力、人际能力及态度,隐性能力则包括价值及心智能力。

(3) 能力分析和能力指标

综观工作分析、行业分析、职业分析、任务分析等能力分析,其主要目的是分析职业工作或任务所需的能力,并建立能力本位标准,以便发展课程、确认训练需要、拟定生涯进路、促进工作安全、选用工作人员、撰写工作说明书与进行工作评价。② 能力分析的方法有多种,Brown(1998)整理出较普遍、常用的任务分析策略有人员取向、工作取向和认知取向三种模式。其选用因素有:第一,哪一种最可能产出所需的信息;第二,方法的成本效益;第三,检讨和更新结果的可能性;第四,采用多元方法的组合。③ 常见的数据搜集方法包括观察法、访问、问卷调查、文件分析等,一般前两种适合探索性研究,后两种适合探索性研究或实证性研究。

在专业能力指标的建构及衡量的研究方面,就专业能力指标而言,近年来国内学者的研究大多以专业能力指标的建构、专业能力的培育及专业能力与工作绩效的相关性为主,研究对象多以学术界人士为主,很少询问企业界人士的意见。目前专业能力指标研究的局限之一正是未纳入企业界人士的意见。

3.1.3 职业教育的类型层次研究

职业教育可分为四种类型:学校制、学徒制、校外制、混合制。

学校制的职业教育又可分为三种:第一,传统技艺学校,起源于19世纪为穷困劳动阶级设立的传统职业训练学校,类似学徒制,现在已经相当稀少。第二,职业学校,以培养学生就业为主要目标,同时提供学生基础学科和职业学科的职业学校。法国学生自13岁起,即分成两轨接受普通或职业学校教育,职业学校毕业生有可能进入高等教育机构,不过比普通学校毕业生困难。东欧国家约有75%的学生在这类职业学校就读。第三,综合高中,同时提供所有高级、中等教育学龄学生修读基础学科和职业学科的高级中学。美国采用这种制度,约有65%的综合高中学生会修读职业学科。这种制度适合不同职业

---

① Butler, F. (1978). The concept of competency: An operational definition. *Educational Technology*, (18), 7-18.
② Gonczi, A., Hager, P., & Oliver, L, (1990, December). Establishing competency-based standards in the professionals. Canberra: Department of Employment, Education and Training.
③ Brown, B. L. (1998).*Task Analysis Strategies and Practice*, *Practice Application Brief*. Columbus: ERIC Clearinghouse on Adult, Career, and Vocational Education.

人员社会经济地位差异不大的社会,学校可提供多元课程供学生进修选择。

学徒制又称二元制,起源于欧洲行会的结构化学徒制,提供初级职业训练并以取得职业资格为目标。这种制度主要以德国、奥地利和瑞士为典型,德国16—18岁的青年中约有63%参与学徒制。这种制度适合对劳动性职业予以高度肯定的社会。

校外制又称企业制,指学校制和学徒制以外的各种非正规教育训练,如工作岗位上的初级训练,或企业训练中心、劳动鉴定委员会等部门所提供的职训课程。

混合制是以上三种模式的混合。

随着职业教育的发展,在职业教育中也逐步形成了高、中、初三个层次,并与普通教育相平行;当然,二者在培养目标上各有侧重,在培养方法上不尽相同。

职业教育的类型层次是依据对职业教育的定义划分的,国内外有不同的解释和规定。在国外,有广义和狭义两种观点。狭义的观点认为,职业教育仅指培养工人及相应一级人员的学校。广义的观点认为,除上述之外,还包括培养技术人员的学校,称为技术学校和技术教育。例如,联邦德国的职业教育,包括高等教育专科以下、职业教育以上的各级各类高校。美国的技术教育指专科教育,而职业教育包括技术教育和职业中学。联合国教科文组织在使用技术教育和职业教育名称时,定义技术教育是培养技术人员的学校,职业教育是培养工人的学校。

3.1.4 能力导向的职业教育教学研究

专业能力取向课程规划已是目前职业教育课程改革及重构的重要方向。许多职业院校未能真正仔细、审慎检视学校欲培养的专业能力内涵,并据以规划相关的专业能力取向课程,落实于教师的教学及学生的课堂学习之中。

职业教育课程发展必须符合下列八项原则:第一,资料本位;第二,动态发展;第三,结果明确;第四,连贯统整;第五,讲求务实;第六,以学生为中心;第七,评鉴并行;第八,未来导向,以系统地持续发展职业教育课程。① 那么,能力导向的职业教育教学应该主要考虑下列四个因素:第一,教学规划联结能力内涵,系统化地选择及组织学习内容;第二,通过整体课程结构规划,促进能力培育;第三,教学与能力联结呈现多元应对形态,并兼顾同时学习原则;第四,强化实际情境的学习与应用,联结理论与实务。

（1）教学规划联结能力内涵,系统化地选择及组织学习内容

欧洲高等教育近年来推行"以学生核心能力为中心"的课程改革,发展"动态循环课程规划模式",通过以发展学生核心能力为中心的课程规划、实施、评估的持续循环回馈

---

① Finch, C. R., & Crunkilton, J. R. (1993). *Curriculum Developmentin Vocational and Technical Education*: Planning, Content, and Implementation (4th ed.). Boston, MA: Allyn and Bacon.

机制,促使大学系所、教师培养学生的核心能力,以提升大学课程品质,培养拥有关键核心能力的人才。动态循环课程规划模式类似于大学"课程地图"动态发展的概念,包括课程规划、执行、检视及修订的动态历程,指各大学系所或通识中心研究拟定核心能力,据以规划具有系统性、层次性的课程学习路径,作为学生学习导引、教师检视课程及学校规划课程的参照。① 该模式重视先建构学生的核心能力,据以规划相对应的专业能力课程,进而实施课程、评价课程效果、再进行修订;同时,在规划职业教育课程地图架构及内容时,除联结学生专业能力内涵外,课程的选择与组织应顾及相关的基本原则,系统化地组织学生的学习内容及经验,重视课程彼此之间的连贯性、统整性及阶层性,以发挥课程的最大效益。

(2) 通过整体课程结构规划,促进能力培育

培育具有职场竞争力的学生不是学分化课程即可达成,更需要学校整体教育环境的建构,以涵养学生的人格特质与工作服务热忱,故课程规划如果以培育学生专业能力为出发点,决不能仅受限于正式课程的安排,还必须通过整体课程结构的规划,方可达成课程目标。整体课程规划主要分为实有课程及空无课程。实有课程包括外显课程与潜在课程,其中外显课程又分为正式课程与非正式课程;空无课程则是在教学计划中应该实施却未实施的课程。若要有效落实学生专业能力的培养,则必须通过整体的课程结构共同培育,安排不同的课程结构,提供学生各式各样的学习机会,丰富学生的学习之旅。

目前大学整体课程结构主要分为正式课程、非正式课程及潜在课程。正式课程为各大学培育学生的主要课程地图规划,即学生实际修习的课程,也是预备学生专业能力的主要核心课程。因正式课程学分数及学习时间有限,若要学生完全具备专业能力,培育一名具有职场竞争力的学生,在学校及系所的整体课程规划上,必须拓展正式课程的学习范畴,将课程触角延伸至非正式课程,通过非正式课程的规划与实施,提供学生多元的学习活动,加深、加广其学习经验。非正式课程非常多元及丰富,诸如教育学术活动、辅导活动、学生竞赛活动、职业训练、庆典活动等。而在大学整体课程结构规划中,另外一个可能比正式课程及非正式课程产生更大影响力的就是潜在课程。潜在课程潜藏于各种学校情境中,包括教师的专业能力及身教、课程规划、学校的建筑环境与设备、师生及同学间关系、学习风气与学习组织等,这些都会影响学生的学习表现及成效。潜在课程在大学的整体课程规划中,同样必须不断地反思学校整体的环境氛围及教师与行政人员

---

① Bath, D., Smith, C., Stein, S., & Swann, R. (2004). Beyond mapping and embedding graduate attributes: Bringing together quality assurance and action learning to create a validated and living curriculum. *Higher Education Research & Development*, 23(03), 313-328; Harden, R. E. (2001). Curriculum mapping: A tool for transparent and authentic teaching and learning. *Medical Teacher*, 23(02), 123-137.

的态度和表现，以及带给学生的感受及影响。

（3）教学与能力联结呈现多元对应形态，并兼顾同时学习原则

近年来，高等教育兴起以学生核心能力为取向的课程规划。宋明娟和甄晓兰（2011）认为，大学的课程规划与专业能力之间的转化与应用主要有三种：第一，一课程对一能力，某种独特的能力仅由特定的课程培养；第二，一课程对多能力：某课程强调多种能力，或整合各种层面的能力，或偏能力的实际运用；第三，多课程对一能力，发生于某项能力可对应于组织庞大的知识体系，应由多门课程组成进行培养。① 三种不同的形态各有其应用倾向及时机。现在大学的课程及教学规划大多会涵括多项能力的培养，课程与能力较少呈现一对一的关系，主要呈现多元对应形态，为"一课程对多能力"或"多课程对一能力"的形态，由此要求学校或各系所在规划课程地图时进行整体的考虑及对应，以避免不同课程重复培养相同专业能力，但忽略其他重要专业能力的养成。

此外，每项专业能力内涵中，可能隐含着认知、情感、技能、态度、理想、兴趣及价值等不同组成要素。② 因此，在进行学校及系所课程规划时，应仔细分析学生专业能力内涵中的不同组成要素，兼顾同时学习原则，在课程中充分培养学生不同的专业能力内涵。美国著名教育学者威廉·赫德·克伯屈（William Heard Kilpatrick）于1918年提出同时学习原则，将学生的学习分为主学习、副学习、附（辅）学习三种。主学习是指学习所欲直接达成的目的，内容可以是认知、情感、技能或态度；副学习是指与主学习有关的知识或技能；附（辅）学习则是指学习所养成的兴趣、态度、理想、情感等。大学在进行课程规划或教师在研究拟定课程教学大纲时，应同时兼顾三方面的学习，与学生专业能力内涵联结。

（4）强化实际情境的学习与应用，联结理论与实务

学生专业能力内涵主要反映未来就业职场的需求及适应未来世界的能力，学校课程规划不仅应提供理论与实务课程的学习机会，更应让学生深切了解理论与实务紧密联结的重要性，搭起理论与实务间鸿沟的桥梁，缩小两者的落差。故在课程的培育过程中，应与未来工作职场的产业界紧密联结，这样方可真正建立及培育学生的专业能力。产业界与大学互动及合作，如产业学院、产学携手合作计划、产学协同教学等，有利于职业教育培育出毕业即可与产业需求接轨的人才。

---

① 宋明娟，甄晓兰.(2011).重建大学课程的意义与策略初探：来自建构大学系所学生专业能力的经验反思.当代教育研究,19(01),55—100.

② Tariq, V. N., Scott, E. M., Cochrane, A. C., Lee, M., & Ryles, L. (2004). Auditing and mapping key skills within university curricula. *Quality Assurance in Education*, 12(02), 70-81.

3.1.5 职业教育生态研究

(1) 教育生态学

生态学一词源于希腊文"Oikos"和"Logos"。1866 年,德国生物学家恩斯特·海克尔(Ernst Haeckel)将生态学定义为:研究生物体与周围环境之间相互关系的科学。生态学最主要的理论是:生物体与环境是一个统一的整体,在这个整体中各因素之间相互影响、相互制约,并在一定时期内处于相对稳定的动态平衡状态。以生态学的原理解决教育领域的问题,结合生态学与教育学来研究教育发展规律,揭示教育发展方向,逐渐就形成了教育生态学。

1976 年,美国著名教育史家、教育评论家劳伦斯·克雷明(Lawrence Cremin)在《公共教育》(Public Education)一书中正式提出了"教育生态学"。我国对教育生态学的研究以台湾地区的学者为早,始于 20 世纪 70 年代。台湾的方炳林在 1975 年出版了《生态环境与教育》一书,标志着我国教育生态学研究的开始。随后,李聪明、吴鼎福、范国睿等学者引入国外教育生态学的思想,针对教育生态学的研究对象、角度、方法等开展了大量的研究。

综合诸多教育生态学研究的观点就是:应从不同层面上开展综合性的教育研究。在宏观层面上,基于大生态系统的理念,以教育为中心,研究其与自然、社会等外部环境的关系;在中观层面上,以某一教育层次或单个学校为中心,研究教育体系内部的相互关系;在微观层面上,以学生的个体发展为主线,研究外部环境与人的培养的关系。

总体来说,教育生态学是依据生态学原理,特别是生态系统、自然平衡、协调进化等原理,研究教育与周围生态环境之间相互作用的规律和机理的科学,它把教育与生态环境联系起来,并以其相互关系及其作用机理为研究对象,研究各种教育现象与成因,进而掌握并指导教育发展的趋势和方向。

(2) 跨学科的生态趋势

学科发展遵循知识发展逻辑(内在)和社会需求发展逻辑(外在)。大学作为学科依存的载体,一方面既要回应经济社会发展对复杂性问题解决的需要,另一方面又要回应学科内部对跨学科知识生产的需要。学科(院系)、大学、经济社会构成大学跨学科建制的三个动力源,三者之间的相互作用形成大学跨学科建制的动力机制。①

① 社会外部:复杂性社会议题的凸显及外部驱动。随着经济社会的发展,复杂性社会议题不断涌现,如环境问题、人口问题、科技问题、教育问题等,愈发显现出复杂性,超

---

① 焦磊.(2018).国外知名大学跨学科建制趋势探析.高等工程教育研究,(03),130—135.

越传统单个学科的知识范畴。"复杂性"频繁地作为流行语使用,在现代科学与社会实践话语中取得特殊地位。①

② 学科内部:与其他学科交互的需求及障碍的显现。学科分化发展到一定阶段,面对亟待解决的复杂性社会议题,单一学科或其内部不断分化的知识视野的局限性愈发彰显。学术共同体成员开始寻求新的知识生产方式,跨学科知识(interdisciplinary knowledge)进入人们的视野。②

③ 院校层面:学科间交互诉求的回应及保障。国外院校管理者对外部社会新动态有着灵敏的反应,通过设置新的研究领域和新型教育机构来回应外部需求,从而确保获取外部资助的竞争力,并与政府、企业和社区建立起新型合作关系。③ 国外院校对跨学科动态的反应也不例外,尤其是在跨学科研究资助、跨学科研究生项目资助等外部驱动下,国外院校积极开展跨学科研究和教育活动。

国外院校的实践表明,学科组织形式创新与跨学科学术制度创建是跨学科在大学建制化的主要措施。可以在跨学科组织层面通过组织形式创新突破传统学科组织壁垒。针对传统学科之间组织藩篱密布的现实,国外院校主要通过两种路径应对学科组织壁垒:一是依据大部制或学科交互原则重构传统的基于单一学科的组织架构;二是在传统院系之外设置新型跨学科研究机构。

(3) 职业教育生态发展

整个人类组成全球教育大生态系统。在教育生态的大系统中,又包含若干不同层次、特点和功能的子系统。例如,按照教育水平划分,包括学前教育系统、初等教育系统、中等教育系统、高等教育系统和大学后教育系统;按照教育类型划分,包括普教系统、职教系统、成人教育系统、家庭教育系统等。这些都是宏观的教育生态系统,它们既包括教育本身的系统,又包括环境系统。而一所学校特别是大学,通常是一个微观的教育生态系统。据此,从宏观上看,职业院校生态系统隶属于高等教育系统和职教系统,是二者的结合部分;而从微观上看,任何一所职业院校都是一个教育生态系统。所以,职业院校生态系统的存在是有可能的,并且是符合教育生态系统理论的。

我国职业教育许多深层次的矛盾和不足也不断体现出来,已然违背了生态学原理,这对职业教育现代化建设极其不利。因此,跳出教育看教育,站在经济社会发展全局的高度,以整体性的理念研究职业教育现代化,对职业教育体系现代化建设具有重要意义。

---

① Mesjasz, C. (2010). Complexity of social systems. *Acta Physica Polonica A*, (04), 706-715.
② Lewis, E. G. (1998). Disciplinary breadth and interdisciplinary knowledge production. *Knowledge, Technology & Policy*, (01), 4-15.
③ Klein, J. (2010). *Creating Interdisciplinary Campus Cultures: A Model for Strength and Sustainability*. San Francisco: Jossey Bass and Association of American Colleges and Universities.

所以，我们应从教育生态学的角度来分析职业教育现代化建设，以职业教育为中心，对与职业教育联系紧密的政治、经济、文化等外部环境因素进行系统分析，探索各种因素与职业教育的相互作用机理，挖掘职业教育发展规律，以寻求职业教育现代化建设的方法和路径。

职业教育现代化生态发展的影响因素包括：政治环境、经济环境、文化环境。政治是每个经济社会的总指挥棒，在国家经济、文化、教育等发展中处于支配地位。因此，职业教育也必须在国家整个政治环境下发展。从各个国家职业教育的发展历程可以看出，职业教育均体现出特定历史时期和不同环境的特点。政治通过政策、法律等形式影响着职业教育发展的目标和定位、职业教育管理模式、职业教育资源配置、职业教育在社会中的地位等。经济也是职业教育发展最基本的制约要素。职业教育可以说是与经济发展联系最直接和紧密的教育，其本质任务是服务于国家经济社会发展，为国家经济发展培养技术技能人才。国家经济实力决定着在职业教育中的投入比例，产业结构决定着职业教育的专业结构，经济技术结构决定着职业教育不同的层次结构，经济发达程度决定着职业教育的规模，文化价值体系影响着职业教育的社会地位和认可度，不同地域、不同历史时期特有的文化背景决定着人们对职业教育的价值认识各不相同。同时，文化本身作为教育内容的一部分，决定着职业教育的内容，职业教育传递的知识、技能、价值观等都是文化传承的一部分。

3.1.6 终身教育与职业教育关系研究

(1) 职业教育是一个人终身教育的重要组成部分

如今，一个人即使本科甚至硕士、博士毕业，其职业生涯也未必一帆风顺。随着科学技术的日新月异，现代生产的技术基础不断发生变革，产业结构、职业结构和就业结构也不断发生变化，一次终结性的职业教育和技术培训已无法满足现代用工需求及择业需求，多样化的职业教育和技能培训已成为个人和社会发展的必然。当前，"终身教育"的观念已日益深入人心，已经成为许多求职者、从业者在选择就业地区、公司或单位时考虑的一项内容，这其中起决定作用的，恰恰是终身教育当中最活跃的职业教育。因此，构建终身职业教育体系、发展终身职业教育是实现人的可持续发展、促进经济持续发展的重要途径。

(2) 职业教育的需求促进了终身教育的发展

传统产业实现了技术提升，从而派生出健康顾问、婚姻家庭咨询师、职业时间分配师、私人健身师、时装代购等新兴职业。新兴职业促进了新的培训热。日渐复杂的跨专业职业加强了对教育的持续性要求，终身教育就显得愈发必要。职业教育不仅仅使受教育者具备一技之长,更是受教育者可持续发展的支撑。终身教育并不是所谓的"成人教育"或者"大众教育"的一种变相称谓,而是指个体在一生生存的所有方面都能根据自身的需求便捷地获得教育机会。

在科学技术应用更加多元的今天,职业的推陈出新、衰退消失、新兴涌现都显得异常快速。经济新常态下产业结构的调整更引起和促进了职业的变革,从而更凸显了职业教育的重要性。职业教育是在发展和管理职业生涯之前进行的教育干预。职业教育是终身教育的一部分,它支持人类在一生的职业整合中趋向社会和自我认知。[①] 唯有全面的终身教育才能胜任完人的培养,唯有坚持终身学习,才能适应现代社会的迅猛变化。[②]

(3) 职业教育体现终身教育理念的实践模式

职业教育充当着终身教育的主要角色,在终身教育体系中发挥着至关重要的作用。从实践上看,职业教育体系构建实践或是通过各类型升学通道架设,或是通过普职融通、双证融通、学分互转互认,或是通过分级制度建设、教育对象多元融入等渠道,拓展学习者的学习发展空间,实现职业教育的应然功能,体现终身教育理念。职业教育主要通过衔接拓展型、融通互换型和分级多元型三种实践模式,体现终身教育理念。[③]

衔接拓展型主要是指在学历教育内,中、高职院校通过打破终结性教育的"天花板",与高一级院校衔接培养,或者本级院校内部拓展培养的方式,实现中职—高职—本科—硕士研究生的学习上升路径。学生可以根据自己成长的需要,在"中职、中本、高本"的培养方式中选择继续升学。这拓展了学习发展空间,拓宽了人才成长渠道。

融通互换型主要是指中职学校与普通高中之间的融通、职业院校与人力资源社会保障部门之间的融通、职业教育学历证书与职业资格证书的双证融通。普职融通及双证融通需要学分互换、学籍互转等作为保障。

分级多元型主要是指职业教育依据技术技能型人才成长规律,将职业教育进行纵向分级。在分级制中,实施连续学习与弹性学习相结合的学习制度和教学管理模式,无论是学龄学生还是成人,在任何时候均可以进入分级制学习系统,形成了学习者学习途径多元化的格局。职业教育的分级制拓宽了现有职业院校的办学功能,扩大了职业教育的资源范围,增加了人们接受职业教育的机会和可选择性,体现出职业教育面向人人的终身教育理念。

---

① Dandara, O. (2014). Career education in the context of lifelong learning. *Procedia-Social and Behavioral Science*, (142), 306—310.
② 王艳霞.(2017).终身学习背景下的职业教育——以职业变迁为视角.职业教育,06(01),30—33.
③ 黄碧珠.(2015).职业教育体现终身教育理念的三种实践模式:生成机理与问题应对.中国职业技术教育,(33),23—26.

3.1.7 职业教育体系建设研究

（1）职业教育体系

职业教育体系是指适应地方经济社会发展需要，满足人民群众多样化职业教育需求，形成由中职、专科、本科到研究生的有机衔接，职业教育、普通教育、继续教育相互沟通的现代职业教育系统。

职业教育体系以各级各类职业院校和职业培训机构为主要载体，具有适应需求、有机衔接、多元立交的特点。适应需求，就是适应经济发展方式转变、现代产业体系建设和人的全面发展需求，遵循技术技能人才成长规律，实现各级各类职业教育的科学定位和布局；有机衔接，就是统筹协调中等、高等职业教育发展，以课程衔接为重点，促进培养目标、专业设置、教学资源、招生制度、评价机制、教师培养、行业指导、集团化办学等领域相衔接，切实增强人才培养的针对性、系统性和多样化；多元立交，就是推动职业教育与普通教育、继续教育相互沟通，实行全日制教育与非全日制教育并重，搭建职业教育人才成长"立交桥"。

（2）职业教育体系建设

职业教育作为一种特殊的教育类型，其体系是联结各组成要素、形成运行机制、发挥有效功能的依托和载体。① 职业教育体系建设体现出以下特征：第一，适应性。适应经济发展方式转变和产业结构调整要求，满足人们接受职业教育和社会发展的需求。第二，终身性。职业教育体系建设更强调面向终身学习，注重满足劳动者持续的职业能力发展需求，让劳动者能够在职业发展的不同阶段接受职业教育和培训，培养劳动者持续发展的能力，促进劳动者终身可持续发展。第三，开放性。职业教育体系建设不是封闭的，而是一个动态开放的系统，这种动态开放主要体现在办学主体和办学模式对外开放，鼓励多元投资和多元化办学；在学习主体上面向人人终身发展开放，为所有人提供多元化、全方位终身学习的机会；学习和借鉴国外先进的职业教育经验，不断丰富和完善职业教育体系。第四，融通性。职业教育体系构建从中职、专科、本科到专业学位研究生的不同层次的培养体系；建立职业教育与普通教育双向沟通的桥梁，推进全日制职业教育与非全日制职业教育、学历职业教育与非学历职业教育之间的融通，建立内外衔接的职业教育人才成长体系。

---

① 平和光,李孝更.(2017).中国特色现代职业教育体系建设报告.职业技术教育,(24),37—44.

3.2 能力本位教育(CBE)理念概述与分析

3.2.1 能力本位教育的核心理念

能力本位教育又称实行本位教育(performance-based education),或依其特质称为标准参照教育、产出本位教育、熟练本位教育。简单来说,能力本位教育出现于美国,早期受到行为主义、泰勒主义(taylorism)、福特主义(fordism)等思潮的影响[1],甚至与科学管理等思想有密切关系。追溯其历史脉络的发展,又受到精粹主义(essentialism)和新自由主义的影响,并随着全球化的浪潮扩散到欧洲等地,进而受到欧陆终身学习、全人教育、情境主义、历程观点、行动主义和陶养(bildung)理论等思潮的影响。所以,能力本位教育的内涵不断在演化,翻译名称也就随之调整。[2]

能力本位教育是指一种以发展学习者能力为目标的教育理论或实际;学习者经历此种教育后,能具备从事某种活动或工作的知识、技能与态度。其核心理念是从职业岗位的需要出发,确定能力目标;学校聘请行业中一批具有代表性的专家组成专业委员会,按照岗位群的需要,层层分解,确定从事行业所应具备的能力,明确培养目标;再由学校组织相关教学人员,以这些能力为目标,设置课程、组织教学内容;最后考核是否达到这些能力要求。

能力本位教育强调以能力为教学的基础,而不是以学历或学术知识体系为基础,对入学学员原有能力经考核后予以承认;强调严格的科学管理及灵活多样的办学形式。随时招收不同程度的学生并按其情况决定学习方式和时间,课程可以长短不一,毕业时间也不一致,做到小批量、多品种、高质量。能力本位教育打破了传统的以学科为科目、以学科的学术体系和学制确定的学时安排教学和学习的教育体系,改为以职业岗位所需职业能力的培养为核心,保证了职业能力培养目标的顺利实现。

以强调岗位能力为核心的能力本位教育思想形成于20世纪六七十年代的美国。它以重视获得岗位操作能力为目标,提倡以能力为基础的职业教育体系。其思想来源于美国第二次世界大战后对退役人员的转业训练。20世纪60年代,在美国的课程改革运动

---

[1] Schilling, J. F., & Kötting, J. R.(2010).Underpinnings of competency-based education. *Athletic Training Education Journal*,5(04),165-169.

[2] Wu, P. C. (2018). Reflecting on the perspective transformation of competency-based education. *Journal of Educational Research and Development*,14(02),35-64.

中，人们把对当时教育质量的不满归结为教师的教育、教学能力不足，于是要求改革师范教育，提高教师与教学有效性相关的能力。1967年，能力本位教育被提出，以取代传统的学科培养教师的师范教育，主张将对教师工作分析的结果具体化为教师必须具备的能力标准。20世纪60年代，能力本位教育从美国传到加拿大，到20世纪70年代，能力本位教育思想日渐成熟并开始运用到职业教育和培训中，并被广泛应用于北美和世界其他一些地区的职业教育和培训中，其中尤以北美盛行。到了20世纪80年代中后期，当时的企业界普遍反映现行的职业教育与就业需求不直接相关，只注重知识与理论而非实际操作能力的现象十分严重，认为受训人员在岗位上所表现出来的实际操作能力才是职业能力的体现。职业能力包括专业能力、方法能力、社会能力等。时至20世纪90年代，在能力本位教育思想盛行后期又提出了关键能力。

20世纪80年代中后期及20世纪90年代初期，主要的英联邦国家，如英国、澳大利亚、新西兰先后根据能力本位教育思想重新构建了国家的职业教育与培训体系，把能力本位教育思想推向了一个新的高度。能力本位教育随着全球化的脚步向全世界扩散，但欧陆国家不走英、美路线，转向强调整合性的素养与终身学习，将素养视为个体在特定情境中的综合性整体表现，包含知识、技能、程序、方法、态度、伦理与行动等，而且是一个终身发展的动态历程。经济合作与发展组织提出了"素养的定义与选择"架构，在哲学上也趋向整合观点，逐渐形成新的取向。

20世纪90年代初期，能力本位教育思想又经加拿大的引介登陆我国。由于能力本位教育显著的优越性，它引起了世界范围内的广泛关注，一度成为世界职业教育教学改革的发展方向和国际上颇为流行的职业教育改革思潮。

以美国为代表的能力本位职业教育的核心理念主要包括三方面：

- 以能力为教学基础，以职业能力为教育基础，并据此建立教育目标与评量标准。
- 强调学生自我学习和自我评量，教师仅作为学生学习过程的指导者与管理者，负责依据职业能力分析表所列的各项学业能力开发模块化的学习套件，并建立学习信息资源室，学生按照学习指南的要求确认个人学习计划，选择个人的学习方式完成学习任务并进行考核。
- 教学形式灵活多样，强调企业的需求和学生在学习过程中的主体作用。

3.2.2 能力本位教育的教学设计和课程开发

3.2.2.1 能力本位教育的教学设计

国外职业教育与培训常采用能力本位教育（CBE）和教学系统设计（instruction system

design,ISD）两种课程设计模式发展课程,对职业活动或工作状况进行描述,并进一步分析此工作所需的任务[①];强调教育目标及教学目标的明确化,以此为教学评鉴的依据。

能力本位教学有明确的教学过程,于教学过程强调个人自我学习,同时经过不断的回馈与检验,有效率地训练学生达成默认的学习目标,其教学设计流程如图3-2所示。

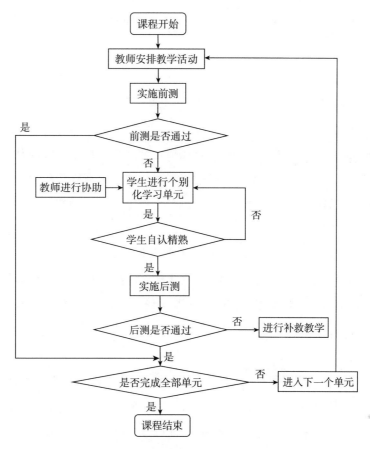

图3-2　能力本位教学设计流程

实施能力本位教学有两个优点:一是评量学生的表现成果,而不是他是否遵循某一特殊的教学途径,因此学习途经的弹性加大,如学生可经由传统教室教学、个别化教学单元、开放性学习环境、计算机辅助教学等不同途径完成学习。二是学习内容或学习分量的弹性加大,由于学习内容被分成层次分明的目标叙述,不同能力的学生可被指定不同分量的学习目标或学习单元,这是传统的综合性教学计划所无法做到的。能力本位教学的基本工作是拟定表现标准,评估学生在学习后是否完满达成目标所指定的任务。

能力本位教育是指教师在设计教学活动之前,必须预先设计学生学习的预期目标。

---

①　Gray, K., & Herr, E. (1998). *Workforce Education: The Basics*. Needham, MA: Allyn & Bacon.

该预期目标必须清楚地描述学生在学习之后所达到的能力水平,而此目标及能力水平通常是根据职业上成功的从业者分析而得。然后据此目标设计教学活动及学习环境,由学生进行学习,教师再以预期目标为学生的评量标准,而评量结果及回馈作为修正教学活动、教学环境的依据。能力本位教育的教学模式如图3-3所示。

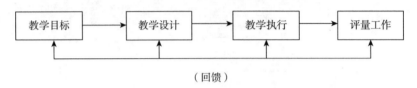

图3-3　能力本位教育的教学模式

（1）教学目标方面

在能力本位教学目标的拟定上,以清晰地描述学生在完成学习后应达到什么表现标准为特色,通常称为表现目标或学习目标。表现目标注重很清晰地指出学生将在什么状况之下做出什么样的动作或行为来代表学习成果,而学习目标则较注重学生学习过程的能力评估,不特别强调外在的行为评估。

能力本位训练强调明确地叙述学习的预期目标,这有助于强化学生认知"为何要学",从而导引出学生学习的兴趣。决定各科目教学目标时必须考虑到学生以及社会的需求,明确说明各必修、选修课程的目的与开课流程,从而让学生能够明确了解各科目的学习目的为何,与未来升学或就业到底有何关联。

（2）教学设计方面

职业教育课程除必修课程外,赋予学校部分课程设计自主权,学校可视区域特色,召集相关教研人员研讨,在教学目标、前瞻性、既有设备及经费许可下由相关任课教师分工,发展学校能力本位课程;或是任课教师在材料、设备的支持下,在既有课程中自行设计一部分能力本位训练学习单元。在设计课程时,依照能力本位训练的精神将课程分割成个别学习单元,由易而难,由简而繁,同时还必须考虑到每个学习单元的连贯性与统整性。

除核心单元课程外,教师还必须准备相关增广教学(又名丰富教学)或补救教学的支持课程,以供不同学习进度的学生学习之用。在教学时间的安排上,设计教学内容时应预估学生能够于一定时间内完成,余出的时间可以弹性安排,当作讲解或增广、补救教学之用。教师则准备学习计划单供学生计划与记录自己的学习进度,了解自己学习的优缺点,以落实自我管理进度及主动学习精神。

能力本位训练过于强化个人学习,忽略了人与人之间的互动及分工合作。教师于单元课程结束之后也可以设计分组合作相关课程,避免学生踏出校园后无法适应强调团队合作的现代职场。

（3）教学执行方面

能力本位训练过程中强调学生主动参与，依照教材的进度自我学习，并且自我评量是否精熟，教师的工作是安排教学活动并从旁辅导学习上有困难的学生。实际教学时由于学生之间存在差异，在安排教学进度时可以先通过前测判断学生程度，以决定不同的学习单元。

能力本位教学在学习过程中强调立即回馈，对于学习进度超前的学生，在通过后测后，教师可视时间长短安排下一单元的练习或者延伸原有进度，设计难度更高的问题让学生解决。对于不能通过测验的学生，教师则需要加以特别辅导，并额外给予时间练习，直到其达到精熟。

（4）评量工作方面

能力本位训练采用标准参照的评量方式，根据学生对学习单元的精熟程度，判断学生在学习后是否达到所设定的教学目标、是否具备产业所需要的能力。当发现学生学习有困难时，教师必须进一步诊断学习困难与失败的原因，并视情况调整教学目标或学习方法。

教师在评量学生时，必须先行衡量学生于该科目所需具备的基本技术能力是什么，需要精熟几个单元才算及格。在制定评量标准时，除与相关任课教师协调外，也要与学生充分沟通，让学生了解评量标准，以避免产生不必要的误会。

（5）回馈方面

教师在开发能力本位教育课程时，可能因主观认知差异或受到客观因素干扰而发生非预期的状况，诸如教学目标不被学生认同、学生无法引发兴趣、课程内容过于困难、时间安排不足、教学进度过慢、评量结果通过率偏低等，教师必须就实际情形加以探讨并谋求解决之道，对课程实施过程加以调整。课程开发就是在回馈、改进下更趋成熟。

3.2.2.2　能力本位教育课程的发展

（1）能力本位教育课程特征

能力本位教育课程与传统课程在学什么、如何学、何时学以及学习效果的评量上都有所不同（如表 3-1 所示）。[①]

---

① 李隆盛.(2001).能力本位课程、教学与评量.第一届提升中等学校教师专业知能研讨会：教育改革与教学创新的期许会议手册暨论文汇编,19—35.

表 3-1 能力本位教育课程和传统课程的比较

特征	能力本位教育课程	传统课程
学生学什么?	明确结果(即能力),重在行为表现	教材所载章节、单元、课程等
学生如何学?	以学生为中心的学习活动和教材	教师主导的示范、讲述、讨论和其他活动
学生何时学?	个别学生有足够时间充分学习	整班学生齐一步调学习
如何评量学习效果?	学生在实境或近似实境中和预设标准做比较	借助纸笔测验,学生个别行为表现常和团体常模做比较

(2) SCID 模式

美国密歇根州自 2001 年起斥资发展能力本位教育课程,该州职业生涯发展处(Department of Career Development)对能力本位教育课程特征的描述如下:第一,必须有雇主从课程发展程序开头就参与确认所有的能力需求;第二,必须通过来自工作岗位的内容专家(subject matter expert,SME)确认能力;第三,必须进行完整的能力分析,以确认准备进入职场、学术及相关领域和技术专精领域的能力;第四,必须利用被认可的方法,如 DACUM(Developing A Curriculum)课程开发模式或 WIDS(Wisconsin Instructional Design System,计算机化窗口版的 SCID)课程开发模式,将能力转化为课程;第五,可使用随进随出或远程学习方式,但并非必备。①

SCID 是俄亥俄州立大学发展出来的系统化能力本位教育课程与教学模式,SCID 系统方法如表 3-2 所示。

表 3-2 SCID 系统方法

阶段	主要活动	结果	主要产品
一、分析	1.1 进行需求分析 　　确认工作需求 　　确认组织需求 　　确认人员需求 1.2 进行工作分析 　　确认工作职责	1.1 已确认的一般需求 1.2 DACUM 或职责和任务 1.3 任务证实数据 1.4 包含在训练学程中的任务 1.5 每一任务的教学需求(含特定表现的标准)	训练学程 能力和表现标准

---

① 李隆盛.(2001).能力本位课程、教学与评量.第一届提升中等学校教师专业知能研讨会:教育改革与教学创新的期许会议手册暨论文汇编,19—35.

(续表)

阶段	主要活动	结果	主要产品
	1.3 证实工作任务 1.4 选择待训练任务 1.5 进行任务分析 　　确认执行步骤 　　确认所需知识 　　确认安全因素 　　确认员工决定 　　确认员工行为 　　确认表现标准		
二、设计	2.1 决定训练方法 　　确定学程设计 　　确定训练场所 2.2 开发学习目标 2.3 开发表现量数 　　技能评核人员 　　态度评核人员 　　知识评核人员 2.4 开发训练学程 　　设备需求 　　设施需求 　　人员需求	2.1 学程设计和训练场所明细 2.2 已排序的目标 2.3 测验明细,即知识、技能和态度评量 2.4 设备、设施和其他学程明细的说明	课程设计说明
三、开发	3.1 开发能力概览 3.2 开发学员教材 3.3 开发辅助媒体 3.4 开发学习指导手册和教学指导手册 3.5 前测及修订教材	3.1 能力概览 3.2 模块或学习指引 3.3 辅助媒体 3.4 师/生指导手册 3.5 已实地试用的教材	教材 能力概览 教师指导手册 学习指导手册 模块录音教材
四、实施	4.1 实施训练计划 　　招募/遴选学员 　　新进研习及训练人员 　　取得所需设施 4.2 进行训练 4.3 进行形成性评价	4.1 学生/学员 4.2 适当设施 4.3 训练人员 4.4 已训练的学生(员工) 4.5 学程改善资料 4.6 学员成就资料	有能力的学员(员工) 训练学程成就及改善报告

（续表）

阶段	主要活动	结果	主要产品
五、评鉴	5.1 进行总结性评价 　　过程资料搜集 　　结果资料搜集 　　成本资料搜集 5.2 分析已搜集信息 　　整理资料 　　解释资料 5.3 采取改善行动	5.1 总结性资料过程回馈 　　结果回顾 　　追踪数据 　　学程成本资料 5.2 学程改善需求说明 5.3 学程改善计划	

教学设计重在方法,课程设计重在内容。传统的科系含科目、科目含单元、单元含课目、课目含活动,这种方式的教学常是团队化、以教师为中心。能力本位教育模式的教学则尽可能地个别化、以学生为中心,教师需协助学生学习并评鉴学生学习表现与进展。SCID 是贯穿能力、课程、教学和评量的系统化能力本位教育课程与教学模式,应是值得参考与应用的。

（3）Blank 模式

能力本位教育模式着重教育目标及教学目标的明确化,并将其作为教学评鉴的依据。以此方向开发的课程模式有数种,例如 Blank（1982）开发的模式。

Blank 的能力本位教育课程开发模式分为两大阶段,并细分为数个步骤[①],如图 3-4 所示。

Blank 的能力本位教育课程开发模式的第一阶段为描述工作所需的能力,包括下列四个步骤:描述确定的职业,确定学生必先具备的基本条件,确定职业的工作任务,分析工作任务。

Blank 的能力本位教育课程开发模式的第二阶段为开发课程以帮助学生获得相应能力,包括下列八个步骤:描述职业的行为目标,编写工作任务及其行为目标,开发实际操作测验,开发笔试测验,开发初步的学习指引,试用及修正学习指引,开发学习管理系统,实施及评价。

（4）Nadler 模式

Nadler（1999）基于能力本位教育观点,提出了一个能力本位教育课程开发模式[②],

---

① Blank, W.E. (1982). *Handbook for Developing Competency Based Training Program*. Englewood Cliffs, New Jersey: Prentice Hall.
② Nadler, D. A., & Tushman, M. (1999). The organization of the future: Strategic imperatives and core competencies for the 21st century. *Organizational Dynamics*, 27(01), 45-58.

如图 3-5 所示。

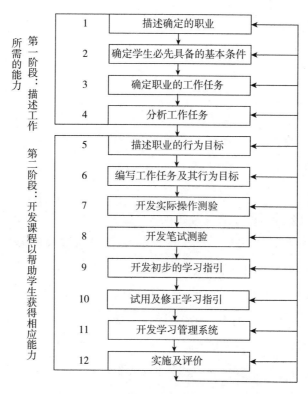

图 3-4 Blank 的能力本位教育课程发展模式

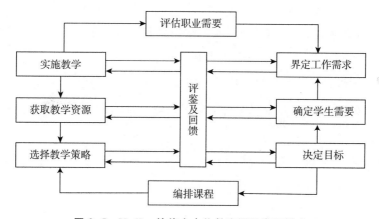

图 3-5 Nadler 的能力本位教育课程发展模式

Nadler 认为,职业教育课程的发展可分为:评估职业需要,界定工作需求,确定学生需要,决定目标,编制课程,选择教学策略,获取教学资源,实施教学等八个主要步骤,且在每一个步骤中都需要有评鉴及回馈。[①]

---

① 汪宝明.(2002).能力本位学习的技职教育课程发展.内湖高工学报,(13),1—8.

(5) 能力本位教育的课程整合

职业教育体系课程实施后各科及学程将归向群,有群核心课程,更能朝能力本位教育发展。其具体程序如下:

① 分析各学程培育人力与教育目标。分析与确认预定培育人力的工作或职务,并拟定具体的教育目标。

② 分析预定培育人力所需能力或学习结果。就所确认的各种人力,逐一分析各种人力职业生涯成功所需的能力(知识、技能、态度等的统合),能力的构面依适用场合可分为一般能力与专业能力两种,能力取向和学习结果取向都着重知识的应用,但后者较前者强调能力的统整。

③ 根据职业教育体系课程的归属群确认群核心能力。就同群预定培育人力的能力分析结果求交集,再加上学生日常生活、终身学习、继续进修等所必备的能力,使之成为群核心能力,并确认各校或科在群核心内外围的校或科核心能力。

④ 拟定核心科目。根据核心能力,规划出可培育学生核心能力的一般科目和专业科目。可利用双向细目表检核各科目和能力关联的情形。世界教育潮流讲求"学术与职业课程的统整",为对学生学习与发展有益,一般科目和专业科目之间必须高度关联。必须着重以学生为中心,能阐明课程规划理念,以说服自己和他人。

⑤ 开发科目表、科目大纲和教学纲要及实施通则。科目表的撰写内容应包括科目、学分数及开设流程。科目大纲的撰写内容应包括该科目的建议学分数、建议开课年级、学期及学生的先备条件、科目教学目标及教学内容等。教学纲要的撰写内容应包括该科目的教学目标、教材大纲、教学要点及参考教材。

⑥ 开发基本设备表。各项设备标准的制定应以该科目纲要的教学目标与教学纲要的教材大纲为依据,各项设备标准的制定应用最低标准,并力求资源共享和兼顾职场本位学习(work-based learning)。

经以上程序,除可做好教、学、考、用的确认之外,也可发现同群中的科别会有不少相同或类似的科目,从而可共享相同的师资、设备等资源。

3.2.3 能力本位教育理论的扩展与实践

3.2.3.1 从绩效、公平到质量

冷战时期,美国开始检讨20世纪前半叶自杜威以来的进步主义思潮,批判进步主义太过于以学生为中心且降低了教育表现水平,美国国防部在1957年苏联发射史波尼克号人造卫星之后,来年就发布了《1958年国防教育法案》(National Defense Education Act of 1958),主张教育要回归基础能力、重视数理、强调科目内容与智能训练、采取高标准及要求、加强测验考试、支持资优者上大学等。[1] 这是精粹主义的转向,因为它强调能力、标准与测验,成为能力本位教育的源流之一。此时,甚至职业教育与师资培育领域也采用"能力本位训练"作为人力培育的主要方式。进入20世纪60年代之后,反种族隔离的社会氛围开始发酵,美国政府在教育上才开始注重公平议题,并对各州的贫穷与弱势区域学校进行补助。进入20世纪70年代,美国遭逢日本在经济上的强烈竞争,业界有"日本第一"的说法,美国人发现日本产品的优点是质量,开始反省泰勒主义、福特主义和科学管理的做法,批评过去太偏重成本与效率却忽略了质量;之后,业界逐渐加强兼顾绩效管理与质量控制,教育系统则开始要求"回归基础",并实施基本学力测验(minimum competency testing)[2],也希图兼顾公平与质量控制两大主流价值。

3.2.3.2 从新自由主义到全球化

美国整个20世纪80年代的政治与经济基本上是里根总统掌权,英国是撒切尔首相领导,两人隔大西洋遥相呼应,都倡议新自由主义(Neo-liberalism)。新自由主义对能力本位教育比较有直接影响的论述是:个体是独立的原子,个人自由重于相互倚赖;竞争才能促成进步,人际竞争重于合作;个人成败应由个人负责,国家福利与国家保护越少越好,犯罪问题应以重惩的方式来抑制。

由于人们更加关注教育质量议题,里根政府顺势推出表现本位(perform-based)、标准本位(standard-based)和成果本位(outcome-based)等相关教育观念与管理手段,以绩效责任运动为当时教育改革的主导力量。这一波绩效责任运动企图通过评估学校目标、学生表现和学校经营等资料判断学校的办学成效,并使学校相关人员负起学生学习成败的责任。而能力本位教育的内涵也就几乎等于"成效本位教育"。这一波新自由主义思潮伴随着全球化的浪潮,在时间上持续很久,在空间上扩散很广。

进入20世纪90年代之后,美国政府非常强调教育的成效导向与可量化的学习成就。进入21世纪之后,能力本位教育以学习成效与学生表现为关注焦点,甚至将标准本位的管理措施应用于监控教师的表现与学校的质量,使得"标准"在学习者、教育工作者、决策者、家长及社会大众之间扮演了关键角色。标准本位与绩效责任的做法,着重深度学习与真实理解,以学习者为中心,依照学习者个别的需求、技能、兴趣及学习速度来安排其

---

[1] Kessinger, T. A. (2011). Efforts toward educational reform in the united states since 1958: A review of seven major initiatives. *American Educational History Journal*, 38(02), 263-276; Hodge, S. (2007). The origins of competency-based training. *Australian Journal of Adult Learning*, 47(02), 179-208.

[2] Stout, B. L., & Smith, J. B. (1986). Competence-based education: A review of the movement and a look to the future. *Journal of Vocational Home Economic Education*, 4(02), 109-134.

学习进程。① 时至今日,美国的能力本位教育仍受到标准化与个别化两股运动力量的共同作用。② 标准本位与绩效责任的做法也有其缺点:标准本位的执行很容易落入琐碎目标的制定,许多教育实践者只好专攻具体、可切割、可测量的琐碎目标;绩效责任的要求很容易落入外在控制的扭曲,因为行为主义和绩效管理都非常倚赖外在奖惩,以至于有些教育实践者逐渐丧失意义感、自主感与能力感,转为被动应付、掩饰缺点、斤斤计较与功利取向。③

3.2.3.3 能力本位教育在全球的扩散与转化

美国的能力本位教育运动大约在 20 世纪 90 年代随着全球化的脚步向全世界扩散。世界各国都想努力成为经济强国,并将知识视为科技时代最重要的资本。④ 在知识经济与人力资本的概念下,能力本位教育逐渐成为世界性的教育运动。例如,澳大利亚的国家训练委员会(The National Training Board)在 1992 年就公布了七大关键能力;联合国教科文组织在 1996 年提出了学习的四大支柱,并在 2012 年扩增为五大支柱;经济合作与发展组织在 1997—2002 年开始发展"素养的定义与选择"(definition and selection of competencies, DeSeCo)架构。所有这类努力,都是对能力本位教育的反应。⑤

(1) 能力本位教育的欧陆方向:素养导向与终身学习

欧盟对能力本位教育所持的观点,与欧盟目标和文化价值观有密切关系。欧盟有 20 余个成员国,各国的异质性颇高,例如英国与欧陆就颇为不同,却与美国比较接近。英国在 20 世纪 80 年代为了提升竞争优势并响应青年失业率攀升的问题,采取了改善职业教育质量与提升产业管理人力的策略,引入了美国的能力本位教育模式。⑥ 欧陆国家对于英、美两国的能力本位教育较具批判性,尤其是德国与北欧各国,在能力本位教育运动的风潮下,不走工作成分分析、标准化表现及绩效控管等策略,而是强调工作者在知识经济社会当中所需的终身学习能力。在 2000 年的里斯本欧盟 15 国领导人会议上,欧盟确认将教育体系现代化视为经济变革的最重要策略,并从终身学习的角度为教育与训练系统建构了一套关键素养。2002 年欧盟提出八大关键素养,内容包括本国语言沟通、外语沟

---

① Hodge, S. (2007). The origins of competency-based training. *Australian Journal of Adult Learning*, 47(02), 179-208.
② Le, C., Wolfe, R., & Steinberg, A. (2014). The past and the promise: Today's competency education movement. Students at the Center: Competency Education Research Series.Boston, MA: Jobs for the Future.
③ Wu, P. C. (2018) Reflecting on the perspective transformation of competency-based education. *Journal of Educational Research and Development*, 14(02), 35-64.
④ OECD. (2009). 21ST century skills and competences for new millennium learners in OECD countries.
⑤ 同③。
⑥ Bates, I. (1995) The competence movement: Conceptualising recent research. *Studies in Science Education*, (25), 39-68.

通、数学/科学与技术、数字、学习如何学习、人际与社会/公民、企业与创新精神、文化表现等。[①] 学校教育则逐渐从学科本位转向跨域课程,教学从限制走向弹性、从教室走向户外,并让学生在真实情境与体验过程中获取更多有用的知识,故素养导向成为教育的主流。[②] 欧陆国家较重视工作者的整体专业质量,认为有能力的工作者不是只会听话并拥有机械式技能,而是拥有决策能力,能帮助公司或企业在技术创新与组织管理等方面迎头向上。[③] 所以,欧陆国家倾向于将素养视为个体在特定情境中所达成的综合性整体表现,尤其重视专业质量,并以知识、技能、程序、方法、态度与伦理为专业发展的核心,企图兼顾静态涵养与动态发展的意义。欧陆国家将学校课程架构中的素养区分为通则(generic)素养与学科特定(subject-specific)素养[④],这一架构朝向解开了科目领域之间的藩篱,但仍保留学科知识的必要性;更强调培育素养的历程,包括团队工作、田野调查、发展想法、跨域联结、职场情境评析与科学方法应用等。[⑤] 德国与荷兰的职业教育就属于知识本位(knowledge-based)的素养教育,并偏向采用建构主义的学习理论。[⑥]

(2)能力本位教育的经济合作与发展组织方向:整合取向与终身学习

经济合作与发展组织早期的终身学习观强调回流教育及个体在一生当中的工作、休闲、退休与其他活动循环轮替的成人教育,到了20世纪90年代末期,经济合作与发展组织与联合国教科文组织的终身教育主张(所谓的"五大支柱")逐步聚合,经济合作与发展组织的《全民终身学习》(Lifelong Learning for All)报告书明确指出终身教育的目的是:通过终身学习促进个人发展、社会凝聚和经济成长,让所有人不论年龄或教育阶段,都受到激励并积极参与学习。其基本观念是强调一个人处于文化与科技快速变迁的社会,要过好生活就必须终身不断学习。[⑦]

在此脉络下,素养的内涵是动态的,是个体终身不断发展、累积的内在素质,外在表

---

① Halász, G., & Michel, A. (2011). Key competences in Europe: Interpretation, policy formulation and implementation. *European Journal of Education*, 46(03), 289-306.

② Han, S. (2009). Competence: Commodification of human ability. In K. Illeris (Ed.), *International Perspectives on Competence Development: Developing Skills and Capabilities* (pp. 56-68). New York, NY: Routledge.

③ Gadotti, M. (2009). Adult education and competence development: From a criticalthinking perspective. In K. Illeris (Ed.), *International Perspectives on Competence Development: Developing Skills and Capabilities* (pp. 18-33). New York, NY: Routledge.

④ Tchibozo, G. (2010). Emergence and outlook of competence-based education in European education system: An overview. *Education Knowledge & Economy*, 4(03), 193-205.

⑤ 同③。

⑥ Illeris, K. (2009). Competence, learning and education: How can competences be learned, and how can they be developed in formal education? In K. Illeris (Ed.), *International Perspectives on Competence Development: Developing Skills and Capabilities* (pp. 83-98). New York NY: Routledge.

⑦ Wu, P. C. (2018). Reflecting on the perspective transformation of competency-based education. *Journal of Educational Research and Development*, 14(02), 35-64.

现则是个体成功地完成特定情境下的复杂要求。这个定义包含了任务和功能取向,但又将个体视为复杂的行动系统,其表现整合了知识、技能、态度和其他非认知的成分。① 在终身学习框架下,学校教育的实施也由知识或技能取向转为素养发展。经济合作与发展组织的"素养的定义与选择"架构,就尝试界定所有成员国民众所需的共同核心素养,希望促进"成功的生活"及"健全的社会"。在瑞士、美国及加拿大等国的主导与合作下,通过成员国之间的会议、各领域专家的研讨以及重要文件的发布,经济合作与发展组织最后归纳出三大类核心素养——能使用工具沟通互动、能在社会异质团体中运作与互动、能自主行动。②

3.2.4 能力本位教育的结论与启示

3.2.4.1 传统能力本位教育的理论困境

(1) 原子论与还原论的问题

早期的能力本位教育经常隐含原子论(atomism)和还原论(reductionism)的观点,认为所有事物都可以层层解析成最基本的单元,然后加总所有单元就得到整体,具体做法就是将核心能力分解成多层次和多项目的行为表现,然后要求学习者熟练底层所有具体的单元行为。但要将一个复杂、抽象的能力分割成许多精确的单元其实并不容易③,其分割结果经常成为烦琐的行为表现,组合结果又经常无法等同于高层次的能力④,尤其是工作成分分析所得的能力是针对目前社会的工作或需求界定出来的,可能不包括因应未来社会所需的潜力,不符合终身学习脉络下的素养⑤。此外,在个人与社会之间,原子论与还原论也倾向于采取个人主义,认为个体的总和就是社会,只要理解每一个个体就自然可以理解整体社会。这种思考方式比较容易忽略社会结构与文化氛围等整体无形因素对个体的影响。Brundrett(2000)就担心还原论倾向的能力本位教育无法培养复杂社会

---

① Rychen, D. S., & Salganik, L. H. (2003). A holistic model of competence. In D. S. Rychen, & L. H. Salganik (Eds.), *Key Competencies: For a Successful Life and a Well-functioning Society* (pp.41-62). Göttingen, Germany: Hogrefe & Huber.
② OECD. (2009). 21ST century skills and competences for new millennium learners in OECD countries.
③ Lum, G. (2004). On the non-discursive nature of competence. *Educational Philosophy and Theory*, 3(05), 485-496.
④ Hyland, T. (2006). Reductionist trends in education and training for work: Skills, competences and work-based learning. *Peter Lang*, 129-146.
⑤ Oyao, S. G., Holbrook, J., Rannikmäe, M., & Pagunsan, M. M. (2015). A competencebased science learning framework illustrated through the study of natural hazards and disaster risk reduction. *International Journal of Science Education*, 37(14), 2237-2263.

所需的思考智能。①

（2）先天论与后天论的矛盾

许多使用能力（competency）一词的学者，都带有先天论的色彩，Chomsky（1965）就主张普适语法能力是内在的、先天的，不需要学习，也无法学习。② 后继者如 Fodor(1983)也强烈坚持先天论的立场。③ 其他还有反皮亚杰学派（Anti-Piagetian）的一些学者也采用能力一词表达先天论的立场。

行为主义在知识论上属古典的实证论，在心理学上是彻底的后天论；行为主义只研究行为或表现，并认为行为取决于环境刺激，所有行为都是后天经验学习的结果。早期的能力本位教育运动竟然同时拥有先天论与后天论两种矛盾的观点，这是因为能力本位教育运动的推动者经常会采用一组行为来定义能力。整合行为主义的观点、Raven（2001）的主张④、Ruth（2006）⑤的分析、Hyland（2006）的批判以及其他相关文献，我们发现能力本位教育的操作采用了几个假定：能力是不可观察的；特定能力会产生特定表现；如果特定能力没有产生期待的特定表现，则该项能力就没有被习得甚至不存在；教育、管理与质量控制都应该将焦点放在可观察的表现上。上述操作方式势必带来风险和困难。比如，太强调表现的能力本位教育推动者，常常不知不觉地把能力空洞化，而成为极端的行为主义者。能力本位教育若只强调表现与成效，就很容易忽略心理历程与内隐知识。⑥ 再如，行为主义喜欢采用奖惩手段去控制个体，标准或目标越清楚、越具体，就越容易控制。能力本位教育运动容易使某些专业领域的实践者失去专业自主性。

（3）情境、脉络与文化因素的忽略

以工作成分分析、标准本位和绩效责任为核心的能力本位教育，在评量学习表现的时候，容易偏向行为主义，太讲究观察、测量和控制，一不小心就将表现等同于行为目标；但在论述能力的时候，又偏向特质论，隐含"能力可以放诸四海皆准"的假定，而忽略情境、脉络与文化因素对能力内涵界定的影响，抵触素养从情境脉络中生成的观点。⑦ 即使在全球化思潮下，由于文化差异问题仍可能让相同素养在各国衍生出不同的内涵，即同

---

① Brundrett, M. (2000). The question of competence: The origins, strengths and inadequacies of a leadership training paradigm. *School Leadership & Management*, 20 (03), 353-369.
② Chomsky, N. (1965). *Aspects of the Theory of Syntax*. Cambridge, MA: MIT Press.
③ Fodor, J. A. (1983). *The Modularity of Mind*. Cambridge, MA: MIT Press.
④ Raven, J. (2001). The conceptualisation of competence. In J. Raven, & J. Stephenson (Eds.). *Competence in the Learning Society* (pp. 253-274). New York, NY: Peter Lang.
⑤ Ruth, D. (2006). Frameworks of managerial competence: Limits, problems and suggestions. *Journal of European Industrial Training*, 30(03), 206-226.
⑥ Burbules, N. C. (2008). Tacit teaching. *Educational Philosophy and Theory*, 40(5), 666-677.
⑦ 同⑤。

一个上位概念可能包含不同的下位概念。例如,"培养好的工作习惯"看起来颇具普适性,但其实很空洞,在某些国家"好的工作习惯"可能意含弹性、效率、忠诚与愿意配合,在另外一些国家则可能强调细心谨慎、工作质量与追求完美(愿意牺牲效率),还有一些国家重视团队合作。这些内涵的不同,也可能发生在不同企业文化之间。所以,素养无法从真空环境中生成,素养的界定必须整合情境主义(situationism)、脉络主义(contextualism)与多元文化观点。

3.2.4.2 后期能力本位教育的理论趋势

后期的能力本位教育,至少包含三大类理论取向:整合与平衡取向、历程与发展取向、行动与陶养取向,三种取向之间互有关联和重叠。[①]

（1）整合与平衡取向

早在20世纪90年代,学者们就提出一个尝试整合个体的行动意图、特质、全人发展以及文化脉络的素养概念,以平衡行为主义和个人主义的观点[②],并包容英美与欧陆两大阵营的思潮,认为素养会有内在矛盾,但可动态平衡[③]。进入21世纪之后,努力建构整合与平衡观点的人更多。德国著名的职业教育传统,其学者特别提倡行动素养(action competence),强调学科领域知识以及跨情境、场域的技能与方法,主张各教育阶段的素养皆应包括个人、社会、认知及方法论的整合。[④] Lum(2004)认为,素养除了可从工作成分中分析而来,更应从整体专业能力养成的角度来看。[⑤] 上述学者的观点虽然多元而复杂,但都趋向较全人的观点,整合来看,素养包含认知、情感与行动。

（2）历程与发展取向

Beckett(2008)认为,核心素养是学习者从情境经历当中,通过判断、决策与反思性行动发展而成的,所以自我调节(self-regulation)历程对于素养的形成非常重要。[⑥] Illeris(2009)直接主张素养导向教育应该指向素养发展,而非静态的素养定义;他认为素养发

---

① Wu, P. C. (2018) Reflecting on the perspective transformation of competency-based education. *Journal of Educational Research and Development*, 14(02), 35-64.

② Hager, P., & Beckett, D. (1995). Philosophical underpinnings of the integrated conception of competence. *Educational Philosophy and Theory*, 27(01), 1-24.

③ Cheetham, G., & Chivers, G. (1996). Towards a holistic model of professional competence. *Journal of European Industrial Training*, 20(05), 20-30.

④ Brockmann, M., Clarke, L., & Winch, C. (2008). Knowledge, skills, competence: European divergences in vocational education and teaching (VET): The English, German, and Dutch cases. *Oxford Review of Education*, 34(05), 547-567; Schulze, U., Kanwischer, D., & Reudenbach, C. (2011). Competence dimensions in a Bologna-oriented GIS education. In T. Jekel, A. Koller, K. Donert, & R. Vogler (Eds.), *Learning with GI 2011, Implementing Digital Earth in Education* (pp. 108-117). Heidelberg, Germany: Herbert Wichmann Verlag.

⑤ Lum, G. (2004). On the non-discursive nature of competence. *Educational Philosophy and Theory*, 3(05), 485-496.

⑥ Beckett, D. (2008). Holistic competence: Putting judgments first. *Asia Pacific Education Review*. 9(01), 21-30.

展与学习理论密切关联,而学习理论必须重视历程导向与整合性观点。① 学习者终身主动与环境互动,基于先天基础与先前学习结果,对环境进行观察、理解、选择、行动与反思,并据以建构后续的学习结果。素养的定义不会固定下来,一直处于变形与转化的历程之中。因此,学者们一直在努力建构一个比较可行、可应用、可存活、可成功的定义,来帮助教育实践者开展素养导向教育。

(3) 行动与陶养取向

Willbergh(2015)认为,"能力/素养"概念缺乏一个有关教育内容的理论,如果不更换名词,这个问题将无法被解决。所以,她建议改用陶养理论来代替。陶养理论源于欧洲早期希望脱离宗教和政治支配的努力,和人本、民主以及自主等概念有密切关系;陶养的精神在于助人完成自我实现、潜能挖掘、成为一个人,而不是成为上帝的意象。② "陶养"一词具有比较完整、适切、内在一致的教育理论作为基础,相对地,"能力/素养"概念却比较空洞,能被填进任何相互矛盾的理论系统,所以 Willbergh 建议用前者替代后者。

3.2.4.3 结论与启示

当能力本位教育的浪潮向全球扩散之后,各国不同的哲学传统与文化背景对其又进行了批判与转化,进入 21 世纪之后能力本位教育思潮逐渐浮现出一些新取向,包括整合与平衡取向、历程与发展取向以及行动与陶养取向。根据上述这些新取向,在能力本位教育上,教育实践者应该构建学习者的新图像,并提出教学的新意涵,同时开发能力导向的教学模式,采取能力导向的评量策略和进行能力导向的课程整合。③

(1) 建构学习者的新图像

在能力本位教育的新取向下,学习者是一个与生活脉络适切互动并终身动态平衡发展的全人。此图像包含下列重点:先经过具体化、情境化、本地化与个别化,然后再通过反思历程达成抽象化与通则化;经过外在互动与内在互动,也就是先经过与他人互动、与环境互动、与文化互动,再于内心进行诠释、推理、想象、选择、组织、转化、建构、创造、反思与抽象化等内在互动历程;学习者的素养不由先天决定,也不由后天决定,而是在先天与后天的交互作用下,由学习者主动建构整体的经验,通过非线性发展的历程,恒久地自我调节与成长变化;素养的内涵必须兼顾认知、情感与行动,兼顾知识与能力,兼顾伦理

---

① Illeris, K. (2009). Competence, learning and education: How can competences be learned, and how can they be developed in formal education? In K. Illeris (Ed.), *International Perspectives on Competence Development: Developing Skills and Capabilities* (pp. 83-98). New York NY: Routledge.

② Willbergh, I. (2015). The problems of 'competence' and alternatives from the Scandinavian perspective of Bildung. *Journal of Curriculum Studies*, 47(03), 334-354.

③ Wu, P. C. (2018). Reflecting on the perspective transformation of competency-based education. *Journal of Educational Research and Development*, 14(02), 35-64.

与技能,兼顾具体表现与高层次思考,并兼顾职业功能与一般公民素养;全人是一个终身陶养的过程,除了是在自己所擅长的领域自我实现,同时也是人格健全、幸福的公民。

(2) 提出教学的新意涵

在能力本位教育的新取向下,教学就是教师、学生和内容三者之间的动态平衡。也就是教学不能单以教师为中心、学生为中心或教材为中心,不应由教师支配、学生支配或教材支配。这句话的背后是以陶养理论为主,希望包含三种动态平衡:学生与内容之间是一种自主与结构的动态平衡,教师与学生之间是一种双主体的动态平衡,教师与内容之间是一种控制与转化的动态平衡。但是,教师的教学对象有个别差异、班级差异、学校差异和地方差异,而教师也有自身的经验与理想,因此对于国家、商业或专家设计的教材,可以善用但不能依赖,可以选择但不必丢弃,可以转化但不必排斥,可以超越但不能没有更适切的内容。

(3) 开发能力导向的教学模式

能力导向的教学模式首先可安排特定的学习任务或问题情境,引导学生树立问题意识或提出关键问题,让学生自定义任务或由教师交代工作目标与任务,然后让学生思考、讨论、使用探究方法、提出解决问题的策略,以便学生在行动当中完成任务、解决问题,并通过反思历程来调整学习或深化素养。其次建议教师扮演引导者与协助者的角色,尽可能地协助学生成为一名自主的学习者,进而成为终身学习者。最后能力导向的教学模式的目标从具体到抽象共有三个层次,即学习表现、素养和核心素养,三者之间具有累进发展的关系,但不是独立的类别。只有串联学习表现、素养与核心素养三个层次,才可以避免学习表现落入琐碎,同时避免核心素养落入空洞。但在进行教学设计时,难以从三个层次同时开始,故建议教师采取"以终为始""逆向设计"的策略,先掌握最终目标的核心素养,再逆向回推素养和学习表现。

(4) 采取能力导向的评量策略

在能力导向的教学中,各种形式的教学策略会导致多元的表现评量,例如口头发表、实作、做实验、产出作品、演剧、报告、纸笔表现评量等,教师宜掌握预期的阶段性素养或核心素养,在教学与评量相互搭配、交替运作的历程中,评估单元教学内应有哪些形成性与总结性评量,并在总结性评量中评量素养。从素养学习与发展的观点来看,学校可依总体课程规划还建置评量系统,并与教学设计相互调整。这样的评量系统不应只有科技系统与评量工具,还应同时思考评量哲学与评量态度,以及评量制度所具备的支持学习、支持教学、降低风险、多元整合、行动研究、联结外界等特征。

(5) 进行能力导向的课程整合

能力的培育可以由教师串联许多教学活动来完成,但核心素养的培育则通常需要全校性的课程规划以及教师间的协同合作才能完成。过去已有许多学校发展出精彩的特色课程,在迈向能力导向教育的过程中,学校本位课程的建构可以采取多向度交互调整的方式。一方面根据学校愿景以及学生的核心素养图像,调整学生在领域课程、弹性学习课程与非正式课程的各种学习表现;另一方面根据教师的课程实施与教学实践,通过教学研讨会、教师学习社群或学校课程发展委员会等相关机制,调整学校总体课程结构、建设评量系统、获取反馈信息。

3.3 相关概念的厘清

为了能够清晰地阐述职业教育体系建设的理论基础与实践路径,有必要厘清和补充说明现代职业教育体系相关概念。本节将探讨一些与职业教育相关的重要概念。

3.3.1 职业与岗位

职业是具有一定特征的社会工作类别,它是一种或一组特定工作的统称。我们以往经常使用"工种""岗位"等概念,实质上就是将职业按不同需要或要求进行的具体划分。一般,一个职业包括一个或几个工种,一个工种又包括一个或几个岗位。因此,职业与工种、岗位之间是一个包含和被包含的关系。

岗位是企业根据生产的实际需要设置的工作位置。企业根据劳动岗位的特点对上岗人员提出的综合要求形成岗位规范,它构成企业劳动管理的基础。

职业和岗位之间有着密切的内在联系。对职业进行分析和研究,首先要对职业进行科学的分类。职业分类客观地反映了国家经济、社会和科技等领域的发展和变化,在某种程度上也反映了一个时期的社会管理水平。

3.3.2 职业教育

职业教育的传递方式,无论中外,皆从早期的模仿、父子相传及师徒关系,演变至纳入学校正规教育体系,而其范围则从古代的手工艺、技艺训练,跨越至近代的工业、商业、农业等行业。[1]根据美国劳工部(United States Department of Labor)于1991年编印的《职

---

[1] Barlow, M. L. (1967). *History of Industrial Education in the United States*. Peroia, Illinois: Chas. A. Bennett Co.

业分类词典》(Dictionary of Occupational Titles，DOT)，职业教育是由高中、商场或工场训练、技术学校、艺术学校和大专院校等提供，以特定职业准备为目标的教育。最狭义的职业教育(vocational education 或 occupational education)常被认为是大专院校以下层级的职业准备教育，尤指中学阶段；而大专阶段的职业教育则常被称为技术教育(technical education 或 technological education)。然而自20世纪70年代美国将生涯教育(career education)理念融入正规教育之后，职业教育也被视为职业生涯准备教育的一环。1974年联合国教科文组织在《关于技术和职业教育建议修订案》(Revised Recommendation Concerning Technical and Vocational Education)中，主张职业教育的范围包括"职业生活教育"(安排在小学至中学前期，以启发学生对工作世界的广泛认识)、"职业准备教育"(安排在中学或大专阶段，旨在协助学生习得谋生能力，以有助于其进入职场)及"职业进修教育"(促使成人个人发展、提升专业及更新技能)。1998年联合国教科文组织在第25次大会提出的《技术及职业教育协议》(Convention on Technical and Vocational Education)中，将技术及职业教育定义为"涵括各种形式及各种层级的教育过程，除一般知识、能力的习练外，对社会经济生活中特定职业领域的工业技术及相关科学的研读与实际技能的获取、理解以及态度的培养也同时注重"。就本质而言，对于社会劳动者来说，职业教育就像是筛检工具，将所培育的具备不同技能的劳动者筛检至不同的职业领域；对于国家来说，职业教育旨在增进社会的生产能力；而对于个人来说，职业教育则为个人进入工作世界做准备，且让个人在劳动力市场中得以不断精进其职业的知识及技能。①

职业教育是指按照社会上各种职业的需要，对劳动者或预备劳动者开发智力，培养职业兴趣，培训拥有从事特定职业所需要的基础知识、实用知识和技能技巧人才的教育。在我国，职业教育有时也称职业技术教育。这种教育的主要目的是提高劳动者的文化、技术及业务水平，提供各种职业所需要的熟练劳动力和专门人才。

3.3.3 职业能力

职业能力不仅是学习者个体从事特定岗位工作所需具备的各种能力，还包括在后期的职业生涯发展中构建自身职业生涯的能力和可持续发展的能力。具体来说，职业能力可以从职业认同、职业素养、通用技能、专业知识与技能四个维度进行调研、分析与培育。职业能力是人们从事某种职业的多种能力的综合。例如，一名教师只具备语言表达能力是不够的，还必须具备对教学的组织和管理能力，对教材的理解和使用能力，对教学问题和教学效果的分析、判断能力等。

---

① Clarke, L., & Winch, C. (2007). Introduction. In L. Clarke, & C. Winch (Eds.), *Vocational Education* (pp. 1-17). New York: Routledge.

如果说职业兴趣能决定一个人的择业方向以及在该方向上所乐于付出努力的程度，那么职业能力则能说明一个人能否胜任既定的职业及其在该职业上取得成功的可能性。

鉴于职业能力本身的复杂性和模糊性，目前学术界还没有给职业能力下一个统一的定义。在职业教育领域，不少学者对职业能力的概念做了不同的界定。赵志群（2003）将职业能力定义为"个体在职业工作、社会和私人情境中科学思维、对个人和社会负责任，形式的热情和能力，是科学的工作和学习方法的基础"。[1] 吴晓义（2006）认为，职业能力即"从事职业活动所必须具备的本领，是成功地进行职业活动所必须具备的知识、技能、态度和个性心理特征的整合，其中包括特定职业能力、通用职业能力和综合职业能力"。[2] 徐国庆（2007）认为，"职业能力就是工作任务的胜任能力"。[3] 罗笑（2015）认为，职业能力应根据职业教育自身的实际，采用条件和过程相结合的方式来界定其内涵，即职业能力是个体将所学的知识、技能和态度在特定的职业活动或职业情境中进行类化迁移与整合，从而形成能完成一定职业任务的多项能力的综合。[4] 众多学者对职业能力的层次、构成要素、形成过程做了比较深入的分析和探讨。在学术界得到普遍认同的是，职业能力由专业能力、方法能力和社会能力三部分构成。其中，专业能力一般包括专门知识、专业技能和专项能力等与职业直接相关的基础能力；方法能力包括思维能力、分析能力、判断能力、决策能力、继续学习能力、独立制订计划能力等；社会能力包括组织协调能力、团队协作能力、适应社会能力、口头与书面表达能力、心理承受能力和社会责任感等。

由于职业能力是多种能力的综合，因此我们可以把职业能力分为一般职业能力、专业能力和职业综合能力。

（1）一般职业能力

一般职业能力主要是指一般的学习能力、文字和语言运用能力、数学运用能力、空间判断能力、形体知觉能力、颜色分辨能力、手的灵巧度、手眼协调能力等。此外，任何职业岗位的工作都需要与人打交道，人际交往能力、团队协作能力、对环境的适应能力，以及遇到挫折时良好的心理承受能力都是我们在职业活动中不可缺少的能力。

（2）专业能力

专业能力主要是指从事某一职业的专业能力。在求职过程中，招聘方最关注的就是求职者是否具备胜任岗位工作的专业能力。例如，你去应聘教学工作岗位，对方最看重你是否具备最基本的教学能力。

---

[1] 赵志群.(2003).职业教育与培训学习新概念.北京:科学教育出版社.
[2] 吴晓义.(2006)."情境—达标"式职业能力开发模式研究.长春:东北师范大学.
[3] 徐国庆.(2007).职业能力的本质及其学习模式.职教通讯,(01),24—28.
[4] 罗笑.(2015).高职院校特殊教育专业学生职业能力的构成——基于职业岗位分析.职教通讯,(16),70—73.

（3）职业综合能力

这里介绍国际上普遍注重培育的"关键能力"，主要包括下列四个方面：

① 跨职业的专业能力。从以下三个方面可以体现出一个人跨职业的专业能力：一是运用数学和测量方法的能力，二是计算机应用能力，三是运用外语解决技术问题和进行交流的能力。

② 方法能力。主要包括：一是信息收集和筛选能力；二是制订工作计划、独立决策和实施的能力；三是准确的自我评价能力和接受他人评价的承受能力，并能够从成败经历中有效地吸取经验和教训。

③ 社会能力。社会能力主要是指一个人的团队协作能力、人际交往能力和沟通能力。在工作中能够协同他人共同完成工作，对他人公正宽容，具有准确裁定事务的判断力和自律能力等，是胜任岗位和在工作中开拓进取的重要条件。

④ 个人能力。随着我国经济体制改革的深入以及法制的健全与完善，人的社会责任心和诚信将越来越受重视，假冒伪劣将越来越无藏身之地，一个人的职业道德将越来越得到全社会的尊重和赞赏，爱岗敬业、工作负责、注重细节的职业人格将得到全社会的肯定和推崇。

职业核心能力是职业能力的一个重要组成部分。职业核心能力又称职业关键能力和职业通用能力。职业核心能力是指任何职业或行业工作都需要的、具普遍适用性和可转移性的且在职业活动中起支配和主导作用的能力。职业活动种类繁多，职业活动所应具备的能力多种多样，但在各种职业活动中，有一些职业能力是基本的要素，是各种职业活动中不可或缺的元素，它们可以引导、激发和生成其他职业能力，具有重要的"生产性"价值。职业核心能力包括具有转移价值的认知、情感、动作技能等方面的能力。职业核心能力可以划分为可转移的技能和使这种转移成为可能的技能或迁移技能。可转移的技能是指可应用于不同情境的知识和技能；迁移技能是指促使将这些技能应用于新的情境的能力。从学习的角度来看，会学比学会更重要，即使能技能是更高层次的技能。

3.3.4 职业标准

国家职业标准属于工作标准。按照标准化对象，通常把标准分为技术标准、管理标准和工作标准三大类。工作标准是指对工作的责任、权利、范围、质量、程序、效果及检查方法和考核办法所制定的标准，一般包括部门工作标准和岗位（个人）工作标准。

职业标准是开发职业教育培训课程的依据。国家职业标准通过工作分析方法，描述了胜任各种职业所需的能力，反映了企业和用人单位的用人要求。职业教育和职业培训的课程按照国家职业标准进行设置，能够摆脱"学科本位教育"重理论、轻实践，重知识、轻技能、重学业文凭、轻职业资格证书的做法，保证职业教育密切结合生产和工作的需要，使更多的受教育者和培训对象的职业技能与就业岗位相适应。职业技能鉴定命题是按照国家职业标准，在对其所要求的知识和技能进行具体化和典型化的基础上，命制用来测量鉴定对象的职业能力是否达标的试题或试题库。鉴定考核则是运用职业技能鉴定试题，按照国家职业标准规定的时间和方式，组织对鉴定对象的职业能力进行测试。

开发制定国家职业标准，对于提高广大劳动者素质，引导职业教育培训，推动职业资格证书制度建设，促进就业和劳动力市场建设都将起到积极而重要的作用。其作用和意义主要体现在：

（1）促进就业与再就业工作

当前，我国就业方面的主要矛盾是劳动者充分就业的需求与劳动力总量过大、素质不相适应之间的矛盾。中共十六届六中全会提出，要实施积极的就业政策，发展和谐劳动关系；健全面向全体劳动者的职业技能培训制度，加强创业培训和再就业培训。因此，依据国家职业标准的要求，对新生劳动者、失业下岗人员、在岗职工和创业者开展有针对性的职业培训，帮助他们获得技能、增强工作适应能力、提高就业能力、实现素质就业，对于构建促进就业的长效机制具有重要作用。

（2）引导职业教育培训工作

职业教育培训的根本任务是培养各类实用型人才。不同职业的工作内容、操作技能、理论知识不尽相同。职业标准的颁布对技工学校、技师学院以及各类职业院校确定培养目标、设置教学课程、制定教学内容和开展校企合作培养技能人才具有重要的导向作用。

（3）为构建职业资格证书制度提供有力的支持

国家职业标准是国家职业资格证书制度的重要组成部分，也是开展职业技能鉴定的前端性和基础性工作。制定国家职业标准，并按国家职业标准编写教材、开发题库、开展培训、实施鉴定，构建国家职业资格证书制度的基础工作体系，这为提高劳动者素质，实现素质就业、技能就业，培养技能成才奠定了基础。

3.3.5 职业资格

职业资格是指社会经济部门或行业根据某一职业的工作目标和任务对从事该职业所必备的专业知识、职业技术和工作能力的基本要求，它反映了劳动者为适应职业岗位的需要而运用特定知识和技能的能力。

职业资格包括从业资格和执业资格。

从业资格是政府规定专业技术人员从事某种专业技术性工作的学识、技术和能力的起点标准。从业资格通过学历认定或考试取得。

执业资格是政府对某些责任较大、社会通用性较强、关系公共利益的专业技术工作实行的准入控制,是专业技术人员依法独立开业或独立从事某种专业技术工作的学识、技术和能力的必备标准。执业资格通过考试取得。

从业资格和执业资格反映了职业资格含义的不同层次。获取从业资格只证明已达到从事某职业所必备知识和技能的最低要求,而获取执业资格则表明已达到独立开业或独立从事某种专业技术工作所需要的专业知识和技能水平。

3.3.6 职业与教育的关系

职业与教育关系密切,相互影响、相互促进。人们通过教育获得和提高职业知识及技能,教育对职业有着普遍的影响;同时,职业离不开教育,教育要适应职业的需要。

(1) 通过教育获得和提高职业知识及技能

职业教育是指在培养从业人员实用性技能的教育领域,通过职业教育使受教育者获得和提高从事某种职业所必需的知识及技能。职业教育也须配合产业脉动及社会需求,调整人才培育方向,并通过拥有实务经验的师资,施行实务教学及指导学生实作学习,使学生能依个人兴趣、性向与才能,适性学习发展,且于毕业后能快速与产业接轨,成为各级、各类应用型专业人才,适应各种职业的需要。

(2) 教育对职业有着普遍的影响

Kincheloe(1999)在其著作《我们如何告诉工人们?工作和职业教育的社会经济基础》中,重新定义了教育与职业之间的关系。他认为职业和教育密不可分、互相渗透。在Kincheloe 的愿景中,良好的工作场所首先是教育机构,他称之为"活跃的实验室",在这个实验室里,工人们总是在学习。① Kincheloe 还分析了美国职场中种族、阶级和性别偏见的普遍影响及其如何创造了反民主的社会环境,这一点在美国教育中尤为明显。美国教育已成为企业主导世界秩序的一个分支,并将偏见和歧视制度化。美国的教育总是与美国的阶级制度和大企业的利益交织在一起,这种关系有助于定义工人的地位,方法是将学生分为两类,一种是"聪明"的学术研究,另一种是"不聪明"的职业研究。Kincheloe 呼吁学校和行业合作生产"智能工人",从而颠覆了这种二分法。

Kincheloe 提出了一种将学术研究与职业教育相结合的职业教育课程,而不是当前的职业教育体系,即职业学生很少接受学术培训,而是被教授特定的技能,他们参与的教学

---

① Kincheloe, J. L. (1999). *How Do We Tell the Workers? The Socioeconomic Foundations of Work and Vocational Education*. Boulder, Colorado: Westview Press.

任务几乎不涉及理论或哲学基础。在一个重视工作的体系中,学生们接受教育,以适应他们的处境及其周围的工作环境、提出关键问题并分析他们周围的工作环境。好的员工会变得好问和好奇,带着有益的怀疑态度和建设性的批评,了解他们工作表象下的职业。

（3）职业离不开教育,教育要适应职业需要

职业和就业归根结底都离不开教育,教育经济学的理论告诉我们,教育成果的经济效用影响劳动能力发挥社会效用的一个主要条件就是就业,劳动者的就业情况要受到经济发展状况和速率的影响,教育无法左右就业而只能注意适应。那么,教育如何适应职业发展需要、保证劳动者就业呢？

首先,调整教育结构,适应经济发展的需要。要根据经济建设的需要,确定各种教育的发展规模和速度,调整专业设置,确定培养目标,修改教学计划,更新课程内容。其次,提高教育质量,培养合格人才。高质量的教育只有通过劳动者的就业才能充分发挥教育的经济效用。在教育上,要提高教师素质、运用现代化的教育手段、注重能力的培养等以提高教育质量。最后,发展职业技术教育,提高劳动者素质。发展职业技术教育,要抓职前教育,重视职后教育,并加强校企合作。

第 4 单元

现代职业教育体系实践

美国、德国、日本等发达国家经济优势的取得，与其教育直接相关，尤其是职业教育为其经济和社会的发展提供了高质量的劳动力。因此，我们有必要对我国职业教育体系实践进行梳理，并且研究先进国家和典型地区的职业教育体系的实践发展及其变革过程中的重大举措、成功之处与发展趋势，以资借鉴。

4.1 我国职业教育体系实践

改革开放四十多年来，党中央、国务院高度重视职业教育工作，强调大力发展职业教育，提高劳动者的素质。一系列政策和法律、法规的颁布，以及投入的增加，促进了我国职业教育的快速发展，形成了世界上最大的职业教育规模，在职业教育的人才培养模式、课程开发、师资培养、校企合作机制、体系结构建设等方面进行了广泛的实践与探索。

4.1.1 我国职业教育定位

1978年，党的十一届三中全会为我国职业教育体系的建设拉开了序幕。1985年，中共中央在《关于教育体制改革的决定》中明确要求，"逐步建立起一个从初级到高级、行业配套、结构合理又能与普通教育相互沟通的职业技术教育体系"。1988年，国家教委正式部署以培养农技人才为目的的"燎原计划"和"三教（基础教育、职业教育、成人教育）统筹"，这进一步带动了农村职业教育的发展。1993年，中共中央、国务院印发的《中国教育改革和发展纲要》提出，"各级政府要按高度重视、统筹规划、积极发展的方针，充分调动各部门、企事业单位和社会各界的积极性，形成全社会兴办多形式、多层次职业技术教育的局面"。1996年，中华人民共和国第一部《职业教育法》对我国职业教育体系做出了明确规定，"国家根据不同地区的经济发展水平和教育普及程度，实施以初中后为重点的不同阶段的教育分流，建立、健全职业学校教育与职业培训并举，并与其他教育相互沟通、协调发展的职业教育体系"。1999年发布的《中共中央国务院关于深化教育改革，全面推进素质教育的决定》强调，要"构建与社会主义市场经济体制和教育内在规律相适应、不同类型教育相互沟通相互衔接的教育体制""大力发展高等职业教育""积极发展包括普通教育和职业教育在内的高中阶段教育"。2005年发布的《国务院关于大力发展职业教育的决定》又明确提出，"进一步建立和完善适应社会主义市场经济体制，满足人民群众终身学习需要，与市场需求和劳动就业紧密结合，校企合作、工学结合，结构合理、形式多样、灵活开放、自主发展,有中国特色的现代职业教育体系"。①《国家中长期教育改革和发展规划纲要(2010—2020年)》第六章指出,"职业教育要面向人人、面向社会,着力培养学生的职业道德、职业技能和就业创业能力。到2020年,形成适应经济发展方式转变和产业结构调整要求、体现终身教育理念、中等和高等职业教育协调发展的现代职业教育体系,满足人民群众接受职业教育的需求,满足经济社会对高素质劳动者和技能型人才的需要"。这是我国职业教育发展史上具有里程碑意义的变革。

在国办发〔2010〕48号文件《国务院办公厅关于开展国家教育体制改革试点的通知》中,确定在北京市、天津市、上海市、广东省、甘肃省等部分省市进行"探索建立职业教育人才成长'立交桥',构建现代职业教育体系"的重大改革试点。

北京市作为构建国家职业教育体系的试点城市,为贯彻《国家中长期教育改革和发展规划纲要(2010—2020年)》精神,完善职业教育基本制度,形成体现终身教育理念、职业教育特色和技能型人才成长规律的现代职业教育体系,满足人民群众接受职业教育的需求和经济社会发展对高素质劳动者及技能型人才的需要,明确提出了"十二五"期间将职业教育制度研究和现代职业教育体系构建作为重点工作。2011年发布的《北京市中长期教育改革和发展规划纲要》指出,"统筹职业教育与经济社会发展,统筹职业教育与普通教育发展,推动普通教育与职业教育相互沟通,支持职业院校与普通学校相互开放课程和教学资源。统筹中等职业教育、高等职业教育和职业培训发展,整合中等职业教育与高等职业教育资源,积极探索多样化的中高职衔接办学模式,促进中等职业教育与高等职业教育在办学定位、培养目标和课程内容等方面有效衔接,学历教育与职业培训并举。大力强化中、高等职业学校职业培训功能,鼓励中、高等职业学校面向社会积极开展多层次、多形式的职业培训,鼓励行业、企业开展多种形式的职业培训,健全技能型人才培养体系。做优中等职业教育,做强高等职业教育,做大职业培训。优化职业教育资源配置,推进职业教育集团建设,促进教学制度改革。健全弹性学习制度,完善学分制,方便学生工学交替、分阶段完成学业"。

4.1.2 职业教育体系结构

我国现行的职业教育体系从层次上看,职业教育可分为初等、中等、高等三个层次,与获得初中、高中和专科层次的学历证书相对应,如图4-1所示。职业教育形式有办学形式与教育形式之分。从办学形式上看,我国职业教育主要有公办与民办两种。整体来说,我国的职业教育办学形式以公办为主,民办等其他形式并存。从教育形式上看,我国

---

① 欧阳河,等.(2009).中国职业教育体系的形成与演进.职教论坛,(07),43.

的职业教育主要包括职业学校教育、职业培训和民间学徒制三种形式。前者是学历教育,属于国民教育体系范畴;后两者是非学历教育,属于职业培训范畴。职业学校教育是我国职业技术教育的主要形式,主要由各级、各类职业学校承担。职业培训是按照职业或劳动岗位对劳动者的要求,以开发和提高劳动者的职业技能为目的的教育和训练活动,是非学历的短期职业教育;依据职业技能标准,培训的层次分为初级、中级、高级和其他适应性培训。培训工作主要由技工学校、就业培训中心、社会和各方面(包括个人)举办的培训机构承担。民间学徒制是以经验技术为主的生产劳动技术的传授方式。在我国,特别是广大农村地区以及西部地区,许多手工艺都以师傅带徒弟的方式世代相传。学徒制虽然没有颁发正式的文凭和职业资格证书,但对培养技能型人才,特别是对我国民族工艺人才的培养起着不可替代的作用。[①]

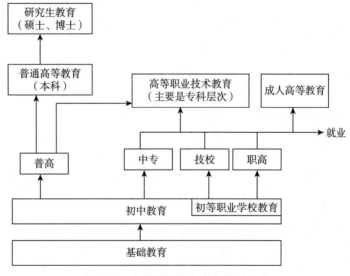

图 4-1 我国现行职业教育体系结构

4.1.3 职业教育体系特征

我国目前的职业教育体系已形成相当规模,教育的层次由原来的以中等职业技术教育为主向高等层次延伸,学校教育和各种培训以及职前和职后的职业技术教育都得到了很大的发展,基本上形成了一个高、中、低层次的职业教育体系。但这种体系从纵向上看是一个扁平的系统,系统层次较低,对受教育者的生命品质提升度不够,也不能满足社会对高级技术技能型人才的需求,较高层次以专科为主,高等职业教育自身的学位体系没有建立。依学习者而言,缺乏上升空间难以刺激其学习的积极性,不能满足个体终身学

---

① 欧阳河,等.(2009).中国职业教育体系的形成与演进.职教论坛,(07),43.

习的需要。而在职业教育体系内部，不同类型、不同层次的职业教育之间的关系尚未理顺，缺乏统筹协调，在培养目标、任务、要求上有不合理的交叉和重叠，造成低效益和浪费。从横向上看与普通教育缺乏沟通渠道，我国普通教育与职业教育之间一直缺乏双向的沟通，普通教育毕业生可以接受高一级职业教育，而职业教育毕业生则几乎不可能再接受高一级普通教育，呈现出一种相对封闭的状态，缺乏灵活性和开放性。因此，构建适应经济发展方式转变和产业结构调整要求、体现终身教育理念、中等和高等职业教育协调发展的现代职业教育体系具有紧迫性。

4.2 德国职业教育体系实践

德国职业教育体系享誉全球，其模式常成为各国职业教育发展的重要参考。双轨制把企业和学校紧密联系，将学校教育与培训教育结合，并融合了理论教学和实践教学，是德国最成功的一种职业教育模式，也是世界职业教育的一个亮点。

4.2.1 德国职业教育定位与特征

德国职业教育的定位相当明确，主要目标就是发展实用技术，培训学生的实务操作能力，以"工作教育"的理念为核心展开各级教育。德国职业教育模式著名的双轨制、学徒制，强调企业与学校的教育整合，让学生约 2/3 的时间在企业学习实务技术与知识，约 1/3 的时间在职业学校学习普通及通识课程。学生在进入双轨制体系之前，并非接受普通学术教育，而是在小学升上中学时即分流进入实科中学或主干学校，主要学习侧重工作教育的相关课程，为未来接受职业教育预先准备。

对于德国的分流制度虽然一直存在一些批评的声音，但依然成为整个德国教育体系发展的重要基石。德国无论是发展职业教育或学术教育，还是在两种教育中采用一些整合的课程，都始终坚持分流制度，让职业教育与学术教育各自发展，以不同的标准、方式追求各自体系的提升与卓越。德国教育体系的特点可以说是"分中有合"，即以分流制度为基础，让职业教育加强通识课程，让学术教育兼采实习训练；此外就是职业教育的发展必须有企业的加入，而企业与学校的良好整合协作，是双轨制成功的关键，也是德国职业教育领先全球的秘诀。

综合德国职业教育的特征，主要有如下三个方面：

（1）综合性

德国的各级、各类学校，不用说综合中学，就是职业学校绝大多数也不是单一性质的学校教育,很多学校既有学历教育也有培训教育,既有全日制也有半日制,还有夜间制。很多学校包含三四种甚至五种以上性质的教育形式,很难说清楚它属于什么类型的学校。

（2）灵活性

在职业学校内部,学生既可以任意选择快慢班,也可以在不同工种或专业中自由转换;在纵向上,是允许转校学习的,学分互认可以升入高一级学校;在横向上,普通高中与职业学校在学生入学两年后生源可以互动,即普通高中成绩差的学生可转入职业学校学习技能,而职业学校成绩好的学生可进入普通高中学习。职业教育也可形成既能横向与普通教育相互沟通,又能纵向与同类教育相互衔接的完整体系。

（3）双轨性

双轨制是德国职业教育的突出特点。双轨制始于中等职业学校,延伸至职业院校,当今的职业学院、双轨大学和应用科技大学都实行双轨制模式。

4.2.2 双轨制职业教育系统

德国教育体系采取地方分权制,教育文化权由各邦自行管理,教育法规及教育行政属各邦教育部的职责,所以各邦在教育制度上,除了各阶段学习时间略有不同,义务教育年限也自9年至10年不等。德国学童小学毕业后(约10岁左右),就要接受德国双轨教育学制的分流,学童家长在学童毕业前,会到学校与教师进行升学咨询,任课教师会依学童在学期间的表现,包括个人能力、性向与学业成绩,提供家长有关学童未来升学的建议[1],但家长仍可自行决定是否将孩童送至非职业教育体系的文理中学就读。

接受双轨制职业教育的青少年同时具有学生与学徒身份,学生根据其性向与能力自由申请职业教育科目,职业学校课程有普通课程与职业课程或职业相关课程,目前共同的发展趋势是加强基础课程与普通课程,增加选修课程以应对快速变迁的高科技时代。显然,德国是将职业教育与职业训练加以整合,互补互益。

德国中等教育第一阶段适合10—16岁的学生就读,学校形态分为四类,其中文理中学与综合中学为普通教育体制,主干学校与实科中学属职业教育体制,由于学童小学毕业为四年级,四类学校的修业年限如下所述[2]：主干学校为五年级至九年级或十年级;实

---

[1] Fuchs, H. W., & Reuter, L. R. (2004). Education and schooling in East Germany. *International Journal of Educational Development*, 24(05), 529-37.
[2] Auernheimer, G. (2006). The German education system: Dysfunctional for an immigration society. *European Education*, 37(04), 75-89.

科中学为五年级至十年级；文理中学为五年级至十年级，并可再延伸第二阶段中等教育至十三年级；综合中学为五年级至十年级，并可再延伸第二阶段中等教育至十三年级。德国教育审议会曾在1970年建议将综合中学纳入中学教育体制，但直至1973年联邦政府才予以同意。

德国的职业教育自中等教育第二阶段开始，以传授实用技能为主，旨在培育基础技术人才，或依其意愿升入专门学校或高等教育。德国的教育层级与年龄及学制如图4-2所示。除接受普通教育的文理中学的学生外，其余各类型学校皆为职业教育导向，并采用双轨制的概念，一边到学校上课学习理论，一边到企业单位接受实务训练。学生在主干学校毕业后，还未决定参加何类职种者，可先参加为期一年的基础职业训练，接受特定职种的职业训练，并在一年的职业初探结束后再行选择未来是否欲继续修习该类职业训练课程。

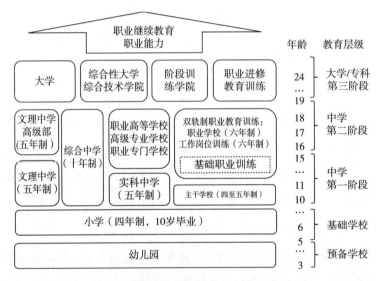

图4-2 德国的教育层级与年龄及学制

4.2.3 职业学校类型

在中等教育阶段，学生开始接受职业基础技术教育，由于学生皆为青少年，其生理、心理尚属成长阶段，因此企业中指导实操技术的师傅除了要以严谨、按部就班的形式指导职业基础技术，还要传授职业灾害防护知识、技能并能够循循善诱、引导、关怀学生的学习状况、职业生涯规划及人格发展，适时注意学生的生活状况，以期学生能够稳健、均衡发展。Ständigen Konferenzder Kultusministerder Länderinder Bundesrepublik Deutschland

(2014)指出此阶段的各类职业学校具体包括①：

（1）职业学校

为义务教育非全时制的学校，在基础职业训练年的职业初探后，学生开始接受双轨制教育，教学现场为学校以及企业实习场所，每周到校上课1—2个全天，传授与职业相关的理论知识，其余时间则在企业实习。

（2）职业专门学校

采取全日制上课方式的学校，授课内容涵括普通、专门教育，主要提供给尚未找到合适实习职种的学生，并在结业的1—2年内教授相关职业生涯基础技能；并且提供国家规范中的特定职种职业训练，待结业后学生需经过考试才可得到相关职业的能力证书。

（3）高级专业学校

为两年全时制或部分时制的学校，少数学校为三年制。学生大部分是实科中学毕业学生，他们大多已有实习经验，入学后第一年在企业实习，第二年则由学校传授升学的基础知识、技能。

（4）文理中学高级部

为两年全日制的学校，培育学生专门知识并为升大学做准备，授课内容包括专业知识、技能以及理论。每学年所着重的课程内容不同，第一年以知识与技能为重点，第二年则以课程理论为教学内容。

其余各类学校，如职业高级学校、职业教授班等，为其他培育技术人才的训练场所，并非多数学生的主流求学场所。此机构也提供训练职业技能的学习机会给对某职业有兴趣的学生。

（5）高等职业教育

随着社会进步、产业发展，企业人才所需能力皆大幅提升，因此在此阶段所培训的职类与人数皆显著多于中等职业教育阶段，各双轨大学一一成立并快速发展；教学内容除了重点技术培训，也以通过国家考试成为师傅为目标。

① 进修训练学院。在第二次世界大战后，昔日被归类为精英教育的高等教育大开闸门，无论是学校还是学生数量都有明显的增加，各邦开始创建专科学院，而某些专门类科的专科学校也晋升为高等专科学院行列。此阶段特别注重职业工作上的需求，主要在于培养学生应用导向的研发能力。由于学校与实务课程有着紧密结合，因此在德国经济发展与人才素质提升中起到重要作用。

② 综合技术学院/科技大学。主要以培养高等专业人才为主，入学者一般为高中或

---

① Ständigen Konferenz der Kultusminister der Länder in der Bundesrepublik Deutschland. (2017). Grundstruktur des Bildungswesens in der Bundesrepublik Deutschland Diagramm.

高职学生，修课年限依据各校而有所不同。科技大学重视学生参与校外实习，并会让学生在二年级与三年级时各参与一次实习，这除了可以增进学生自我的专业技术能力，也可以让学生到不同企业环境实习，拓展自己的视野，并为未来工作做好准备。

③ 继续教育。此类教育较偏向于个人化，通过各种工商协会、企业等举办教育训练，目的是帮助技术人才习得以前在学校里未学过的专业知识、技能，并帮助欲改行的就业人才习得其他专业所需的知识、技能。

4.2.4 职业资格框架

德国的职业资格证书制度采取分权管理、教考分离制度，即企业和学校负责培训，行会负责核发职业资格证书。采取这种制度的有益之处在于行会的专业化确保了核发的职业资格证书质量，且能紧密结合行业内企业的实际需要并能适应劳动力市场的变化。由于政府与证书的发放没有直接利益关系，因而能更好地发挥管理者或仲裁人的作用。行业核发的职业资格证书与双轨制教育模式息息相关。双轨制职业教育受经济和社会结构变化的影响，也随就业市场需求的变化不断朝更高层次或其他模式转变，也必然带动职业资格证书制度改变，如不断适应欧盟标准，增设和改善考试硬件，改革考试方法等。显然，只有不断适应就业需求和职业教育新形势，职业资格证书制度才能持续发展。

（1）职业资格证书

职业资格证书是按照国家制定的职业技能标准或任职资质，通过政府认定的考核鉴定机构（一般为行会），对劳动者的技能水平或职业资质进行客观公正、科学规范的评鉴和鉴定，对考试合格者授予相应的国家认证职业资格证书。这是规范劳动就业制度的一项重要举措，也是一种特殊形式的国家考试。工商业行业的各种职业资格证书（IHK-ausbildungsz-ertifikat）和手工业行业的各种职业资格证书（handwerk-ausbildungszenifikat）是人员就业的必要条件之一。某些学科的高等教育以参加国家考试为目标，如教师资格国家考试、律师资格国家考试，获得相应的职业资格证书也是求职者被聘用或执业的首要条件之一。

（2）各类毕业证书

各类毕业证书是指学生在各种职业教育院校获得的毕业证书、培训证书及大学院校颁发的各级学位证书。中等学校颁发的毕业证书一般只是学历证明和升学证件，大学院校颁发的学位证书既是学历证明又是谋求相应职业的资格凭证，各种教育机构颁发的培训证书是经历证明，可作为求职时的附加参考条件。

4.3 澳大利亚职业教育体系实践

澳大利亚的职业教育水平位居世界前列,以其质量保证为特征,具有完善的职业教育系统,进行严格的教学培训质量监控,将岗位胜任能力作为教学的核心内容;同时,来自行业企业对职业岗位的需求信息有及时反馈的渠道。澳大利亚有一套规范的职业教育培训体系,尤其值得学习和借鉴。

4.3.1 澳大利亚职业教育定位与特征

澳大利亚的职业教育受到多国推崇与学习,课程主要由立案训练机构(Registered Training Organisations, RTOs)提供。立案训练机构如同广义上的学校,澳大利亚约有5 000余所立案训练机构,包括公立、私立、社区及企业等不同类型,其中又以58所公立技术及继续教育(Technical and Further Education, TAFE)学院、大学TAFE部门及澳太技术学院(Australia-Pacific Technical College, APTC)为主,提供澳大利亚约80%的职业教育与训练课程。且职业教育与训练证书及专科文凭课程间不仅可独立也可交互贯通,构成不同模块。依据澳大利亚公立技术及继续教育联盟(TAFE Directors Australia, TDA)的统计,取得职业教育与训练证书者,平均年度起薪约53 500澳元,较持有大学学历者多出约3 500澳元;而取得专科文凭者,年度起薪逾60 000澳元。[①]

澳大利亚的职业教育以其质量保证为特征。澳大利亚2011年成立了澳大利亚技能质量署(Australian Skills Quality Authority, ASQA)作为全国职业教育与训练提供者的管理单位,并推出了职业教育质量制度,该制度包括:为职业教育与训练机构设置准入门槛并确保其达到立案的条件和标准、监管立案训练机构提供全国承认的训练、对训练进行监督和审计等。澳大利亚质量训练架构(Australian quality training framework, AQTF)及职业教育与训练质量架构(vocational education and training quality framework, VETQF)管控职业教育与训练质量,要求职业教育与训练提供者符合立案及监督管控标准。

澳大利亚质量训练架构或职业教育与训练质量架构均为一套澳大利亚国家标准,用以确保澳大利亚职业教育与训练制度的受训学员可以接收到全国一致的、高质量的训练及评量服务。首次申请立案的训练机构必须符合澳大利亚质量训练架构所要求的质量标准,已立案的训练机构则需同时符合澳大利亚质量训练架构及职业教育与训练质量架

---

① TAFE Directors Australia. (2014). About us.

构质量标准,也就是训练机构立案后,必须接受更为严格的质量标准的规范与检视。①

4.3.2 职业教育体系

澳大利亚职业教育机构(立案训练机构)包括技术暨进修教育学院、中学(如学校的职业教育与训练计划以及澳大利亚学校本位学徒计划)、澳大利亚技术学院、公立和私立的立案训练机构、社区训练提供者。

澳大利亚职业教育经费主要来自政府、企业及个人三种渠道。政府通过教育、就业和劳资关系部(Department of Education, Employment and Workplace Relations, DEEWR)提供各州、领地及非政府教育单位办理职业教育与训练所需经费。此外,若有开创性方案,如额外的职前训练、学校本位学徒计划等,澳大利亚政府会再提供额外经费。这些方案可由学校本身实施,或由当地技术暨进修教育学院或其他立案成功的训练组织、商业界及雇主实施。各州在职业教育与训练的实务运作方面虽有差异,但途径大致相同。

澳大利亚中等学校的职业教育与训练主要从十一与十二年级开始。至于前期中等教育(初级中学)后两年的学生,除必修核心科目外,也可以选修职业试探学科。澳大利亚后期中等教育(高级中学)则提供多种课程方案,为学生继续升学、就业与成人生活做准备。这些方案建立在学生前期中等教育学习经验基础之上,并提供适应学生能力与需求的学习经验,如国际高中毕业文凭课程、高等教育入学课程,以及本节聚焦的"中等教育阶段的职业与技术教育课程"。后期中等教育职业教育与训练的规划主要在于增加学生升学高等教育与工作机会。职业教育与训练方案是在原本学科外增加职业课程及学校本位学徒计划等方案,最后导引学生获得各州/领地的高级中等教育证书,其中最受欢迎课程有信息科技与商业服务等。目前,澳大利亚各地约有9/10的高中在一般中学课程之外,另提供职业教育课程。这些课程依据相同的能力标准来设立,也可取得学分以获得澳大利亚学历资格审核架构认可的国家级学历资格。澳大利亚的学徒制度除在学校实施外,也同时在企业、公司内进行,称为双元体系。② 企业培训是学徒培训的主要组成部分,学校的学徒计划就是为了增加学徒的专业理论和基础知识,以补充其在工作场所所获的职业技能的不足。

---

① Yu, C.-P. (2016). Discussion and reflection on the vocational education and training and it's quality assurance in Australia. *Journal of Educational Research and Development*, 12(02), 31–64.

② Shen, S. S. (2009). The relation of secondary school's education and vocational school's training in Australia. *Bulletin of Educational Data: Technical and Vocational Education of Various Countries*, (43), 199–219.

4.3.3 职业教育制度

澳大利亚的职业教育主要是由立案训练机构提供,也仅有立案训练机构才可以核发全国认可证书、文凭或训练证明。① 2011 年之前,立案训练机构须向两个单位登记,并接受质量查核,其一为省/领地注册单位,其二为国家稽核与注册局(National Audit and Registration Agency, NARA)。各省及领地(维多利亚省与西澳省除外)将其管辖权移转至中央政府,由澳大利亚技能质量署(ASQA)接管及负责相关事务;至于维多利亚省与西澳省仍依现行法律要求,由省注册单位负责管理仅在该省省内营运的立案训练机构,两省的立案训练机构如果跨省/领地营运,或是开放国际学生就读职业教育课程,则须接受澳大利亚技能质量署依《2000 年海外学生教育服务法案》(Education Services for Overseas Students Act 2000)进行管辖。② 立案训练机构提供训练套件与认可课程培训,包括第一级至第六级证书(certificates)、文凭(diploma)与进阶文凭(advanced diploma)、职业研究所修业证书与文凭(vocational graduate certificate and diploma)。机构要申请成为立案训练机构,须经过严格的评鉴程序。各立案训练机构至少每五年接受一次后续评鉴,如果未通过评鉴,则可能被要求停止教授某些课程或完全取消机构立案。未经评鉴通过的训练机构所授予资格及证书将不被政府及业界认可。

技术及继续教育(TAFE)学院为澳大利亚最大的职业教育提供者,也是公立立案训练机构,属各省政府公立职业教育与训练机构,有些 TAFE 学院则附属于大学。TAFE 学院也为职场及中学提供职业教育课程、训练套件或认可课程培训。私立立案训练机构可称为学院、学校或机构,部分产业协会也是立案训练机构。目前较受欢迎的课程有商业、计算机、观光餐旅等;也有部分立案训练机构为雇主提供评量服务。澳大利亚的立案训练机构必须通过训练套件来传授业界所需的技能,学生则必须以具体技能来证明符合哪些标准,也就是职能本位训练。

澳大利亚的训练套件是根据产业界需求,以国家资历架构为基础,由各产业技能委员会(Industry Skills Councils, ISCs)发展出来的,供立案训练机构据以提供教育与训练文件。③ 产业技能委员会为非营利、独立及产业导向委员会,主要提供产业、教育者、政府及其他利害关系人共通平台(或议程),可以在国家职业教育与训练系统下,提出技能及劳

---

① Australian Skills Quality Authority (ASQA). (2015). Users' guide-standards for registered training organisations (RTOs) 2015.
② Australian Government Department of Industry. (2012). Annual national report of the Australian vocational education and training system 2012.
③ Industry Skills Councils (ISCs). (2013). Quality in VET-A national imperative.

动力发展方案。①

训练套件为澳大利亚政府承认的一套标准及资格组合,用以认可及评定个人在某一特定产业、部门或企业的技术。训练套件描述了个人在工作职场能有良好表现所必须具备的技术及知识,内容不在于描述个人应该如何被训练,或是要使用何种评量方法。② 立案训练机构应根据训练套件规定的内容授课,学生唯有完成该课程并经评量符合要求,才能被授予某一学历或证书。

训练套件是依据专门能力标准进行学习评量,评量时间为修课时间与/或学期期末,评量方式通常包含各种考试、测验、作品与实务练习。课程理论与实务评量由立案训练机构的授课教师进行,职场方面能力评量通常由立案训练机构的授课教师或合格的业界职场考核人员负责。如果评量不够确实、严谨,导致滥发学生证书或文凭,则训练机构可能受罚或被撤销立案资格。训练套件经开发完成后,由各产业技能委员会不定期进行检查。检查后可能有部分调整,如果产业环境变动较大,技能需求有较大的改变,则会大幅修订训练套件与认可课程的内容,以确保其与时俱进;如果仅涉及小幅修订,则直接交由各立案训练机构使用;如果涉及训练后学习成果改变,则需送请国家技能标准委员会(NSSC)签署后发布。③

综合而言,澳大利亚的职业教育主要由立案训练机构提供,并强调职能本位训练,必须由各产业技能委员会依据各产业需求发展职能标准,并依该标准发展训练套件,据此进行培训及授予证书或文凭。而不论职能标准或训练套件,均须依产业环境及发展变动,不定期进行检查修订,以确保与产业衔接,不至于产生学用落差。另由澳大利亚技能质量署负责训练机构立案评鉴及后续评鉴,内容包括机构评鉴、课程及评量评鉴,以确保立案训练机构所授予证书或资格均具备一定的质量及能力。

4.3.4 职业资格框架

澳大利亚的职业资格框架不仅联结起就业前与就业后的教育,而且逐步将职业教育和高等教育结合起来,建全继续教育体系,充分体现终身教育。④ 其全国培训架构(national training framework)包括训练套件及澳大利亚质量培训架构,共同组成一个科学

---

① Industry Skills Councils (ISCs). (2011). Education, employment and workplace relations references committee: The senate industry skills council's final report.
② Industry Skills Councils (ISCs). (2013). Quality in VET-A national imperative.
③ Industry Skills Councils (ISCs). (2014). Shared responsibilities, shared solutions-analysis of the training package continuous improvement process for the industry skills councils forum.
④ Shen, S. S. (2009). The relation of secondary school's education and vocational school's training in Australia. *Bulletin of Educational Data: Technical and Vocational Education of Various Countries*, (43), 199-219.

的职业技能认证体系。此架构由行业企业领导,全国一致,旨在提供技能以维持个人就业能力及生产力、提供全国认可的学历资格并改善企业与国家竞争力。任何职业训练机构必须在澳大利亚质量培训架构内注册,方可提供课程、评估、授予在澳大利亚学历资格,以审核架构内的学历资,以及在训练套件认可下的成就。[①] 澳大利亚学历资格审核架构具有衔接沟通各级、各类教育体系的作用,如表4-1所示。

表4-1 澳大利亚学历资格审核架构依据认证教育部门区分表

学校部门认证	职业教育培训部门认证	高等教育部门认证
		博士学位(doctoral degree)
		硕士学位(masters degree)
	职业教育研究生文凭(vocational graduate diploma)	研究生文凭(graduate diploma)
	职业教育研究生资格证书(vocational graduate certificate)	研究生资格证书(graduate certificate)
		学士学位(bachelor degree)
	专科进阶文凭(advanced diploma)	副学士学位(associate degree) 专科进阶文凭
	专科文凭(diploma)	专科文凭
	四级资格证书(certificate IV)	
	三级资格证书(certificate III)	
高中教育资格证书(senior secondary certificate of education)	二级资格证书(certificate II)	
	一级资格证书(certificate I)	

资料来源:AQF(2018)。

依据澳大利亚学历资格审核架构的各级、各类证书和文凭课程,除职业教育院校学生外,任何普通中学在校生、大学生及在职人员等都可依据自己的学习条件和相关工作经历,选择适合自己的学习起点或继续学习,但职业教育学历层次的提升有别于一般高等教育学科本位以培养研究能力为主的教育而强调学生在相关行业的实际工作经验。[②] 澳大利亚后期中等教育的学生可修读职业教育课程,一般可以在澳大利亚学历资格审核

---

① DEEWR. (2018). National training framework.
② Australian Qualifications Framework (AQF). (2018). Australian qualifications framework.

架构内获得国家认可的职业教育资格一级和二级证书(少数能获得三级资格证书),获得二级以上职业教育资格证书的学生也有机会获得普通高中教育资格证书。澳大利亚学历资格审核架构打通了职业教育学生在职业院校间的转学制度和学分互认制度,并以此确保职业教育教学质量,也建立起了澳大利亚学校教育、职业教育与高等教育三类教育间的衔接和转换机制。

4.4 美国职业教育体系实践

美国的教育体系是"合中略分,普通教育为主流、职业教育为补充"。美国重视"教育平等"的理念,同时也是注重人权的国家。在2001年美国通过了《不让一个孩子落后法案》(No Child Left Behind),该法案的通过,使得美国的职业教育发展进入一个重视个人发展、以人为本的新纪元。[①] 另外,受到生涯教育、重视学科能力、强调人权浪潮的影响,美国新职业教育主义兴起。传统的职业教育强调学生毕业后直接进入特定的职业工作,但新职业教育主义则强调职业教育课程必须同时提供就业技能及基础学科的学习。

4.4.1 美国职业教育定位与特征

美国的职业教育定位于普及、综合而单轨的职业教育。美国是在各级、各类学校普遍开展职业教育的国家。职业技术学校开设职业课程,普通学校也开设一定的职业课程,即所有的学校都开设职业教育课程,即使是普通四年制大学也开设职业规划课程和研究生课程等,特别是营利性私立大学还开设职业教育博士课程。

美国的职业教育在高等职业教育中的主体是社区学院,在中等职业教育中的主体是综合高中。社区学院和综合高中都是既实施职业教育又实施学科教育的综合性教育机构,而专门实施高等职业教育的技术学院和专门实施中等技术职业教育的职业学校数量很少。

单轨制职业教育体系是美国职业教育最显著的特征,通过综合高中这一途径实施。尽管单轨制并非如其所标榜的那样消除分轨,实现公平教育,但它是对促进教育民主化、加速教育现代化的有益尝试,具有非常重要的意义。

美国的职业教育具有终身化、个性化、合作化和法制化等特征。

---

① Yung, C.-S. (2010). Historical background, current status and development trends of vocational and technical education in the United States. *Bulletin of Educational Data: Technical and Vocational Education of Various Countries*, (47), 135–164.

(1) 终身化与个性化的职业教育思路

终身职业教育理念贯穿于美国学校教育的发展历程,近年来职业教育的发展更是将终身职业教育这一特征融合在改革实践中。各个层次的职业教育机构都通过整合职业教育与学术教育,力图让学生具备终身学习的能力。

对个性化的推崇深深植根于美国关注个体才能和创造性发挥的个人主义文化核心中,而能力本位的职业教育与培训理论是对个性化职业教育实践的最好阐释。

(2) 合作式的职业教育推进

美国的职业教育历来重视与工商界建立良好的合作关系,合作教育曾经发挥了非常良好的推动作用。随着社会的发展,传统一对一的产学合作方式受到挑战,企业开始积极地参与到教育改革的进程中,并协调整个企业资源为教育改革服务。

美国的高等职业教育和普通高等教育在学术、职业和技术方面进一步融合。1984年联邦政府通过的《帕金斯法案》(Carl D. Perkins Act)使得美国的职业教育(vocational education)演变为生涯与技术教育(career and technical education),表现出学术、职业与技术教育整合的趋势。

(3) 法制化的职业教育保障

美国的职业教育是比较成功的,主要表现在发展方向的适时转换和与社会经济的协同发展形成良性互动方面。而转换的成功,正是在于有国家的相关法规作为保障,即在关键时刻通常都有立法确保职业教育的发展方向与策略。

4.4.2 职业教育制度

美国在1917年的《职业教育法案》通过前虽然已开始重视职业教育,但未建立一套完全独立于普通教育体系之外的职业教育体系,1917年《职业教育法案》的通过,使职业教育成为独立的教育系统,并强调培育学生从事特定职业所需的能力。期间虽历经变革,也通过不少相关法案,但直至1963年的《职业教育法案》[1]及1968年的《职业教育修正案》[2],除职业教育的范围扩大、相关的服务项目增加外,职业教育的观念并未有太大的改变。1971年美国教育总署署长马兰博士(Marland, Sidney P. Jr., 1914—1992)提倡生涯发展对个人及社会的重要性,生涯教育、生涯辅导强调的是终身职业生涯的发展,而不再仅为某项特定的职业做准备。因此,如职业群集、适应能力、生产能力的观念接续

---

[1] Mobley, M. D. (1964). A review of federal vocational-education legislation 1862–1963. *Theory into Practice*, 3(05), 167–170.

[2] Rauner, F., & Maclean, R. (2008). Vocational education and training research: An introduction. In F. Rauner, & R. Maclean (Eds.), *Handbook of Technical and Vocational Education and Training Research* (p. 279). Amsterdam: Springer Netherlands.

被提出,而且被注入职业教育的课程设计之中,成为美国职业教育发展的重要转折点。马兰强调的生涯教育观念是个人终其一生的学习,且应与工作相互联结,以具备面对社会快速变迁应有的知识、技能与态度。此理念也影响着美国对职业技术教育的看法,并进一步演变为生涯及技术教育,以充分展现其意义内涵。2006年再度修正的《2006年帕金斯生涯及技术教育促进法案》,首度将其范畴扩展至学士学位的职业准备教育课程,强化了学术与生涯及技术教育的融合。美国近年来对职业教育发展影响最为深远的法案莫过于《1984年帕金斯职业教育法案》《1990年帕金斯职业及应用技术修正法案》及《1998年帕金斯职业及技术教育法案》,皆强调职业教育与普通教育之间的交流及衔接,提高学生的学术、职业与技术能力,将中学与高等教育予以贯通;对教师、行政人员的专业发展也极为重视,且在职业教育课程的规划方面都强调有效性与符合就业市场的需求。可见美国的职业教育不再只是为了提供探索职业生涯的机会及职业准备而形成的教育,还能培养学生的领导能力,并鼓励个人积极参与改善社区,培养团队技能。①

4.4.3 职业教育学制

美国的生涯及技术教育包括中等教育阶段、后中等教育阶段与成人教育等阶段。中等教育阶段主要是家庭与消费科学教育、一般性劳动市场准备及职业教育;生涯及技术教育在后中等教育阶段被称为生涯教育,涉及特定职业或生涯的就业准备;成人教育阶段主要是成人参与教育或训练,以获得、保持或提升其工作技能。②

(1) 中等教育阶段的生涯及技术教育

美国的职业教育在中等教育阶段被称为生涯及技术教育。美国教育部将中等教育阶段提供的课程分为三大类,包括学术、生涯及技术教育以及其他。学术课程是指基础学科的内容,例如英文、数学等;生涯及技术教育课程是指将课程的范围扩充到生活中的实际经验,例如家庭与消费科学教育、一般性劳动市场准备及职业教育;其他课程则倾向于获得身体、心理的再造,并强化与完善人格,例如一般技能教育、宗教与神学等。中等教育阶段大多数的职业教育学校是以学程的形式存在于综合高中、全时的生涯及技术教育中学以及地区性生涯及技术教育中心。③

① 综合高中(也就是普通高中)。强调学术课程的学校,但部分时间可以选修职业

---

① Moore, L. (2007). Preaching the word: Career and technical education. *Techniques: Connecting Education & Careers*, 82(03), 48−51.
② Levesque, K., Laird, J., Hensley, E., Choy, S. P., Cataldi, E. F., & Hudson, L. (2008). Career and technical education in the United States: 1990 to 2005 (NCES 2008−035).Washington, DC: National Center for Education Statistics, Institute of Education Sciences, U. S. Department of Education.
③ Laanan, F. S., Compton, J. I., & Friedel, J. N. (2006). The role of career and technical education in Iowa community colleges. *Community College Journal of Research and Practice*, (30), 293−310.

准备或职业试探课程。

② 全时的生涯及技术教育中学。提供职业教育课程，培养学生的专业技能，使学生可以全时地在学校里学习职业技能。

③ 地区性生涯及技术教育中心。传授基础的学科课程和职业教育课程，可开设多样性的职业教育课程，修业结束后可颁发结业证书，也支持无法在综合高中就学者进修，学生人数偏多。美国的教育属于单轨制，这些中等教育阶段的公立学校或私立学校至少会提供一类以上的职业教育课程。据统计，2005年美国高中毕业生至少选修一门职业教育课程，约有近21%的毕业生完成一个职业类科的选修。[1]

（2）后中等教育阶段的生涯教育

美国的职业教育在后中等教育阶段被称为生涯教育。美国教育部将后中等教育课程分为学术、生涯及技术教育以及其他三大类。美国提供生涯教育的学校类型有四年制、两年制、少于两年的公立学校及非营利或营利的私立学校[2]：

① 四年制（也就是综合性大学）。四年制提供普通教育课程和专门教育课程。专门教育课程具有职业准备教育的功能，培养学生毕业后的专门工作技能，以利其就业选择。四年制的学士学位教育在传统上并不属于生涯教育的范围，但2006年修订的《2006年帕金斯生涯及技术教育促进法案》开始将其纳入生涯教育的范围。因此原来被归为高等教育的领域，在法规上已纳入生涯教育。

② 两年制。两年制学校包括社区学院及初级学院，前者指公立的两年制学院，后者泛指私立的两年制学院。招收高级中学毕业生，修业两年，毕业后授予副学士学位，课程具有多样化。其特色是反映社会需求及密切配合业界需要，并兼具普通教育及职业教育的综合学校功能。[3]

（3）成人教育阶段的职业教育

通常附设在大学内，也有单独设立，加入正规的教育或训练以获得、维持就业的技能。其最大的特色就是具有充分弹性的学习机会，并且上课地点及时间没有限制，这是美国成人终身学习、继续进修的重要渠道。

---

[1] Levesque, K., et al. (2008). Career and technical education in the United States: 1990 to 2005 (NCES 2008-035) (p. 5). Washington, DC: National Center for Education Statistics, Institute of Education Sciences, U. S. Department of Education.

[2] Compton, J. I., Frankie, S. L., & Starobin, S. S. (2010). Career and technical education as pathways: Factors influencing postcollege earnings of selected career clusters. *Journal of Education for Students Placed at Risk*, (15), 93-113.

[3] Hall, B. H., & Marsh, R. J. (2003). *Legal Issues in Career and Technical Education*. Homewood IL: American Technical Publishers.

4.4.4 职业资格框架

（1）职业资格培训与考试

职业资格的培训由州政府和联邦政府职权部门授权给公立或私立院校来进行。每门课程培训后由学校进行考核并发给学分证书。每一种职业资格所要求的全部课程考试合格并取得相应的学分后，才有资格申请参加职业资格的考核。不论是政府法律规定的职业工程师，还是行业的职业水平认证，都要通过考试取得资格。各专业需建立题库，向考试管理机构提供试题和答案。考试管理机构组织专家对试题进行评估，考试前从中随机抽取。

（2）职业资格证书的发放

一是由州政府或联邦政府的职权部门负责；二是由州政府或联邦政府授权的职权部门或行业协会把发证权再授权给经许可的职业培训中心；三是由职业资格管理部门授权给某些权威教师负责。职业工程师、医生、护士、律师等的注册、管理、考试和资格证书的发放均由政府相关部门负责。

（3）职业教育院校学生职业资格证书的取得

① 综合高中与中等职业学校。中等职业教育通过技术及职业教育的课程计划实现职业教育与职业资格培训的融通。一般的职业高中和职业教育校院都可开设职业教育证书课程。修习这类课程，可以继续进修或直接取得证书，应征中高级技术人员的工作。

② 社区学院和技术学院。很多社区学院和技术学院专门提供各种职业化、专业化、国际化的职业认证考试体系。如西雅图社区学院汽车技术专业，学习结束时，学生将参加美国 ASE（美国汽车服务协会）或 NATEF（美国国家汽车技术教育基金会）认证考试，通过者将获得相应的国家技术证书。

（4）职业资格与学位文凭、专业资质的互认及国际互认

美国各类教育互相沟通，实行职业资格证书与学位文凭并行并重及有条件沟通的制度，建构起人才培养的衔接架构。政府支持社会上具有权威性、公正性的中介机构，对社会人员在各类非正规教育机构中取得的学习成果予以鉴定和认可。中学、大学等普通教育机构都有面向社会的职业教育课程，职业教育的内容和学分也受到其他教育的普遍认同。

专业教育资格认证通常由非政府组织完成，能够让相应专业的毕业生更容易找到工作或找到更好的工作。如果某一专业毕业生想从事需要职业资格的工作，那么他可以比没有经过资格认证的同专业学生提前两年拿到职业资格证书。

美国也很注重职业资格的国际互认。以注册工程师为例，澳大利亚、加拿大、爱尔

兰、新西兰、英国、美国等经济体的工程组织,于1989年签署了《华盛顿协议》,在相互承认工程学士学位的同时,相互承认职业资格。①

4.5 加拿大职业教育体系实践

加拿大具有系统的职业教育网络,以综合高中为主体的中等职业教育具有普通教育与职业教育的综合性;以社区学院和技术学院为主体的高等职业教育更具有综合性,大多数院校采取了学历教育和非学历教育相结合、普通教育和继续教育相结合、全日制教育和短期培训教育相结合、理论教育和技能教育相结合的形式,形成了多元化、多规格、多层次的办学体系。同时,以人为本的教育宗旨,灵活多样的教育形式,相互采认的科系与学分,都是加拿大职业教育的成功之道和值得学习与借鉴的经验。

4.5.1 加拿大职业教育定位与特征

加拿大的职业教育定位于能力本位教育、产业化教育和多元化教育。

(1) 能力本位

加拿大的职业教育理念非常先进。该国实行以能力为基础的职业教育模式,强调实用主义,其核心是从职业岗位的需要出发确定能力目标。

除讲授必要的理论知识之外,加拿大职业教育院校的课堂还非常注重实际操作能力的培养,有些学校会专门拿出半个学期到一个学期的时间,让学生进入本地的专业相关企业去实习。这不但能帮助学生打磨在课堂上学到的知识,而且对学生今后的求职非常有帮助。

(2) 产业化

加拿大的职业教育与产业结合紧密。职业教育院校没有全国统一的课程大纲,而是各自结合本地工业部门的需要来决定开设什么专业、讲授什么课程以及对各个专业的重视程度。很多职业教育院校都设有研究中心,专注于帮助当地产业界解决其发展中所遇到的"疑难杂症"。研究中心的研究工作由院校的教师和学生共同承担,为学生提供接触产业界最前沿动态的机会。

由于各职业教育院校与各自所在地产业界相互联系,加拿大的职业教育格局有一个

---

① Stolz, S., & Gonon, P. (2012). *Challenges and Reforms in Vocational Education: Aspects of Inclusion and Exclusion. Studies in Vocational and Continuing Education*, Volume 11. New York: Peter Lang GmbH, Internationaler Verlag der Wissenschaften.

有趣的现象:一个地区的某个产业越发达,这个地区在相关行业的职业技术教育实力就越强大。各大院校还常设人才咨询与就业中心,学生入学即可以和用人单位互相了解,并且积极向当地企业宣传和推荐自己的学生。

(3) 多元化

加拿大职业教育办学形式非常多元化,采取学历教育和非学历教育相结合、普通教育和继续教育相结合、全日制教育和短期培训相结合、理论教育和技能教育相结合等形式,形成了多元的办学体系;学制灵活,有 2 年、3 年甚至 60 天一期的课程。

加拿大的职业教育以培养实用、适用人才为原则。在专业设置上,眼光始终盯着市场,做到市场需要什么人才就培养什么专业的人才,专业设置完全由学院自主决定。专业不同,学制也不相同,同等条件入学,有的两年毕业,有的三年毕业,但都属专科学历毕业。同时,政府也鼓励和支持学院灵活办学,使学院的办学充满了活力。在学业的完成上,也采取了灵活的政策,让学生在学习上有更多的路径选择,培养了许多社区需要的技术人才。

加拿大政府对教育相当重视,因此教育经费的拨放位居世界之高。基于加拿大职业教育的定位,其发展形成了以下特征:

- 逐渐重视教育认证:针对专科以上学院或职业学院而订定的;
- 社区学院扮演多功能的职业教育角色;
- 各省职业教育政策分中有合;
- 职业教育机会多样且目标一致;
- 多元化、多规格、多层次的教育体系。

4.5.2 职业教育体系

加拿大实施中等职业教育的机构有普通中学、技术职业学校或职业中学;实施高等职业教育的机构有大学学院(University College)、社区学院(Community Colleges)[也称应用艺术与技术学院(College of Applied Art and Technology)]、职业学院(Career College)。社区学院是高等职业教育的主体,包括地方学院、技术学院、应用艺术与科学学院、应用艺术与技术学院、农业技术学院、职业与普通教育学院、社区学院等类型。职业教育院校分为私立和公立两大类,以公立为主。大学学院基本为公立;社区学院有公立与私立两种,以公立为主;职业学院和职业技术学校及职业技能培训机构以私立为主;普通大学以公立为主,私立很少;普通中学大多数为公立。①

---

① Molgat, M., Deschenaux, F., & LeBlanc, P. (2011). Vocational education in Canada: Do policy directions and youth trajectories always meet? *Journal of Vocational Education and Training*, 63(04), 505-524.

加拿大的基础教育为十二年义务教育,其中小学教育为八年制,中学教育为四年制。中学学生毕业后有三个去向:一部分人进入偏重理论学习的普通综合大学,全国有70多所;另一部分人进入社区学院,相当于我们的专科层次、职业技术学院,教学内容侧重于应用,主要是为学院所在社区服务,全国有250多所;还有一部分人则到私立职业学校进行短期、有针对性的、为直接就业做准备的某种技能学习。多数普通大学和社区学院实行完全学分制,并且部分课程的学分是互通、互认的。社区学院只颁发证书或文凭,不颁发学士学位,但可以选择一些以后可转读大学深造的课程,学习时间为1—2年,程度相当于大学的一、二年级,学完后转入大学的二、三年级,继续攻读学士课程。由于社区学院毕业生在就业上比大学毕业生有优势,因此不少大学毕业生反过来再回到社区学院学习应用类课程,拿职业资格证书。

总体上,加拿大的教育体系非常完善,高等教育大学与社区学院并重,职业教育以专科层次的社区学院为主体,普通教育与职业教育布局合理、相通相容,层次比较高,整个教育体系是一个以人为本、经济有效的教育体系。

4.5.3 职业教育运行机制

(1) 联邦政府对职业教育的间接支持和引导

加拿大在联邦一级不设教育部,联邦政府不对职业教育内部事务进行直接管理,只依据国会通过的各种立法及财政拨款对职业教育施以间接支持和引导。这种支持和引导主要由两个政府组织——加拿大人力资源及技能发展部(Human Resources and Skills Development Canada,HRSDC)和加拿大各省教育部长理事会(The Council of Minister of Education Canada,CMEC)执行。加拿大各省教育部长理事会从对外的国际交流和对内的职业资格鉴定、学校学生技能评估、学校办学质量评估等方面推动本国职业教育的发展。

(2) 省级政府对职业教育的实质性管理

1867年《不列颠北美法案》(The British North America Act)赋予加拿大各省专门的教育立法权与管理权。加拿大各省均设立教育部,负责为全省各级、各类教育发展服务。加拿大职业教育质量与劳动力市场发展关系紧密,为保证省内经济的平稳发展,各省除设置教育部外,大部分省还设有专门的职业教育与培训管理机构负责对本省职业教育与就业培训进行管理。这些专门的职业教育与培训管理机构直接隶属于省政府,与省教育部同属省政府管辖,具体称谓上各省不尽相同,但在管理体制上多有相同之处。

(3) 学区层面的教育局对职业教育实施微观管理

加拿大省以下级别的教育按学区进行管理,各学区设立教育局(Board of Education,

或称教育董事会或地方教育委员会）为学区的教育行政机构。教育局对职业教育的管理范围包括聘用教师、维护建筑、分配来自省级拨款和市政税收的教育投入等。

(4) 各类职业院校的办学自主权

加拿大地方政府对职业院校的管理体现了服务导向、民主决策的特色，而且各地方政府管理机构的组成人员充分吸收了企业界、社会人士、各类专家、政府官员、教师、学生、家长等人员参加，体现了全社会办职业教育的特色。这一方面有利于提升职业教育在社会各界的认同度和社会声誉，另一方面可以充分保障这种管理的专业性和可行性，为各职业院校提供实质性的服务。

(5) 非政府组织发挥着积极的协调、沟通和推动作用

非政府组织在加拿大职业教育治理体系中发挥着积极的协调、沟通和推动作用，它们协调政府管理部门和学校之间的关系，为学校争取政府拨款，参与学校日常管理和教学工作，帮助学校开发国内外市场，为学校发展提供信息和政策咨询等。例如，作为一个全国性的、各省社区学院自愿参加的非营利性机构——加拿大社区学院协会（ACCC），便肩负着协调、沟通和推动职业教育的使命。

4.5.4 职业资格框架

加拿大的职业资格制度是以法律为依据，确认从业人员具备执业资格的一种许可制度，要求对自然人的执业资格依照法律进行认定，是就业入门制度的一项重要内容。

加拿大职业资格证书的执行主体是行业协会和职业工程师协会，省政府配合推行。这明确了职业工程师协会、行业协会和政府在证书推行上的相互关系，且全社会对这种制度予以认可，体制单一，从而在整体上建构起职业资格证书发放、取得、使用的良好社会制度环境。但单一体制也存在缺陷，对于企业差异较大的行业，发证主体单一会使部分企业没有适合的职业资格证书可供选择。

(1) 职业资格证书的分类

加拿大的职业资格证书通常有两种：一种是执照（license），由省政府专门机构负责考试和发证，如律师、电工、会计、美容师、汽车驾驶员等；另一种是证书（certificate），由行业协会以职业技术鉴定的方式颁发，如汽车修理工、营销员、房地产销售等。此外，在有些省的职业资格体系中，也将文凭证书、学徒证书、学位证书列入其中。

(2) 职业资格证书的管理

加拿大职业资格证书的管理由政府、职业工程师协会和行业协会共同负责。法律规定了职业工程师协会拥有立法、解释和执行的权力，代表国家制定统一的标准、规定和章程供各省级协会使用以及进行省级协会之间的协调，负责专业技术人员的职业资格考

试、认证、注册、监督、管理等工作。行业协会的每一种证书都由专门机构负责,如旅游方面,在安大略省是由旅游协会(Travel Industry Council of Ontario, TICO)负责。

加拿大的职业资格不是终身制的,一旦专业能力下降或服务表现欠佳,或者发生执业责任事故、违反执业道德或有不良的服务,都将受到从罚款直至开除会籍、取消职业资格等处罚。例如,工程师在执业中发生质量事故,会受到相应的处罚。

(3) 职业资格证书的国际互认

加拿大的职业资格证书制度历史悠久,规范性、权威性及适用性在国内得到法律的认可和保障,英联邦国家也普遍承认。在经济全球化的今天,国际经济与人员交往将促使职业资格证书在国际范围内互认,初期主要是加拿大国内的证书被其他国家引入,此后也会有一些国家的证书在加拿大使用时被承认。

4.6 亚洲其他模式

从国际上看,职业教育的发展程度及普及状况是衡量一个国家现代化程度和社会文明程度的一个标志。纵观国际社会,大凡发达国家和地区都有完善的职业教育体系和成熟的职业教育模式。本节选取亚洲典型国家和地区,探讨其职业教育体系的发展实践与特征。

4.6.1 日本模式

4.6.1.1 日本职业教育定位与特征

日本的职业教育基本上制度完备,配套措施也充分配合,且能符合就业市场的需求,可以说是一个相当完善的体系。

日本的职业教育是为了培育具备速战能力的职业人才。[①] 明治初年并未使用职业教育一词,而以实业教育或技艺教育称之。1950 年,日本政府开展全国性的运动,试图通过制定法律来振兴职业教育。此运动广受舆论的支持,终于在 1951 年 6 月第 10 次国会通过《产业教育振兴法》[②],之后,职业教育的目的及功能便日益受到重视。文部科学省生涯学习政策局曾于 2009 年召开"生涯教育与职业教育特别会",会中对生涯与职业教育已明确定义。生涯教育是指以具备勤劳观与职业观为培育重点的基础性及泛用性的教育;

---

① 文部科学省.(2018). The basic orientation of career and vocational education development.
② 文部科学省.(2018). System for the revitalization of industrial education.

职业教育则是指以具备勤劳观与职业观为培育重点的专门性及实践性的教育。由此定义也能明了日本职业教育重视涵养国民勤劳观与职业观的程度。职业教育是培养学生从事特定职业所必需的知识与技能，增进学生对社会意义与角色的理解，并逐渐内化成学生的价值观。虽然日本的职业教育主要集中于高中及以后阶段，但在《学校教育法》中已明确揭示中学（国中）的教育目标：培养社会所需要的相关职业的基础知识和技能、勤劳的态度，以及适合个人性向特质生涯发展的能力。[1]

日本在《学校教育法》中载明高等学校的教育目标为：提供作为社会成员应有的市民教育，与中学、大学、企业等相联系，维持社会活力与提升学生的发展潜力。[2]

由此得知，日本各阶段的职业教育定位相当明确。综上所述，日本的职业教育是以社会及产业发展需求为导向的专门性及实践性的教育，着重于培养学生具备勤劳观及特定职业所需的知识和技能。日本对职业教育的认知及工作态度的培养不仅起步甚早，且相当重视，强调从社会使命与社会需求出发，探索适合个人性格的职业生涯，以培育有教养、有技能的国民。职业教育的任务除培育学生熟练掌握专业技能外，勤劳的工作态度更是其最高的核心价值，一般日本国民对工作意义的认知与尊重，正反映出其文化底蕴与教育陶养的影响力。[3]

日本职业教育的特征有如下四个方面：

(1) 健全的职业教育体系

到目前为止，日本已经形成相当完善、多层次、多类型的职业教育体系。

(2) 完善的职业教育立法

日本国会于 1958 年通过了《职业训练法》，之后又分别于 1962 年、1963 年和 1966 年通过了《关于指定技能教育设施等规则》《失业紧急对策法》和《雇佣对策法》等。1978 年 5 月日本政府又公布了《部分修改职业训练法的法律》，对原来的《职业训练法》进行了部分调整。

(3) 办学落实产学合作

日本政府于 1961 年修订了《学校教育法》，使产学合作制度化，并逐渐将合作的范围由工业扩大到农业、商业、家政和护理等领域。

(4) 发展农村职业教育

农村职业教育是伴随着社会变革而产生的，并进一步促进了日本的社会变革，加速

---

[1] 文部科学省.(2018). A synopsis of objectives for schools at all levels as per stipulated in school education law.
[2] 文部科学省.(2018). The objectives of high schools.
[3] Chao, C.-Y., Wu, C.-L., & Chen, K.-S. (2013) .The current status and implications of manpower supply in the vocational education system in Japan. *Bulletin of Educational Data*：Technical and Vocational Education of Various Countries，(59)，27-62.

了其社会转型;同样,日本的社会变革也促进了农村职业教育的产生和发展,并使其逐步走向成熟、得以完善,最终随着社会形态转变而融入城市职业教育中,进而逐渐缩小甚至消除城乡之间的差别,从而达到城乡融合。

4.6.1.2 日本职业教育体系

日本的职业教育体系由正规与非正规学制共同组成。日本《学校教育法》第一条所认定的正规学校指小学校(国民小学)、中学校(国民中学)、高等学校(高中、高职、综合高中)、中等教育学校、大学、高等专门学校(五专)、盲学校(启明学校)、聋哑学校(启聪学校)、养护学校(启智、肢障学校)及幼儿园等,实施职业教育的机构包含短期大学、专门高校、五年制的高等专门学校及技术科学大学。为了应对经济快速发展的需求,日本政府也导入非正规学制的专修学校,以弹性培育技术人才。日本的职业教育体系包含由文部科学省管辖的学校职业教育,以及国家、都、道、府、县认定的企业机构的职业训练活动,截至2012年,日本共有12所职业训练学校(如果含分校或校区则共27个),统称为职业能力开发大学校,这些职业训练学校由厚生劳动省管辖。

日本的职业教育体系主要分为两部分,除由文部科学省主管的学校职业教育外,另一部分是隶属于厚生劳动省等其他省厅的职业训练机构和一些大学。就学校内的职业教育机构而言,主要有全日制职业高中、定时制和函授制高中、高等专门学校、短期大学、专修学校和各种学校,在义务教育阶段和普通高中内也有部分职业试探教育,因此从教育层级上看,有中等职业教育和高等职业教育。①

日本近年来逐渐打开专修学校及高等专门学校的升学管道,所以学生进路可能有些复杂,学生进路体系如图4-3所示。

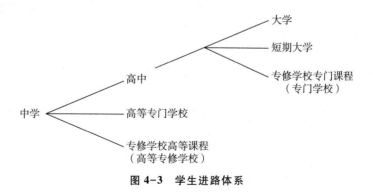

图4-3 学生进路体系

---

① Chao, C.-Y., Wu, C.-L., & Chen, K.-S. (2013). The current status and implications of manpower supply in the vocational education system in Japan. *Bulletin of Educational Data:Technical and Vocational Education of Various Countries*, (59), 27-62.

普通教育在小学、中学及高中进行,职业教育在高中的职业学科及专修学校进行,而高等专门学校、短期大学及大学的教育一般不称为职业教育,都以高等教育或专门教育称之。不过,为了易于进行比较,本节将高等专门学校及短期大学纳入分析的范围;另外,虽然中学阶段属于职业陶冶阶段,但由于开设"家庭、技术"科目供学生修读,有其教育意义,因此职业教育体系向下延伸自中学开始论起。①

(1) 中学阶段

日本在学校系统的职业教育,虽说主要自高中阶段开始,但在相关的教育目标方面要从中学开始叙述。依照日本《学校教育法》,明定中学(中学校)除强调学科的教学内容在层次上比小学较高阶外,其特色还有将职业教育的进路指导内容初步纳入中学教育,期望教导学生获得对职业与技术的基础认识。

(2) 专门高校(高等学校职业教育类科)

日本高等学校招收国中毕业生,高校的类别主要分成普通教育类科、专门教育类科和综合教育类科三种。其中,普通教育类科学校俗称普通高校,就读学生以升大学为方向;以专门教育类科为主的学校泛称专门高校,相当于高职;至于结合两者的学校称为综合教育类科,类似综合高中。专门高校毕业生是支撑日本社会发展及各项产业成长的原动力。专门高校的教育目标非常明确,即学生以就业为导向,学校培养基础专业人才,并肩负协助产业发展的育成角色。

(3) 高等专门学校

高等专门学校以养成实践性、创造性的技术者为目的。高等专门学校招收国中毕业生,修习五年一贯的一般科目与专业科目,修毕后授予准(副)学士学位。近年来,日本各地区约维持50~60所国立、公立、私立的高等专门学校,如国立东京工业高等专门学校、大阪府立大学工业高等专门学校、私立金泽工业高等专门学校等。高等专门学校强调实务人才的养成。

(4) 专修学校

专修学校系统于1975年增设,在日本教育体系中具有社会特殊性。由于生产技术及科技水平不断提升,正规学校虽可提供大量技术人力,但教育内容受限于课程僵化及设备过时,人力资源质量无法满足企业快速成长的需求;当企业转而进行内部员工训练时,虽然可依自身需求量身打造所需人力,却无法真正解决产业内部人才不足的问题,在此情形下,日本教育体系开始增设专修学校。为适应国民学习及企业人力的需求,日本

---

① Chao, C.-Y., Wu, C.-L., & Chen, K.-S. (2013). The current status and implications of manpower supply in the vocational education system in Japan. *Bulletin of Educational Data:Technical and Vocational Education of Various Countries*, (59), 27-62.

于1975年修订《学校教育法》,规定各类学校只要达到一定规模与水平,即能取得法定地位,并可改称为专修学校。日本《学校教育法》第八十二条第二条规定,专修学校是第一条所列学校以外的教育设施,以培育职业或实际生活所需具备的能力并以提升教养为目的,开展符合法令规定的教育。

(5)短期大学

1949年日本以美国的社区学院为范本,于1950年修改《学校教育法》后正式启动短期大学。这主要是针对想改制为四年制大学的旧制高等学校及专门学校,在教师组织和设备仍不足以升格时,先暂时升格为短期大学的一种权宜措施。1963年中央教育审议会提出"有关大学教育的改善"的报告,提案将短期大学作为专门职业教育机构,建议将其制度化,同年修改通过《学校教育法》,由此短期大学成为和四年制大学目的与性质不同的独立职业教育与教养教育机构。短期大学的主要目的在于"深入教授或研究专门的学艺,培养职业或实际生活必要的能力",短期大学发挥了一般教养教育机构及职业教育机构的两种教育功能。

(6)技术科学大学

有鉴于信息及科技的快速发展,产业对专业技术创新人才的需求大幅提升,因此日本政府于1976年创设技术科学大学,并于1978年首度招生,以高等专门学校毕业生为主要对象,实施更高阶的衔接教育,但并未广泛增设。截至2011年,日本共有四所国立及一所私立技术科学大学,其中仅长冈及丰桥两校招收大学部学生,北陆及奈良先端科学技术大学院大学与私立冲绳科学技术大学院大学三校设有硕士、博士班,其目的在于全力培养符合产业需求的尖端技术人才。

4.6.2 韩国模式

4.6.2.1 韩国职业教育定位与特征

韩国经济发展之所以迅速,除适时调整经济发展战略外,更重要的是在经济发展的各阶段重视人力资本的投资和储备,特别是通过发展职业教育,培养了大量高素质、适应性强的应用型人才,这加快了韩国经济的腾飞。从世界范围看,韩国是职业教育发展较好的国家之一,已建立从初等职业教育延伸至高等职业教育,并与经济、科技发展相配套的专门职业教育体系。

韩国的职业教育与职业训练是分开进行的,不同于澳大利亚的将职业教育及职业训练合为一体。韩国的职业教育与职业训练的主管机关分属不同部会管辖,职业教育归属教育科学技术部(Ministry of Education,Science and Technology,MEST)主管,至于职业训练则由劳动部(Ministry of Labor，MOL)负责。

韩国的职业教育自 1996 年提出的建立终身职业教育体系，至 2010 年提出的主要职业教育政策及计划，其基调皆以终身教育思维为主轴，并建构相关职业教育政策。此外，对于职业教育尤其是"师傅高中"或专门化职业高中的人才培育，韩国政府很明确地赋予其培育国家重要工业技术人才的责任，而专科大学也被明确赋予国际化使命。

韩国的职业教育在不同时期有不同的发展侧重点，始终得到政府的支持，逐步形成政府、社会、企业、学校共同发展职业教育的局面。① 韩国职业教育的发展特征大致有以下几点：

(1) 发挥政府宏观调控作用，调整职业教育发展策略

为提高职业学校办学水平，韩国政府大量投资于职业教育，对职业技术类学校的财政拨款和补贴一般高于普通学校。为应对日益变化的经济形势，韩国政府在不同时期制定了不同的教育发展规划，还制定了系列优惠政策来鼓励民众接受职业教育与培训。

(2) 专业与课程设置灵活，突出学生实际技能的培养

根据经济建设和社会发展的不同需要灵活设置专业、调整课程安排是韩国职业教育发展的一大特色：第一，专业覆盖面广；第二，选修课与必修课并重；第三，教学与实践并行；第四，职教与普教相融合。

(3) 强调职业教育的产学合作，为职业教育注入活力

韩国政府非常重视企业在职业教育与培训中的作用，大力提倡职业技术院校与企业合作。韩国政府将产学合作"写入"法律。《产业教育振兴法》规定，产业界要积极协助学生现场实习，职业学校学生现场实习要义务化。

(4) 加强职业继续教育，推动职业教育向终身化发展

2001 年开始实施的《建立新的职业教育培训体制的相关法律法规案》明确提出了韩国职业教育的新目标，构建了职业学校与企业、职高与普高、中职与高职、中职与普通大学、职业教育与研究生教育等相互衔接与沟通的新模式，确立了终身教育的新体系。通过建立新职业教育体系的法规，加强职业继续教育，采用职业能力鉴定制度，实施远程职业教育方案，韩国逐渐将封闭的教育转变为开放的志愿教育，充分利用现代科技，达到了任何人随时都可以接受职业技术教育的改革目标，真正实现了职业教育的终身化。

4.6.2.2 韩国职业教育体系

韩国的学制属于 6-3-3-4 系统，也就是国民小学阶段 6 年，初中阶段 3 年，高中阶段

---

① 杨林.(2008).韩国职业教育的历史进程及启示.中国民族教育，(11)，41—43.

3年,以及大学阶段2—4年。① 以下就职业教育所涵括的国民教育、中等教育及高等教育阶段,分别叙述其功能及施行方式。

(1) 国民教育阶段的职业教育

韩国国民教育阶段的八项基础课程包括:品德教育、韩文、社会学科、算数、自然、体育、音乐美术及实用技艺。其中,实用技艺课程在于提供第4年级至第6年级学生徒手或操作简单机具的机会,以培养学生解决日常生活中可能遭遇的问题的能力,属于与职业教育相关的课程设计。

虽然除实用技艺课程外,在国民教育阶段并无其他正式的职业教育课程,然而在此阶段所培育的读、说、写及"使用计算机"的能力及技术,即是在奠定学生未来的职业能力基础。而在国民教育阶段,孩童的人际间交往技能及与人沟通、分析不同事物间的关联性等,皆为职业能力培养的重要内涵。

自2002年以来,第5年级与第6年级的学生每周必须修习2个小时的实用技艺课程,该课程强调的重点为:培育学生的生活基础能力及增进适应能力;通过对工作价值的了解,发展职业生涯教育;增强计算机使用能力,为进入信息社会做准备;强化对环境的认识,合理使用资源与消费的教育;课程运作的多样化。②

(2) 中等教育阶段的职业教育

中等教育阶段又分成初中和高中两个阶段,其修业年限皆为3年。初中阶段有关职业教育取向的课程有技术与工业、家政及电脑。③ 职业高中为韩国正规教育体系中职业教育的主力之一,另外的主力则为高等教育阶段的专科大学。④

职业高中的设置,是韩国中央政府为促使该国成为工业强国而实施的策略,也因此职业高中的毕业生对于补足韩国技术工人的劳力短缺扮演着重要角色。职业高中主要有五类,分别是农业、工业、商业、海事水产养殖及家事。

(3) 高等教育阶段的职业教育

专科大学的设立目的是培养中级技术人才,其专业领域可区分为技术、农业、工业、商业、保健照护、海事水产养殖、家事等类,学制为2年制或3年制,修业期满可获得副学士学位,招生对象为高中毕业生或同等学力者。然而自1994年起,专科大学的入学方式

---

① Lee, J.-P., & Jung, T.-H. (2005). Vocational education for national competitiveness. In J.-H. Kim (Ed.), *New Paradigm of Human Resources Development* (pp. 61-78). Seoul: KRIVET.
② Na, S. I. (2009). The present state and the future challenges of vocational education in the Republic of Korea. *Bulletin of National Institute of Education Resources and Research*, (43), 167-98.
③ 同①。
④ Lee, Y.-H. (2000). *Technical and Vocational Education and Training in Korea*. Seoul: KRIVET.

包含采集高中阶段的在学成绩、学业成就测验成绩、面试及性向测验成绩。而新生录取名额中的50%—60%保留给职业高中毕业生、通过国家技能检定系统的技术人员或具备一定产业经验资历的人员。①

4年制大学中职业教育的实施,传统上系由产业大学、技术大学或开放式大学负责;然而从广义的角度看大学的本质,除研究型大学外,其他教育型大学皆应强调职业训练,让学生成为专业人士。②

4.6.3 新加坡模式

4.6.3.1 新加坡职业教育定位与特征

新加坡政府的高度效能及高国民所得等优异表现,让这个国土面积仅700余平方公里的国家成为全球具有高度影响力的国家之一。新加坡的成功,与其国家精英在独立初期对自己国家的精准定位有很大的关系。他们认为,新加坡是个小国,资源相当缺乏,独立初期又面对马来西亚、印度尼西亚等国家的经济竞争,让新加坡政府充满危机感,所以一切施政的核心理念就是确保新加坡的生存、安全与发展,其中尤以经济发展为首要目标。在此背景下,新加坡的教育体系,虽然历经数次重大改革,但始终与经济发展保持高度的整合关系,成为新加坡优秀人力资源的重要培育管道。

在追求国家整体竞争力的战略架构下,新加坡的教育体系实行双轨分流制,从中学阶段开始,学生依照小学离校测验(PSLE)的成绩分别进入以实行职业教育为主的普通工艺(normal technical, NT)班,或以实行学术教育为主的快捷(express)班,或是介于两者中间的普通学术(normal academic, NA)班,采用不同课程分别进行培育。在中学后,普通工艺班及普通学术班学生参加 NLevel 考试进入各类工业、教育学院接受职业教育,或加学一年后(普通学术班)与快捷班学生一起参加难度较高的 OLevel 考试,依照成绩进入初级学院(准备进入大学的学术教育准备学校)或各类工业、教育学校(技术职业体系学校)。

新加坡的分流制将职业教育与学术教育进行区隔,只有少部分的学术精英人才能够以优异的成绩进入新加坡国立大学、南洋理工大学等新加坡的几所大学,然而大部分学生也能通过与企业高度整合的职业教育培养技术职业能力,因此不论是学术精英人才还是技术职业人才,都成为新加坡确保国家竞争力优势的重要资产之一。由此可知,新加坡教育体系的特点是:由于新加坡充分体认到自己的小国地位及资源贫乏弱势,因此

---

① Na, S. I. (2009). The present state and the future challenges of vocational education in the Republic of Korea. *Bulletin of National Institute of Education Resources and Research*, (43), 167-98.

② 同上。

以务实为原则,让教育体系高度配合国家经济发展,以分流制培育作为经济主干的技术职业人才以及作为领导者的学术精英人才,让两类人才共同为新加坡的发展贡献其所能。

4.6.3.2 新加坡职业教育体系

新加坡教育的学习进路包含初等教育(6—12岁)、中等教育(13—16岁)、中等教育后(17—22岁),以及就业后的继续教育与训练。2014年起,新加坡学生小学毕业后可就读专门学校,目前有3所中等教育专门学校提供专门课程,倾向于手做和实务学习。除通过主流教育取得学历外,新加坡还有替代资历(alternative qualifications),这是一种对照资历,不是由新加坡大多数主流学校所提供的。为了鼓励企业和培训机构承认替代资历,新加坡通过全国性职场素养及算术能力(Workplace Literacy and Numeracy,WPLN)认证机构来确保招聘和招生的对象已达到入学水平。新加坡现已有超过5 300家雇主和培训机构(包括公共服务部)承认替代资历。

新加坡的职业生涯发展模式贯穿该国职前教育与训练(pre-employment education and training, PET)、继续教育与训练(continue education and training, CET)两大体系。截至2012年,新加坡累计达33项劳动力技能资历,每一项技能架构均成立一个产业技能委员会,用以协助推动产业发展与验证技能标准,评估策略及训练课程。

综合而言,在新加坡,大学或技术教育学院会参考WSQ订定正规学制课程,学生在校或毕业后除可取得毕业证书或文凭外,还可取得各项资历证书;进入职场后,依据任职产业的不同,参加各种继续教育与训练,此职业生涯发展模式设计,除提供职前和在职教育与训练充分衔接外,还去除产学落差,同时强调通过此职业生涯发展模式,每个人都可以获得更佳或更为先进的技术能力,此能力可以带来更好的工作及更高的薪资待遇,并据以提高国民所得,促进经济增长及增强国家实力,维持国家永续发展。简要来说,新加坡成功管理教育与技能的供给与需求能力,建立产学无缝衔接,是其卓越竞争优势的根本所在。

整体而言,新加坡教育系统的特色在于小学毕业即予以分流,但普通教育与职业教育之间可以弹性转换,证书与学历等值,教育系统与训练成就认证紧密联结[①],如图4-4所示。

---

① Law, S. S. (2011). Case study on national policies linking TVET with economic expansion: lessons from Singapore. Paper presented at the meeting of experts for the 2012 education for all global monitoring report 34, Germany; Kun, Y.-W., Wang, H.-S., & Chang, S.-H. (2015). A Study on the current developments and strategies of vocational education and training in Singapore. *Journal of Technological and Vocational Education*, 6(02), 17-42.

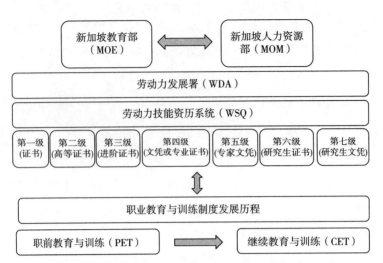

图 4-4　新加坡的职业教育路径

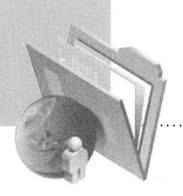

第 5 单元

现代职业教育体系的特征

党的十九大做出了"中国特色社会主义进入新时代"的重大判断,报告提出了"贯彻新发展理念,建设现代化经济体系",特别指出了"完善职业教育和培训体系,深化产教融合、校企合作"。因此,持续深化职业教育改革,更高水平、更高质量地建设现代职业教育体系,是新时代我国职业教育发展的遵循和指南。

习近平总书记始终情系广大人民群众和普通劳动者,关心和重视职业教育。2014年6月,习近平总书记就加快职业教育发展做出重要指示,"要牢牢把握服务发展、促进就业的办学方向……努力建设中国特色职业教育体系"。为了贯彻总书记的指示精神,加快建设更加完备的现代职业教育制度体系,对现代职业教育体系的特征进行深入研究具有重要的学术和实践意义。

5.1 从职业出发构建教书育人全过程

5.1.1 专业与职业岗位群对接

2012年9月教育部发布了职业教育的"五个对接"。"五个对接"是指专业与产业、职业岗位对接,专业课程内容与职业标准对接,教学过程与生产过程对接,学历证书与职业资格证书对接,职业教育与终身学习对接。这是深化职业教育人才培养模式改革的基本要求。其中,专业与产业、职业岗位对接,是指根据产业发展和岗位需求动态调整专业设置。[①] 对于职业教育来说,可以通过专业对接职业岗位群,构建对接职业岗位群和职业生涯发展的专业体系。[②]

5.1.1.1 什么是专业

在职业教育中,专业是指学生当前的学习范围和今后的工作领域。[③] 这个概念有两方面的意思,当前的学习范围主要是课程方案,包括理论和实践两类课程,或把两类课程综合后的理实一体课程;今后的工作领域是专业对应的社会职业分工,具体表现为职业或职业岗位群。可见,这个定义既包含了专业与社会的关系,以职业岗位或岗位群为纽带;又建立了专业与学科的关系,以专业课程为纽带。作为高等教育包括高职教育都是如此,既要掌握一定的专业技术技能,又要学习一定的理论课程,而无论

---

① 中华人民共和国教育部.(2012).职业教育"五个对接", 09-03.
② 张敏,李崇鞅.(2015).高职课程建设对接职业岗位群和职业生涯发展的研究——以湖南邮电职业技术学院移动通信技术专业为例.湖南邮电职业技术学院学报,(02),42—45.
③ 张新民.(2011).高等职业教育理论构建.长沙:湖南人民出版社.

是公共理论课还是专业理论课,都具有一定的学科性。

职业教育理性而现实的选择是必须强调课程的职业性,强调其与生产一线和工作现场的紧密联系,强调课程内容与职业标准的衔接。职业教育也重视知识体系,这也是专业建设和学科建设的基本关系。

职业教育专业能够反映产业发展的人才需求变化,即反映职业岗位的需要。可以说产业的升级转型是职业教育从重视单个专业建设到重视专业群建设的根本动力。产业发展对人才需求的变化,能够在职业教育的人才培养过程中得到快速和直接的反映。例如,随着中央厨房等餐饮设备和条件的现代化,各种湘菜以成品(热熟菜)和半成品(预制菜)等形式广泛进入消费者餐桌,形成了新的产业链,而原来的烹饪工艺与营养专业只以培养湘菜厨师为主要目的,显然较难适应产业的新变化,以烹饪工艺与营养专业为核心构建湘菜产业专业群就显得十分必要。又如,在"互联网+"的推动下,农产品流通开始走向信息化、网络化,职业教育涉农经贸类专业人才培养若能构建以农产品电子商务专业为核心的涉农经贸类专业群,厘清农产品流通领域职业岗位和岗位内涵的变化,重新构建群内各专业的人才培养模式和课程体系,就可以更好地适应新农村建设需要。

5.1.1.2 对应职业岗位的专业建设

根据社会不同职业设置对应的专业,通过专业设置培养社会所需要的人才,是实现职业教育"为己谋生,为群服务"主旨的前提与基础。我国职业教育的专业建设可分为三个重要阶段。中华人民共和国成立后开展的大规模、有计划的经济建设,促进了职业教育专业建设发展;十一届三中全会后至20世纪90年代职业教育的快速发展,促进了职业教育专业建设与管理的规范化步伐,专业建设与管理的理论和实践都有所发展;21世纪以来经济社会的发展变化,促进了职业教育专业建设的创新与突破。其中,1963年教育部颁布《中等专业学校专业目录》、1992年国家教委对《普通中等专业学校专业目录》进行修订、2000年教育部统一印发《中等职业学校专业目录》和2010年教育部印发《中等职业学校专业目录(2010年修订)》,是专业建设与管理最为重要的四个标志。

进入21世纪,发展现代产业和新型产业,转变经济发展方式和加快产业结构调整成为经济改革的主要方向。指导职业教育根据经济社会发展需求科学、合理地设置专业,建立起职业教育专业设置与职业发展、职业岗位需要相吻合的动态管理,迫切需要对2000年颁布的《中等职业学校专业目录(2010年修订)》进行调整与更新,建立及时反映社会经济发展需求的、动态的职业学校专业管理模式。①

对此,教育部组织力量对原有的专业目录进行了修订,并于2010年3月颁布。这次修订,以国民经济行业分类、职业分类和产业划分规定为依据,结合普通高等学校本科专业与高职专业目录,在内容体系上做了重大调整,设置了"专业名称""专业(技能)方向""对应职业(岗位)""职业资格证书举例""继续学习专业举例"等内容。共设有19大类321个专业927个专业(技能)方向,列举对应的职业(岗位)1 185个,列举职业资格证书720个,列举继续学习专业方向554个,专业的新职业覆盖率达80%。要求在专业与产业、职业岗位对接,专业课程内容与职业标准对接,教学过程与生产过程对接,学历证书与职业资格证书对接,职业教育与终身学习对接方面进行改革尝试。2010年9月,教育部印发了《中等职业学校专业设置管理办法(试行)》,规定了中等职业学校专业设置的条件与程序,确立起国家、地方、行业主管部门、学校各个方面在专业设置中的职责与权限,提出要进一步规范和完善职业院校专业设置管理,引导职业院校依法自主设置专业,促进人才培养质量和办学水平的提高。

5.1.1.3 对应职业岗位群的专业群

"中国制造2025"战略和"互联网+"行动计划催生了新的高新技术产业,"一带一路"倡议推动了产业集群的发展,农业、制造业和服务业等正在借助科学技术升级。这就要求职业院校根据经济发展新需要调整专业结构以增强专业的适切性。《教育部关于深化职业教育教学改革全面提高人才培养质量的若干意见》提出,既要发展新兴产业相关专业,又要改革传统产业相关专业;既要根据产业群需要建立相应的专业群,又要推动国家急需产业示范专业的建设。此外,学校条件和地方特色等因素也影响职业院校的专业调整。《教育部关于全面提高高等教育质量的若干意见》提出,高等职业院校具有专业调整自主权,"除国家控制布点专业外,本科和高职高专专业自主设置"。教育部制定相关文件以规范和协助职业院校的专业调整。《普通高等学校高等职业教育专业设置管理办法》明确了专业设置的规范条例。《普通高等学校高等职业教育(专科)专业目录(2015年)》要求,"专业大类对应产业,专业类对应行业,专业对应职业岗位群或技术领域"。专业目录根据经济社会变化实行动态管理,每五年修订一次,每年增补一次专业。②

专业群建设的基本理论是产业集群理论,专业群的建设能更好地满足产业发展对人才需求的变化。因此,职业教育要对应产业发展、对接职业岗位群进行专业群建设。③产

---

① 孙琳,徐桂庭.(2015).我国中等职业教育教学改革发展的脉络与变迁——基于教学政策文件的分析.职教论坛,(03),4—15.
② 吴雪萍,郝人缘.(2017).中国职业教育的转型:从数量扩张到质量提升.中国高教研究,(03),92—96.
③ 张新民,罗志.(2016).高职专业群建设的机理、理论、动力和机制.职教论坛,(27),5—9.

业是不断升级变化的,特别是我国经济当前正处于"调结构、转方式、促升级"的重要时期。农业向产业化进发,工业从中国制造向中国创造升级,现代服务业在国内生产总值中的占比已于2013年超过工业且逐步成为现代产业体系的核心支撑,"互联网+"引发"大众创业、万众创新",产业结构不断调整,生产技术更新速度加快。在这种背景下,专业群和产业发展应该建立什么样的关系,才能使两者实现良性互动呢?职业教育主要为区域经济和地方产业发展服务,最理想的状态是专业群不仅能对接和服务产业,还能提升和引领产业发展。为此建立专业群和产业发展以及产业技术进步的相关机制,相当程度上能够满足"高等教育适度超前经济发展"的教育学原理,这也是现实的需要。

为达到以上目的,职业院校应建立一套专门用于专业群建设的制度,完善专业带头人和行业协会、企业专家定时交流对话制度,成立由学校、政府、企业以及行业协会等多方组成的专业群建设委员会等,以协调专业群内各专业或各专业群之间的关系。

5.1.2 职业标准有机嵌入教学标准

5.1.2.1 职业标准与专业教学标准的衔接制度

2012年9月,教育部发布了职业教育的"五个对接"。其中,专业课程内容与职业标准对接是指根据产业转型升级对职业标准提出的新要求,将职业标准融入到课程标准、课程内容的设计和实施中。[①]

2012年12月,教育部发布了第一批涉及18个大类的410个高职学校专业教学标准。该标准的颁布实施将改变十多年来高职学校专业教学没有国家标准的现状,对于加强高职学校专业基本建设、全面提高高职教育质量具有重要意义。此次公布的专业教学标准在专业名称、专业代码、招生对象、学制与学历、就业面向、培养目标与规格、职业证书、课程体系与核心课程、专业办学基本条件和教学建议、继续专业学习深造建议等十个方面提出了具体要求,解决了原来高职学校专业之间边界不明、核心课程内容不清等问题。

教育部职业教育与成人教育司司长葛道凯表示,此次发布的标准有四个特点:第一,以培养职业能力为主线构建课程体系,强化课程的实践性和职业性;第二,以工作岗位实际为导向创新教学模式,加强"教、学、做"一体化;第三,主动适应国家产业发展战略的新要求,努力实现教育与产业的深度对接;第四,促进中高职衔接和技术技能人才系统培养,开启学生继续学习通道。

为了体现高等职业教育教学的开放性、职业性特征,提升专业服务社会经济发展的

---

① 中华人民共和国教育部《职业教育"五个对接"》.

能力,职业教育主体应做到课程内容与行业标准、学生素质与职业标准的有效衔接,增强学生胜任职业岗位要求的综合能力。[①] 将职业标准与课程内容进行对接,构建与职业标准相对应的以岗位能力培养为主线的课程体系,采用以教师为主导、以学生为主体,工学交替的教学方法以及大作业、课程实习考核、期末考核相结合的课程评价体系,将有助于学生最大限度地掌握岗位职业标准要求的相关知识和技能,突出职业教育的职业性。[②]

职业标准与专业教学标准的衔接,体现了职业资格证书课程体系构建的衡量准则。为了促进职业教育与就业需求直接相关,适应产业经济发展和劳动力市场的需要,各国都建立了职业标准与专业教学标准的衔接制度以保证职业教育的课程质量。

从各国职业标准与专业教学标准的衔接程度来看,可分为两种衔接制度:一种是一体化衔接制度,例如英国的国家职业资格(National Vocational Qualification,NVQ)体系,完全是建立在职业标准的基础之上,经过多年的发展实现了专业设置与职业资格证书设置完全一致,课程内容、学习方案及学习资料均与职业资格证书的模块要求完全一致,实现了职业标准与专业教学标准的一体化衔接。[③] 另一种是松散性衔接制度,例如荷兰为237种职业制定了职业标准,职业标准描述了岗位核心的功能性任务和技术性任务以及核心的行为表现,并从知识、技能和态度三个方面描述了对应的职业能力;而教学标准以学习结果的方式呈现,涵盖了职业标准中职业能力的内容,以及中等、高等教育阶段对学习能力的要求,该教学标准体现了与职业标准一定程度上的衔接,是课程开发的基础性文件。总之,为建立能及时反映劳动力市场需求的职业教育体系,各发达国家都致力于职业标准与专业教学标准衔接制度的建立,虽然衔接程度各不相同,但这一举措意味着教育系列与劳动、人事系列的双向改革。[④]

课程内容与职业标准对接是现代学徒制建构的必要因素。受学科系统化惯性思维的影响,不少职业教育学校开设的专业课程内容并不符合职业标准,如早些年中职计算机应用专业曾开设的计算机原理、数据结构、编译原理、电子技术等课程,与职业标准相差很远。[⑤]

以电子商务专业教学标准构建为例,如何做到职业标准与专业教学标准对接呢?首先以电子商务专业标准、教学标准的构建为核心,考察电子商务在中小企业应用的基本

---

① 汤进.(2016).基于职业(行业)标准的课程与教学内容建设——以高职棉花加工与经营管理专业为例.辽宁高职学报,(09),46—48.
② 黄艳,袁维红,俞英娜.(2017).对接职业标准的"建筑结构"课程建设探究.岳阳职业技术学院学报,32(02),44—46.
③ 徐国庆.(2014).课程衔接体系:现代职业教育体系构建的基石.中国职业技术教育,2(21),187—191.
④ 汤霓,石伟平.(2016).我国职业资格证书课程体系构建的逻辑起点、核心要素与制度保障.中国高教研究,(08),102—106.
⑤ 何力.(2015).基于"五个对接"的现代学徒制模式构建.教育现代化,(09),42—44.

情况和企业对电子商务人才的需求状况,分析电子商务就业岗位群相应的主要工作任务以及对电子商务人员的知识、能力和素质要求,以此为基础,深入细致地讨论电子商务专业标准、教学标准、课程标准构建的目标、原则、内容和操作方法。①

5.1.2.2 基于职业标准的教学体系构建

以嵌入式技术相关专业为例。从职业教育的特点着手,按照嵌入式技术职业岗位群应掌握的知识和能力,打破原有的学科式课程体系,对课程进行优化和整合。通过行业人才需求分析、教学模块构建、项目教学设计与实施、职业教育教学能力培养、创新型教材开发等方面的系统研究,创建、实施和推广适应职业教育规律、突出职业能力培养的"高职嵌入式技术专业与职业标准衔接研究"的模式,有效解决职业教育课程教学与实际相脱节、重知识传授轻职业能力训练、教材以学科知识体系为导向等问题,彰显职业教育课程教学的特色,促进教学质量的提高。②

（1）以行业标准为导向,构建嵌入式技术教学内容体系,缩小行业标准与教学内容之间的差距

依照国家职业分类标准及对学生就业有帮助的相关职业资格证书的要求,调整教学内容和课程体系,把嵌入式技术工程师职业资格证书考试纳入教学计划之中,将嵌入式技术不断发展的行业标准考试大纲与专业教学大纲互相衔接,改进人才培养方案,强化学生技能训练,使学生在获得学历证书的同时,顺利获得相应的职业资格证书,增强毕业生的就业竞争能力。

（2）制订统一的课程标准计划,课程设置体现岗位群的职业标准并与时俱进

学校积极与企业合作开发课程标准,根据技术领域和职业岗位的任职要求,参照相关的职业资格标准并结合迅速发展的行业技术,适时改革课程体系和教学内容,建立突出职业能力培养的课程标准,体现嵌入式技术岗位群的职业标准。电子技术基础、单片机、C语言、ARM体系与结构、LINUX系统应用等课程是嵌入式技术与应用专业极其重要的课程,在制定教学大纲和教学内容时,一定要注意前后课程之间的衔接,保证知识的连贯性与时代性。

（3）加强与企业的合作,与就业市场接轨

积极与社会上有实力、经营管理好、技术设备全的企业以及行业内影响力较大的培训机构联系,并努力建立稳定的实习实训基地,逐步完善学生前期在校内完成基础性知识结构的搭建,后期在校外实习实训基地强化技能训练的模式。这样就实现了校内与校

---

① 周茂东,张福堂,杨军,谢金生.(2013).高职电子商务专业教学标准构建研究.武汉:华中师范大学出版社.
② 杨艳.(2014).构建与行业标准相衔接的高职嵌入式技术专业课程体系.软件,35(01),159—160.

外相互衔接、相互补充,让学生在毕业前更加了解和熟悉市场,提高学生的实际动手能力,使其更有针对性地选择自己的就业方向。

5.1.3 教学过程与岗位工作任务相结合

职业教育要求课程内容与职业标准对接,教学过程与生产过程衔接。那么,如何将教学过程与岗位工作任务相结合呢?要从教学总体设计和课堂教学过程设计入手,把课程教学过程与岗位的工作任务进行衔接。①

2012年9月教育部发布了职业教育的"五个对接",其中包括教学过程与生产过程对接。教学过程与生产过程对接,是指强化工学结合,加强实习实训环节,培养符合产业标准的人才。②

5.1.3.1 工学结合的教学过程

李继中(2016)基于"典型的岗位工作任务"对工学结合教学进行了有效性探索,初步形成了以项目导向、任务驱动为核心的教学模式。课程教学模式如图5-1所示。

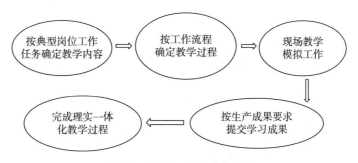

图5-1 课程教学模式的设计

采用工学结合、项目推动的方式主导教学过程,将理论学习与实践教学合二为一,实现理实一体化教学。理论教学体系分为:公共基础教学模块、专业基础教学模块、专业方向限选教学模块和任意选修教学模块。实践教学采用基本技能—专业技能—工作能力培养的"三层一体"模式由低到高来进行设计。

从模拟生产项目综合实习到专业领域顶岗实习,实现教学向工作岗位的转移。课程以项目的方式来设计,项目分解为典型任务,将典型任务工作流程分解为教学项目(情境),再将分解的教学项目(通过综合实习)还原工作流程,应用生产技术项目案例再现高仿真工作任务,到专业领域顶岗实习实现向工作岗位的转移,从而递进式地实现课程教

---

① 曹阳艳.(2015).教学设计与岗位工作任务相结合——《市政工程计量与计价》教学设计研究.吉林教育,(01),148—135.
② 中华人民共和国教育部《职业教育"五个对接"》.

学目标。该教学模式通过几轮的教学实践检验,对学生能力的培养效果明显。学生到工作岗位后,能很快胜任实际工作,按生产技术要求完成工作任务。

"教学方法"和"教学评价"相结合的质量监控体系设计如图5-2所示。建立督导评教、同行评教、学生评教和教师评学的教学质量监控体系,确保课程的质量。

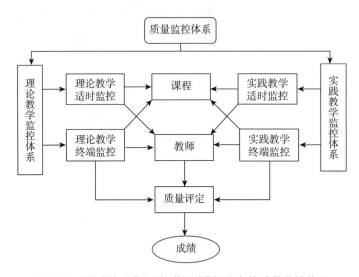

图 5-2 "教学方法"和"教学评价"相结合的质量监控体系

5.1.3.2 面向人人、面向终身、面向现代化

教育现代化本意是"转变成现代教育",包含着人类的光荣和梦想。[①] 我国面向2030年教育现代化的建设,将更加注重面向人人,更加注重以学习者为中心,更加注重知行合一,更加注重终身学习,更加注重开放融合,更加注重共建共享。职业教育现代化的建设也必将秉承上述理念,并突出区域特色,实现职业教育与经济社会协同发展。职业教育现代化建设的基本理念:在继承已有经验基础上,吸纳更多国际现代元素,秉承现代化教育理念,推进职业教育现代化建设[②]:

(1)注重以人为本

教育现代化的核心是人的现代化,促进人的全面发展与社会的可持续发展是职业教育的根本目的。在职业能力和职业精神培养过程中,突出社会主义核心价值观、公民科学素养与人文素养、创新精神、信息素养、交流与合作素养等的提升,为人的职业生涯发展服务。

---

① 杨桂青.(2016).构建充满现代精神的教育体系——访北京教育科学研究院副院长褚宏启教授.中国教育报,07-07.
② 中国职业技术教育学会课题组.(2016).从职教大国迈向职教强国——中国职业教育2030研究报告.职业技术教育,37(06),10—13.

(2) 注重可持续发展

作为与产业、经济和就业联系最为密切的教育类型,职业教育体系要以一种更广泛的方式支持和促进所有可持续发展目标的实现,从可持续发展的总体要求出发,将可持续发展的基本理念、实践原则和价值观等纳入职业教育的政策发展、教育治理、人才培养、学校运行的所有方面。

(3) 注重面向人人

职业教育作为重大的经济问题、民生问题和发展问题,关系到公平正义社会的建设,应该向全体社会成员提供职业教育培训的机会,使每一个学习者都能够得到公平的对待,掌握生存技能。

为了完善灵活多样的全民学习制度,首先应该打通继续教育、在职学习和正规学习的通道。当前,正规学习与非正式、非正规学习之间还存在一定的制度壁垒,亟待打破唯学历和一次性教育的障碍,建立灵活开放的终身学习制度,允许分阶段完成学业,实行工学交替和半工半读等多种学习制度。其次应该加快建设国家网络学习资源平台。以信息技术创新教与学的方式和环境,开发、整合数字化资源,服务全民学习、终身学习的学习型社会建设;开发制定相关技术标准,建设数字化教学资源发布、共享系统,建设面向中等职业学校学生和社会人员的学习支持服务系统,实现网上学习、在线辅导、考试评价、证书考核等功能。

(4) 注重终身学习

职业教育是以个人生存为核心的连续过程,不存在年龄界线,每个人各个发展阶段都应享有完美的生活,职业生活是其完美生活的基石。职业生活能够提供学习者终身学习与进步的机会,是职业教育走向现代化的标志。

职业教育应该与终身学习对接,遵循职业教育面向终身的办学方针,大力整合校内外资源,拓展和行业系统、企事业单位的联合办学,努力扩大职业教育办学规模。[①]

为了促进职业教育终身化,应该建立适应终身教育体系的职业教育入学制度。[②] 首先,探索健全"宽进严出"的入学制度。对于职业教育而言,"宽进"主要体现在生源面向全体社会成员、入学时间灵活、适当降低入学门槛等特征上。与之相适应,需建立健全开放注册、先前学习经历和学习成果评价等配套制度。"严出"则意味着把好出口质量关,尤其要建立起由职业学校和企业共同对非全日制学历教育进行质量评估的机制。其次,创新职业教育招生模式。招生模式改革的核心是自主权和选择权的落实,最终形成"学

[①] 许薇,管连,梁建花.(2018).校企合作育人模式下计算机应用型人才培养模式创新与实践.教育进展,8(04),399—406.

[②] 马成荣,等.(2014).我国现代职业教育学制改革的路径探析.中国职业技术教育,(31),40—44.

校自主招生,教育行政部门宏观调控,社会有效监督"的职业教育招生制度。同时,应加强对成人和继续教育市场的研究,主动适应不同社会阶层对职业教育的多样化需求,尤其要鼓励、支持职业学校主动承担起普通高等教育后的技能补偿教育,为普通本专科毕业生提供有效的技能供给。

(5) 注重产教融合

职业教育的职业性、社会性、产业性决定了其教育教学过程必须与行业企业相融合。在工学结合、校企合作过程中实现技能型人才的系统化培养,实现职业技能与职业精神的同步培养。

(6) 注重开放共享

教育是关系国家和全民利益的公益性事业,要坚持全社会多元参与。职业教育的属性是面向社会、面向人人,这种属性要求其体系必须开放;职业教育改革发展的行业、企业、学校共同参与特征,决定其机制必须开放;工学结合、校企合作的职业教育发展根本之路,决定其人才培养模式必须开放。

新时期党中央提出的创新、协调、绿色、开放、共享五大发展理念,是我国未来经济社会发展的总纲领,也必将统领未来教育事业、职业教育事业的发展:以创新发展理念统领职业教育体制机制改革以及治理体系及治理能力现代化建设,不断激发办学活力;以协调发展理念统领现代职业教育体系建设,不断优化布局结构,提高职业教育服务力和贡献力;以绿色发展理念统领职业教育生态建设,优化教堂内容,营造良好的育人环境和社会风尚;以开放发展理念统领职业教育合作交流,广泛拓展职业教育资源;以共享发展理念统领职业教育面向社会、面向人人办学,促进每个人的职业生涯,让每个人掌握生存技能,过有尊严的生活。①

5.1.4 教学评价与完成工作任务的能力相结合

对于人类任何一项有意识的行动,首先要确定目标,因为目标是影响行为方式和行动的手段工具。受我国传统教育思想的影响,加之职业教育脱胎于学科式教育,将职业教育的课程目标定位于传授知识的思潮仍然有市场,尤其在课程实践中大量存在。也有不少职业教育从业者认为,职业教育就是培养学生的岗位技能,学生毕业后会干活就行。因为"本位"就是"基于什么或以什么为标准"的意思,所以我们可以把职业教育的课程培养目标定位于知识、技能、人格完善的观点分别称为知识本位观、技能本位观、人格本位观。

---

① 中国职业技术教育学会课题组.(2016).从职教大国迈向职教强国——中国职业教育 2030 研究报告.职业技术教育,37(06),10—13.

5.1.4.1 教学评价标准

评价是系统化的价值判断活动。[①] 评价活动由来已久,例如 Scriven(1999)说道,擅长评价产品和人员的古代人,有较大的存活机会。[②]

国外对职业教育教学评价的研究是随着教育评价以及教学评价理论的发展而变化的,关于教师教学质量评价标准的研究,比较有代表性的是以下两种:

(1) 以学生学习结果为主要标准的教师效能评价

教师效能评价出现于 20 世纪 60 年代到 20 世纪 80 年代初,其核心内容是关注学生的学习结果。这种评价起源于教师责任制(teacher accountability),即要求教师对学生的学习结果负责,因而评价教师的教学效能主要是依据学生的学习结果。到了 20 世纪 80 年代中后期,还出现了关注教师专业化的教师评价。这种评价观认为,教师作为一种专门的职业,对教师的评价应该以他们自己提出的标准为依据。

(2) 以教师专业发展为主要标准的教师教学评价

在教师效能评价出现的同一时期,还兴起了关注教师专业发展的教师教学评价,例如"非控制观"强调教师教学评价应该关注教师在教学上的进步与提高。这种发展性的教师教学评价是一种以促进教师的专业发展为导向的形成性评价。例如,美国纽约州立大学成立的教学支持中心,会为教师分析教学评价信息,帮助教师检查自己在教学上的不足。美国的各个州都有自己的教学评价标准研究机构,在实施评价的过程中,都将教师职业作为一种专业,通过对教师教学表现的评价,帮助教师达到教学的预期标准,并以此提高其教学水平,使其获得教师的专业地位。美国国家专业教学标准委员会(National Board for Professional Teaching Standards,NBPTS)制定的教师教学评价标准可概括为以下五个方面:第一,教师应对学生的学习负责任;第二,教师应具备精深的专业知识,掌握有效的教学方法;第三,教师应承担组织管理学生学习的责任,并具备良好的组织管理能力;第四,教师应在教学实践过程中有意识地进行教育教学研究,应经常判断和分析教学实践中的问题;第五,教师应加强与同事的协作学习,充分利用学习资源,拓展学习视野。从上述研究可以看出,随着教师教学评价标准的变化,国外职业教育已由过去单一地收集教师的课堂教学信息来评价教师的教学水平,转向帮助教师在专业上获得成长转变。

---

① Shadish, W. (1998). Some evaluation questions. *Practical Assessment Research & Evaluation*, 6(August), N/A.
② Scriven, M. (1999). The nature of evaluation (part I): Relation to psychology. *Practical Assessment, Research & Evaluation*, 6(11), 1149−1156.

我国学者对构建职业教育教学评价标准的认识主要包括：首先，职业教育有着各自的培养对象和培养目标，也有多样化的教学质量标准；其次，职业教育教师课堂教学质量的评价主要应该从教学态度、教学内容、教学环节、教学效果这四个方面予以综合考虑[1]，评价指标内容的设计应能反映课堂教学行为的全部过程与教学行为的效果[2]；最后，教学评价标准应该与时俱进，可参考美国职业教育责任和技术评量系统，通过客观的统计分析，明确定义技能标准，缩小教学与职场技术的落差。[3]

5.1.4.2 完成工作任务的能力

关于完成工作任务的能力，首先要介绍一下工作分析与工作设计。工作分析与工作设计已发展成熟的方法有很多种，如功能性职务分析（functional job analysis，FJA）、职位分析系统（occupational information network O*NET）、职位分析问卷（position analysis questionnaire，PAQ）、工作分析系统（fleishman job analysis system，F_JAS）、能力模型（competency model），以及工作扫描（job scan）等。最常使用的功能性职务分析是由美国劳工部提出的实务导向的工作分析方法，它以职务为中心，着重于工作者、工作项目及工作能力的分析，包含生理（physical）、心智（mental）、人际（interpersonal）等工作过程中的各项活动，是进行分析再归纳设计教育训练课程的重要工具。工作设计以完成工作所需的知识、技能为分析内容，因此分析结果可作为工作简化、工作轮调、工作扩大化与工作丰富化等设计的参考，对提升工作动机及效能有很大的功效。

工作分析的步骤为：第一，确认组织需达成的工作目标；第二，确认工作任务（tasks），包含生理的、心智的、人际的，并拟定描述的格式；第三，针对各个任务设计量表；第四，订定各任务表现标准（performance standards）；第五，可归纳如图5-3所示的行业职业工作分析表；第六，依据获得的工作项目发展训练课程内容。工作分析的优点之一就是可以给予员工明确的职业生涯发展目标。[4]

工作能力分析或完成工作任务的能力分析是工作分析的重要环节之一，从中我们得出，完成某一项具体工作任务的能力即能够完成这项具体工作任务的生理、心智、人际等方面的具体的综合能力。

---

[1] 黄华，赵淑桐.(2009).高职课堂教学质量评价指标体系研究.三门峡职业技术学院学报，(02)，25—31.

[2] 李超.(2016).高职课堂教学质量评价研究——以Y职业学院为例.硕士学位论文，厦门大学.

[3] Wu, M.-H., Li, K.-Y., & Huang, W.-C. (2011). Competence for Taiwan students of technological and vocational education: The example of career and technical education in the U.S.A. *Bulletin of Educational Data: Technical and Vocational Education of Various Countries*, (51), 69-88.

[4] Cronshaw, S. F., Best, R., Zugec, L., Warner, M. A., Hysong, S. J., & Pugh, J. A. (2007). A five-component validation model for functional job analysis as used in job redesign. *Erogmtrika*, (04), 12-31.

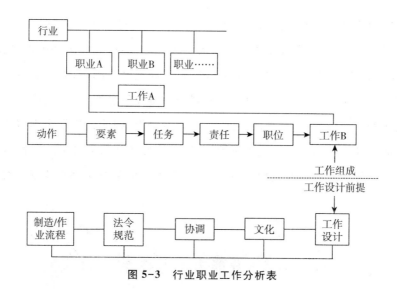

图 5-3 行业职业工作分析表

5.1.4.3 以完成工作任务的能力来评价教学效果

以完成工作任务的能力来评价教学效果,即能力本位教学效果评价的实施。能力本位的课程以培养、训练学生的能力为目标,其实施是以学生小组的形式进行的,需要小组成员之间的协作。也正由于能力本位课程的内容和教学组织均不同于学科式课程,其评价主体、评价标准、评价维度都应有所转变。[①]

(1) 评价内容从对知识的掌握向能力是否提高转变

传统的课程以知识的传授为主,评价的对象自然是知识的掌握程度,教师出试卷或者给出题库,题型有单选、多选、判断正误等,用于检验学生对知识的掌握程度。但能力本位课程由不同的学习任务组成,学生在完成任务的过程中锻炼岗位技能、表达能力,培养团队协作意识、做事的态度与敬业精神,领悟提高工作效果的技巧,这些在学习中应该提高的能力才是课程效果评价的对象,评价内容从对学生掌握多少知识转变为能力是否有所提高。

(2) 评价程序从总结性评价向过程性评价转变

传统的课程效果评价往往是在完成课程后进行期末考试,教师给出最终分数,作为总结性评价。但能力本位课程的实施不仅注重学生学习的最终结果,更重视学生学习活动的过程以及在这个过程中能力的提升。所以,相对于传统的评价时间而言,能力本位课程需要更多地在学习过程中进行动态性和阶段性的评价。

(3) 评价从教师作为单一主体向多主体转变

学科式课程基本上是教师单向对学生传授知识,评价主体是教师,教师为学生打分,

---

① 苏春林.(2017).能力本位课程的要素及实施途径.北京教育,(05),80—83.

学生把教师给的分数作为评价自己学习效果的标尺,甚至把分数当成"唯一"标准。在能力本位课程实施过程中,学生逐步成为学习的主体,学生不仅要与任课教师打交道,接受学习指导,还要和学习小组的其他同学协作学习、共同提高。同时,学生要与市场和客户打交道。课程实施从教师到学生的单一过程到全方位开放过程的变化,决定了课程评价的主体不仅包括任课教师,还包括同组同学、企业客户等,因此评价学生学习效果的主体变得多元。有效地实施能力本位课程对教师、教学管理者和教学辅助人员都有全新的要求,难度巨大,需要职业教育者的韧性坚持,也需要体制机制的配套改革以及教学条件的不断完善。

5.2 双能力培养体系

5.2.1 新职业主义理论

1917 年《史密斯-休斯法案》(Smith-Hughes Act)颁布,中等职业教育的"美国模式"得以形成,以综合中学为标志的"单轨"制确立。缘于 19 世纪以来美国中等职业教育困境背后多维冲突的积聚,终于引发查尔斯·普洛瑟(Charles Prosser)职业主义阵营与约翰·杜威(John Dewey)民主主义阵营之间一场历史性的争论,即"普杜之辩"(Dewey-Prosser debates)①,并最终决定了 20 世纪初美国职业教育运动的方向与未来图景。

在一定意义上,教育"二元论"终结于杜威的教育理论,在杜威看来,传统的自由教育与职业教育已不复存在,或者说皆是自由教育与职业教育。就教育变革的高度而言,普洛瑟似乎无法与杜威相比。②"普杜之辩"具有世界性的影响,普洛瑟的"工作导向"课程直接衍生出北美的能力本位教育课程。杜威思想则相继通过 E. 克拉巴柔(E. Claparoe)传入瑞士,通过 G. 拜梯尔(G. Bertier)传入法国,通过 J. 芬德利(J. Findlay)传至英国,且于对日、中访问时引发卓有成效的教育变革③,尤为 20 世纪后期欧美新职业主义(The New Vocationalism)运动奠定了理论基石。

传统的职业教育强调毕业后直接进入特定的职业工作,但新职业主义则强调职教课程必须同时提供就业技能以及基础知识的学习。这种就业技能与基础知识相结合的课程,可以开阔高中毕业生未来发展的机会,其可以继续进入两年制或四年制大学就读然

---

① Gary, K. C., & Herr, E. L.(1998). Workforce Education: The Basics. Boston: Allyn and Bacon.
② 路宝利.(2017).美国中等职业教育启鉴:"普杜之辩"研究.全球教育展望,46 (10),115—128.
③ 滕大春.(2001).美国教育史.北京:人民教育出版社.

后再工作,也可以先工作然后再进入大学就读,或一面就业一面接受继续教育。

Benson(1997)指出,许多新职业主义欲达成的目标,其一是协助所有学生获得数学、科学、语文的实用知识,即协助更多的学生达到学科精通的程度(academic proficiency);其二是协助更多的学生提升工作能力,以便学生可以很快地进入生产性、回报性以及自己感兴趣的生涯。[1]

许多学校都努力规划配合学生生涯兴趣的课程,以提升学科的标准和期盼。至于如何将学科与职业课程相结合,研究发现,在中等教育阶段至少有八种方式[2]：

- 更多的基础学科合并在职业教育的课程中。
- 规划基础学科课程使其更具职业的相关性。
- 基础学科教育与职业教育共同努力,将学科内容合并在职业学程中。
- 修正或协调学科与职业课程达成课程的整合性。
- 通过选修课程,要求学生完成统合学科与职业课程所学知识和技能的作业。
- 采用校中校(a school-within-a-school)的方式将与某项职业相关的学科与职业课程罗列在一起。
- 职业学校与联盟的普通高中共同提供课程给修习某项职业技能的学生学习。
- 提供通盘设计,包含一系列学科与职业课程的职业群集或职业主修的课程。

5.2.2 能力构成及其拓展

现代职业教育对学生能力的培养,既包括职业技能的培养,也包括适应职业变化的能力的培养。

从职业教育中"能力"的定义出发,我们可以看出,职业教育中的"能力"分为一般能力和职业能力两个层次。

5.2.2.1 一般能力(通用能力、通识能力、关键能力、核心能力)

一般能力是人们从事所有活动的基本能力,为学生将来广泛、全面适应社会生活所必备。联合国教科文组织总部在1999年发表的《教育——财富蕴藏其中》中曾有过权威论述:教育不仅仅是为了给经济提供人才,它不是把人作为经济工具,而是作为发展的目的加以对待。同时,一般能力也为学生适应职业生活所必备。近年来,为培养学生的职业适应力,世界各国高度关注在职业教育中发展一般能力,甚至将一般能力称为"关键能

---

[1] Benson, C. S. (1997). New vocationalism in the United States: Potential problems and outlook. *Economics of Education Review*, 16(03), 201–212.

[2] Gordon, H. R. D. (2008). *The History and Growth of Career and Technical Education in America* (3rd ed.). Prospect Heights, IL: Waveland.

力"(key competencies)或"核心能力"(corecompetencies)。各国对这种一般能力或关键能力、核心能力所包含的具体内容表述略有不同。

自20世纪70年代起,德国在职业教育技能培养的同时,特别注重方法能力和社会能力(合称为"关键能力")的培养。德国社会教育学家D.梅腾斯(D. Mertens)于1974年提出"关键能力"的概念,其定义为:关键能力是那些与一定的专业实际技能不直接相关的知识、能力和技能,它更是在各种不同场合和职责情况下做出判断选择的能力,胜任人生生涯中不可预见的各种变化的能力。一般地,关键能力可以理解为跨专业的知识技能和能力,具有普遍适用性,不易因科学技术进步而过时或被淘汰。梅腾斯从未来劳动领域需求的角度,强调培养人的能力,而能力的培养不能仅局限于一项专门的技术内容,而应适应多种职业,为劳动者能在现代化社会中生存而进行培训。人的能力的培养包括:

① 基本能力:是各种具体的特殊专业能力所具有的共同特性的、高于具体专业能力之上的能力;同时,它们又可以自上而下地向特殊专业能力迁移和转化,包括逻辑性、计划性和连贯性思维能力等。

② 水平能力:是获得和运用信息的能力。运用信息扩展知识水平和保证信息在不同知识领域之间的水平迁移。

③ 可迁移知识原理:是在不同职业或知识领域共同具有的能力,如测量技术、机器维护、劳动安全意识、环境保护意识、计划安排、合作精神等能力。

④ 传统的经久不衰的能力:是当职业发生变更或随着劳动者年龄的变化,劳动者过去所具备的这种能力依然起作用的能力,如社会和法律知识、经济常识、计算机知识、外语、自然科学、历史知识等。

梅腾斯关键能力概念的提出,使得德国职业教育界在培养劳动者职业能力要求上发生了很大的变化,关键能力培养成为当时德国教育界讨论的热点。职业行动能力是关键能力更高一级的能力概念,德国专家劳尔·恩斯特(Laur Ernst)认为,职业行动能力指的是解决典型的职业问题和应对典型的职业情境,并综合应用有关的知识技能和能力。为了能综合应用有关的知识技能和能力,需要通过职业教育获得跨专业的能力。以关键能力为核心的职业行动能力包括专业能力、方法能力、社会能力三个方面。

英国将一般能力称为"核心能力"。1979年,英国继续教育处制定了一份文件——《选择的基础》(A Basic for Choice),第一次对英国职业教育中的核心能力做出了明确、系统的规定。这份文件把核心能力概括为11项:读写能力、计算能力、制图能力、问题解决能力、研究能力、处理事务的能力、独立能力、动手能力、个性的和道德的素养、物理环境及技术环境。1983年,继续教育处又制定了《青年培训计划》(Youth Training Scheme),其中仅列举了五种核心能力:计算技能、通信技能、解决问题的能力、信息技术、灵活的动手能力。1992年,英国国家职业资格委员会在进行国家职业资格考核中,把核心能力分为两类:强制性的能力(通信技能、计算技能、信息技术)和选择性的能力(问题解决能力、个人能力、现代外语能力)。1999年,英国资格与课程署参照这种分层模式,再一次对核心能力进行了调整,形成了目前英国职业教育所规定的核心能力结构。目前,英国工业联盟、教育和科学部以及资格与课程署共同认可了六种核心技能:交流、数据运用、信息技术、与人合作、提高自我学习和增进绩效以及解决问题的能力。其中,前三种能力属于"主要的"或"硬的"核心能力,它们通常强制性地应用于国家职业资格证书课程中;后三种属于"更广泛的"或"软的"核心能力,它们几乎包含在所有的现代学徒制和国家培训计划中。

美国将一般能力称为"基本技能"。美国劳工部在其发表的《获取成功所必须具备的能力报告》中提出了一个人进入劳动市场所必备的五方面的基本技能:第一,分配时间、制定目标和突出重点目标,以及分配经费和准备预算的能力;第二,确定所需要的数据并设法获得数据以及处理和保存数据的能力;第三,作为小组成员参与活动以及与他人交流的能力;第四,了解社会、组织和技术系统是如何运行的,并懂得如何操纵它们;第五,选择技术以及在工作中应用技术的能力。

澳大利亚把一般能力称为"关键能力"。澳大利亚建立了国家资格框架,其"培训包"的关键能力标准包括收集、分析和组织信息的能力,交流信息的能力,计划和组织活动的能力,团队合作能力,应用数学的方法和技巧解决问题的能力,使用技术的能力。

培养关键能力,已经成为世界先进国家、地区的政府、行业组织和职业培训机构人力资源开发的热点,成为职业教育发展的趋势。

在我国,职业教育以适应社会需求为目标,以培养技术应用能力和综合素质为主线,在"以能力为中心"的培养模式下,特别注重素质教育。这种素质教育在德国职业教育界被称为"关键能力"培养。

1998年,我国劳动和社会保障部在《国家技能振兴战略》中把职业核心能力分为八项,称为"八项核心能力",包括与人交流、数据应用、信息处理、与人合作、解决问题、自我学习、革新创新、外语应用等。

从内涵和特点分,职业核心能力可分为方法能力和社会能力两大类:

(1)方法能力

方法能力是指主要基于个人的,一般有具体和明确的方式、手段的能力。它主要是指独立学习、获取新知识技能、处理信息的能力。方法能力是劳动者的基本发展能力,是在职业生涯中不断获取新的技能、知识、信息和掌握新方法的重要手段。职业方法能力包括自我学习、信息处理、数据应用等能力。

（2）社会能力

社会能力是指与他人交往、合作、共同生活和工作的能力。社会能力既是基本生存能力，又是基本发展能力，它是劳动者在职业活动中，特别是在一个开放的社会生活中必须具备的基本素质。职业社会能力包括与人交流、与人合作、解决问题、革新创新、外语应用等能力。

从各国对一般能力的具体表述来看，一般能力具有职业能力的相通性和可转换性，不针对具体的职业岗位，无论从事哪一种职业都必不可少。我们认为，职业教育不仅要培养"职业人"，还要培养"社会人"。因此，一般能力除包括各国一致强调的解决实际问题的能力、与他人交流和合作的能力、应用技术的能力、计算的能力外，还要包括道德品质。

5.2.2.2 职业能力（专业能力）

职业能力是个体从事职业活动应具备的知识、技能、态度的整合。职业能力所针对的"职业"有其特定含义，它直接对应的是与生产、技术、管理或服务密切相关的"职业"。职业学校有不同的专业设置，这些专业要培养的就是符合生产、技术、管理或服务所需的一线人员，因而职业能力在职业教育中可称为专业能力。针对学生的就业所需，职业能力由职业（专业）通用能力和岗位（专业）技能构成。

职业（专业）通用能力是为适应某一职业群或岗位群的工作需要而应具备的基本能力。这种职业群是根据广泛的产业基础或职业类型而划分出的职业组合，这种职业还可细分为具体的岗位，如采购供销这一职业还可细分为采购、仓储、押送、检验、推销、信息联络等岗位。职业教育所要培养的是符合生产、服务等第一线所需的技术、技能应用型人才，他们的工作岗位多在生产和服务的第一线。由于第一线岗位随科技的进步、产业结构的调整、生产和服务水平的提高而不断变化，因此职业学校应注重培养学生的专业通用能力。职业教育如果仅以"岗位需要"为视点，依旧停留在培养具有一技之长而过于僵死、不善变通的技工和其他劳动者的目标上，那么虽然可能培养了许多今天的就业者，但同时也造就了一大批未来的失业大军。

岗位（专业）技能是针对某一职业领域里某一具体岗位的应用能力，是一种见效较快的能力，学生具备这些能力就可以直接上岗工作。在当今的职业教育界中，尽管反对注重培养学生岗位（专业）技能的呼声较高，但使学生具备岗位（专业）技能是适应其生存所需。从企业界的反映来看，他们希望所招学生能很快适应岗位需要，"来之能战"。因此，在就业形势十分严峻的情况下，必须考虑学生的就业需要，在培养专业通用能力的基础上，有针对性地培养他们的岗位（专业）技能，使他们具有一技之长，从而使他们在就业竞争中能够获得作为自己主要生活来源的、能够满足其生存和温饱(进而发展)需要的职业岗位。因为生存是任何事物(人)得以发展的前提和基础,如果某一事物(人)连生存的可能性都没有,谈发展就有虚无缥缈之嫌。

5.2.3 能力培养系统化

5.2.3.1 核心能力和职业能力的系统化培养

核心能力的培养是人一生的课程,每个人都有先天的基础,不同的人有不同的潜质。事实上,从小时候开始,每个人都在学习、培养自己的核心能力,学校、家庭、社会都是每个人学习的场所,但不同的生活、学习经历以及不同的学习方式和历练过程,使不同的人对核心能力的认识以及所获得的职业核心能力存在较大的差别。职业核心能力培养的目的在于着力提升学习者已经有一定基础的核心能力水平,使学习者系统了解发展自己职业核心能力的方法,全面提高适应职业工作场所需要的综合能力。

职业核心能力培养的教学宗旨是:以职业活动为导向,以职业能力为本位。其教学目标不在于掌握核心能力的知识和理论系统,而在于培养能力。

(1) 职业核心能力的课程设置与培训

实施职业核心能力的培养,可以采取渗透性的教学方式,即在各专业课程的教学过程中,重视学生职业核心能力的培养,把职业核心能力的培养渗透在专业课程的教学过程之中;同时,在第二课堂即学生的社团活动和社会实践活动中,强化职业核心能力的培养,把它们作为隐性的课程,以实现职业核心能力的养成教育。

实施职业核心能力的培养,也可以采取专题性的培训,即开设职业核心能力课程,通过必修或选修课程,集中培训,系统点拨和启发;还可以利用几个周末的时间,或者在学生就业前集中一段时间进行专题强化培训,帮助学生全面、系统地提高自己的职业核心能力,以增强就业的适应性和竞争力。

职业核心能力系列教材是为满足职业院校实施核心能力集中培训的需要而编写的。在组织教学时,根据教学课时的实际,可以分模块开课,让学生按需选修。也可以组合模块培训,即在一年级培训职业核心能力中的"方法能力",包括自我学习、信息处理、数字应用能力等三个模块;二年级培训职业核心能力中的"社会能力",包括与人交流、与人合作、解决问题能力等三个模块,以达到全面学习和系统提高的目的。

(2) 职业核心能力培养的教材与教学

① 教学的基本方法。核心能力培养除必要的程序性知识传授之外,大量需要的是通过实际活动进行行为方式的训练,因此核心能力培养主要应遵循行动导向教学法的理念

和方法。

行动导向教学法是以就业导向下能力本位的教育目标为方向,以职业活动的要求为教学内容,依靠任务驱动和行为表现来引导基本能力训练的一种教学方法,从而指导学生在专业学习和技术训练的过程中全面提高综合能力,即核心能力。

② 教材的基本组成。为了使学习者获得某项核心能力,一种有效的方式是设计训练手册和学习材料,合成为"培训包",主要包含能力训练、知识学习、案例学习、能力发展工具手册及测评。

③ 教学的基本程序。能力的训练需要有科学的方法,要通过有效的程序达到真实有效的效果。根据行动导向教学法的理念,参考国内外先进的职业教育和企业培训模式,可以按照"目标—任务—准备—行动—评估五步训练法"——OTPAE 科学训练程序,在每个能力点的训练中,均按照五步训练法组织教学和训练。

5.2.3.2 系统化培养水平的提升

职业教育对学生能力的培养是一个系统化工程,为了提升系统化培养水平,需要从以下几个方面着手①:

(1) 推进职业教育人才培养衔接

要在坚持职业教育各自办学定位的基础上,形成适应发展需求、产教深度融合、职业教育优势互补、衔接贯通的培养体系;要适应行业产业特征和人才需求,研究行业企业技术等级、产业价值链特点和技术技能人才培养规律,科学确定适合衔接培养的专业,重点设置要求年龄小、培养周期长、复合性教学内容多的专业;要研究确定开展衔接培养的学校资质和学生入学要求。当前开展衔接培养的学校以国家级、省级示范(骨干、重点)院校为主。

(2) 完善专业课程衔接体系

统筹安排开展职业教育衔接专业的公共基础课、专业课和顶岗实习,研究制定职业教育衔接专业教学标准,注重职业教育在培养规格、课程设置、工学比例、教学内容、教学方式方法、教学资源配置上的衔接,合理确定各阶段课程内容的难度、深度、广度和能力要求,推进课程的综合化、模块化和项目化,鼓励开发职业教育衔接教材和教学资源。

(3) 拓宽技术技能人才终身学习通道

建立学分累积与转换制度,推进学习成果互认,促进工作实践、在职培训和学历教育互通互转。支持职业院校毕业生在职接受继续教育,根据职业发展需要,自主选择课程,自主安排学习进度。职业院校要根据学生以往学习情况、职业资格等级以及工作经历和

---

① 参见《教育部关于深化职业教育教学改革全面提高人才培养质量的若干意见》(教职成〔2015〕6号)。

业绩,完善人才培养方案,实施"学分制、菜单式、模块化、开放型"教学。

5.3　以学生为中心组织与管理教学

5.3.1　以学生为中心

当代西方先进国家在教学设计上的主流思潮为以学生为中心。早在20世纪初,欧美先进国家的教育观或教学设计概念开始由传统的"以教师为中心"的旧式形态转变为"以学生为中心"的新式思维。1907年,意大利教育家玛利娅·蒙特梭利(Maria Montessori)在罗马贫民区建立了"儿童之家",对3—6岁的儿童施以教育。她运用自己独创的方法展开教学,结果产生了惊人的成效:那些普通、贫寒的儿童,几年后个个被培养成聪明、自信、有教养、生机蓬勃的少年英才。

蒙特梭利这种具有巨大教育魅力的教学方法轰动了整个欧洲,之后100多个国家开始引进蒙特梭利的教学方法,到了1913—1915年,蒙特梭利学校已遍布世界各大洲,引起了一场幼儿教育的革命。蒙特梭利非常重视儿童的早期智力开发,反对以教师为中心的填鸭式教育,特别强调儿童的自我教育,她认为:在教室中,学生是学习活动的主体,并主张从日常生活的训练入手,配合良好的学习环境、丰富的教具,让儿童自发地主动学习、独立思考、自我教育和成长,教师和家长在学习过程中只是儿童学习活动的观察者及指导员而已。之后,到了1920—1950年,这把以学生为中心的教育火炬传递到了美国,引发了一场"进步教育运动"。以学生为中心的教学模式,其特色有三:学生是教室学习活动的主角,注重每一个学生的个别化学习需求,把学习的主动权还给学生。

Kember(1997)回顾了13个西方社会大学的教学方式,把教学方式分成两种取向[①]:第一,教师中心/内容取向(teacher-centered/content-oriented);第二,学生中心/学习取向(student-centered/learning-oriented)。教师中心取向是指灌输信息及传递结构性知识;学生中心取向是指协助学生理解、建构知识及发展心智。之后,Kember and Kwan(1999)通过对香港大学教授进行访谈,也发现了相似的研究结果。[②]

研究显示,教师中心取向的讲授式教学法,虽然有学生可能成为被动的学习者的缺

[①] Kember, D. (1997). A reconceptualisation of the research into university academics' conception of teaching. *Learning and Instruction*, 7(03), 255—275.

[②] Kember, D., & Kwan, K. P. (1999). Lectures' approaches to teaching and their relationship to conceptions of good teaching. In N. Hativa, & P. Goodyear (Eds.), *Teacher Thinking, Beliefs and Knowledge in Higher Education*. Dordrecht, the Netherlands: Kluwer Academic Publishers.

点而遭到许多批评,但因有教师能够系统地传递知识的优点①仍广为大学所采用。文献显示,有超过 90%的大学教室中采用这种教学法②,即使是美国常春藤的研究型大学也是如此③。

根据图 5-4 所示的学习金字塔可以看出,通过讲述,课后学生记忆保留率是 5%;通过阅读,课后学生记忆保留率是 10%;通过视听,课后学生记忆保留率是 20%;通过示范,课后学生记忆保留率是 30%;通过讨论,课后学生记忆保留率是 50%;通过干中学,课后学生记忆保留率是 75%;通过教别人,课后学生记忆保留率是 90%。从学习金字塔似乎可以看出以下趋势:越采取教师中心取向的教学方法,学生课后记忆保留率越小;越采取学生中心取向的教学方法,学生课后记忆保留率越大。

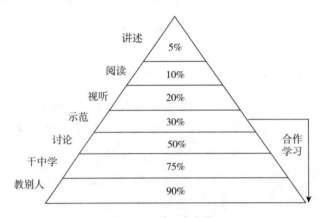

图 5-4 学习金字塔

上述学习金字塔的概念,也就是教师采取讲述教学,学生左耳听、右耳出,很容易忘记教学的内容;教师采取视听或示范教学,学生看到图片、影像或实体示范,课后印象深刻,较会记得教学的内容;教师采取讨论或干中学教学,学生因亲身经历与体验,才能做有意义的学习,真正了解学习的内涵。这种概念与我国《荀子·儒效篇》所言"不闻不若闻之,闻之不若见之,见之不若知之,知之不若行之,学至于行而止矣",实有异曲同工之妙。

1998 年,联合国教科文组织在巴黎召开的"世界高等教育大会"上正式指出:"在当今日新月异的世界,高校教育显然需要'以学生为中心'的新视角和新模式。"2012 年 7

---

① Hativa, N. (2000). *Teaching for Effective Learning in Higher Education*. Dordrecht, the Netherlands: Kluwer Academic Publishers.
② Thielens, W., Jr. (1987). The disciplines and undergraduate lecturing. Paper presented at the annual meeting of the American Educational Research Association, Washington: D.C.
③ Hativa, N. (1997). Teaching in a research university: Professors' conceptions, practices, and disciplinary differences (An unpublished report). Tel Aviv: Tel Aviv University.

月,在华中科技大学"院校研究——以学生为中心的本科教育变革"国际学术研讨会上,国内外 400 余名学者对以学生为中心的本科教育变革将成为世界高等教育发展的必然趋势予以高度肯定。①

当前,西方发达国家都非常重视以学生为中心教学模式的研究和实践②,并将以学生为中心的理念贯彻到教师队伍的培训项目中。具有代表性的培训包括 ISW 和 CDI 项目。③ ISW(instructional skills workshop)即授课技能培训,主要帮助受训者从学生的角度组织教学内容,提高教学效果,并以微课(mini-class)的方式展现授课技巧,微课包括课前准备(5—10 分钟)、正课(10 分钟)、学生书面反馈(5—7 分钟)和学生口头反馈(13—15 分钟)四个环节(见图 5-5)。在正课讲座中,要求受训者实践一个包含六个阶段的 BOP-PPS(bridge-in、objective/outcome、pre-assessment、participatony learning、post-assessment、summary)教学模型。④ 每个环节所设置的目标集中体现了以学生为中心的教学理念,并且给出了可操作性很强的实施方法。这个培训项目解决的是"如何上好一堂课"的问题。

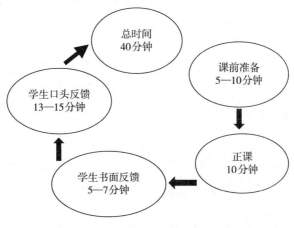

图 5-5 微课过程和环节

CDI(curriculum design institute)即课程设计培训。培训内容是课程设计的方法和技巧,包括课程的知识体系、教学目标、教学活动以及评价方法四个方面,均围绕以学生为中心来开展(见图 5-6)。每个学生都需按照课程要求设计自己课程的教学目标、教学活

---

① 刘毅,王邦勇.(2012)."以学生为中心"的人才培养模式的更新与超越.教育探索,(06),14—15;陈明.(2012).本科教育教学:从"教"到"学"的转型——"'以学生为中心'的本科教育变革"国际学术研讨会综述.嘉应学院学报(哲学社会科学版),(12),83—87.

② Mcalpine, L. (2004). Designing learning as well as teaching: A Research-based model for instruction that emphasizes learner practice. Active Learning in Higher Education, 5(02), 119-134.

③ 任江春,赵文涛,王勇军,徐明,付绍静.(2016).以学生为中心的教学模式研究与实践——记信息安全导论小班教学改革.计算机教育,(09),106—110.

④ Sanches-Nielsen, E. (2013). Producing multimedia pills to stimulate student learning and engagement. ITiCS'13 Proceedings of the 18th ACM conference on Innovation and technology in computer science education, New York.

动和评价方法等要素①,并就自己设计课程的各个部分做陈述报告。大家充分讨论,汲取好的经验,并认识自身在课程设计上的不足。这个培训项目解决的是"如何设计好一门课"的问题。

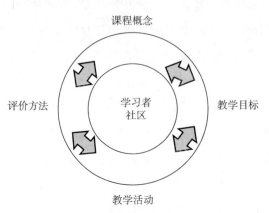

图 5-6　CDI 课程设计流程关键要素

那么,什么是学生中心教学法?学生中心教学法是相对于教师中心教学法而言的,是由学生自我学习活动主导教学,而非由教师主导教学。该派学者认为,学习的成功依赖于学生积极地介入学习,也就是充分地与学习环境中的刺激物互动,教师应设法让学生在配合其能力的进度下发现原理原则。

5.3.2　以学生为中心组织和管理教学

5.3.2.1　以学生为中心的学校特征

以学生为中心的学校,即学校是一个学习型的组织。我们要启动以学生为中心时,相关的人与组织也要成为一个动态、持续不断地对话和沟通的学习系统,这样才能持续牵引学生的学习。学校教育的功能即通过教育者内外的协作,引导学生朝更好的方向前进;学校只有有意识地对学校教育的文化规范和文化假定进行批判反省与分析,转化式变革才有可能发生。② 以学生为中心的学校应具备以下几项特点③:

(1) 建立学校教育目标与愿景

学校的成功与否,其原因深存于学校目标中。学校目标的制定应包含学生的个人目

---

① Duarte, M. (2014). Formative assessment in b-learning: Effectively monitoring students learning. TEEM'14 Proceedings of the Second International Conference on Technological Ecosystems for Enhancing Multiculturality, New York.
② Stoll, L., & Fink, D. (1996). *Changing Our Schols: Linking School Effectiveness and School Improvement*. Buckingham: Open Unrversity Press.
③ 黄惠敏.(2018).以学生习为中心之校教育与课程探究.台湾教育评论月刊,7(01),178—181.

标与学校教育目标,并能让组织内的每一个成员都理解并认同;教师与学生的目标一致,不同岗位的人才会为共同的目标努力,营造适合学生学习及成长的环境与氛围。

学校教育目标与愿景并不只是形式上的,其制定与落实需要学校领导者通过各个经营面向的联结与传输以及和成员之间不断的交流与沟通,才能引导学校每一位教育工作者的价值观与意念,实化在教育的现场中,为学生规划有意义且有价值的学习,且奠定其全人发展的基础。

（2）塑造良善品性互动与积极合作的学校文化

Stoll and Fink(1996)指出,每个人都有其特殊价值,个人的差异性与多样性是学校的正向资产,也是彼此间更丰富的资源。[①] 学校既是一个不断实践目标、行动思考的学习共同体,其成员也应互相包容、尊重,鼓励更多的创新与尝试,并能彼此协同合作与分享。学校在塑造良善品性互动的氛围时,无形中也引导学生朝自发向上、和谐合作的人文素养迈进。

（3）整合并应用学校内外部资源

学校要可持续发展,持续推动以学生为中心的课程变革,需要充分掌握并妥善分配、灵活运用资源,并积极争取外部资源的利用,应用于学生各方面学习的需求,拓展其学习的机会,给学生带来更多元成长的契机。

（4）学校行政体系和社区的协作与支持

学校的行政体系要成为教师社群的后盾与支持者,彼此信赖并互相合作,共同实践学校教育目标与愿景,实现共同的教育蓝图。学校教育也需要社区的支持与合作,二者存在于共同的生活圈,无法彼此区隔分离,需要资源共享、互助无间;教育工作者要洞察先机,通过课程发展来跨越学校和社区的藩篱,形成紧密联结的协作网络,提高学生的学习水平。

5.3.2.2　以学生为中心组织和管理教学

以学生为中心组织和管理教学,需要把握几个原则:第一,应用系统化教学设计原理选择合宜的教材传输系统;第二,拟定多重的教学目标以配合学生不同的基础能力;第三,学习评量较依赖教师长期的观察和记录,而不过多依赖正式的纸笔测验;第四,允许学生充分参与对其学习目标、方式及评量等方面的决定;第五,尽量减少教师教学活动的安排,增加观察、个别指导、教学设计的时间。

一些特殊的教学模式已被证实为有效的学生中心教学法,诸如小组学习、个别化学

[①] Stoll, L., & Fink, D (1996). *Changing Our Schols: Linking School Effectiveness and School Improvement.* Buckingham: Open University Press.

习单元设计、实验、问题解决教学设计、读书报告或计划、编序教学等。这些教学法常需借助视听媒体以实现多元学习路径。此外,加强学生自我学习能力也有助于这种教学法的实施。

以学生为中心的课程设计观大概包括四个原则:第一,学生是主动的学习者;第二,学生是知识的建构者;第三,激发学生内在的动机;第四,教学回应学生的差异性及多样性。

教育的核心要回归到学生学习,这需要通过教育的重建,而不仅仅是个别教师的改变,学校也肩负着学生学习的重责大任。① 教育的重点在于学习本身,而非制造应付考试的机器;要启发学生自主探究的学习精神,朝向素养导向的教学革新,培养学生自主行动、参与社会以及沟通互动的核心素养;需要学校相关的系统、人员及组织也自成学习组织,形成网络并相互合作②,成为一个汇聚资源且良性循环的体系,推动课程改革。

学校是实践教育的重要场域,要培育学生成为一个拥有美好人文素养与未来能力的公民,课程与教学是学校必须关注的策略与工具,学校需尽力协助学生进行有意义且有效的学习。以学生为中心的课程教学有以下特征:

(1) 自发互动的学习体系与网络

课程的发展与实施需要回归以学生为学习的主体,强化以学生为中心的学习,教师团队也需要不断地、自发性地进行专业学习与对话,聚焦于学生核心素养的课程研发,成为统整跨领域知识的引导者,营造适合的学习情境。

为了帮助每个学生学习,教师也要主动地成为自我增能的学习者,推动课堂的革新创造;在学校中打破各教室与各学科之间的高墙,以成为教育专家为目标,在课堂中相互分享讨论、学习成长。当教师借由同行的回馈与建议,关注到每个学生独特的价值及其学习的个别进程时,才得以为封闭、传统的教育现场带来活络的氛围,进而逐渐更新学校教学文化,真正实现以学生为中心的课程变革。

(2) 重视问题解决与实作学习的历程

以学生为中心的学习是情境化、脉络化的学习,从学生生活的真实情境中发现并思考问题,整合知识、技能与态度,通过各种方式来解决问题。同时,教师若以积极领导、创意多元的教学风格来引领学生学习,更能培养学生正向的学习态度,展现多元的实践力。

---

① Nieto, S. (2005). *Why We Teach*. Chicago: Teacher College Press.
② Halinen, I., & Holappa, A.(2013).Curricular balance based on dialogue, cooperation and trust: The case of Finland. In W. Kuiper, & J. Berkvens (Eds.), *Balancing Curriculum Regulation and Freedom across Europe*. CIDREE Yearbook, Enschede, the Netherland: SLO.

(3) 制定学校特色课程，提供学生适性发展机会

以学校愿景、内外部资源及学生需求为出发点，拟定学校特色课程，提供跨领域、多元的学习机会，跨越学科与学习空间的限制，扩大学生学习的视野。学生的学习由所在地的体验出发，从生活情境中培养认同所在地的人文素养与情怀，建立正向的学习态度，并能应用所学知识与技能在自己生活环境周遭发展自主行动、社会参与的实践力。

(4) 结合学生主体学习的评量方式

课程教学的设计与评量是密不可分的，通过多元的评量方式，例如通过讨论、展演、观察、互评等方式，以动态或静态的学习成果呈现，帮助教师了解学生学习的历程，以此发展教学改进策略。教师需具备评量规划与实施的系统观点，并依据标准本位评量基准，引导学生的素养学习与形成。

5.4　信息化下的现代职业教育体系创新

5.4.1　范式教育的变革

5.4.1.1　信息化下的教育范式

人类正从 IT(information technology，信息技术)时代走向 DT(data technology，数据技术)时代，大数据作为改变世界的新型科技力量，正在迅速融入各行各业。随着国家教育信息化战略的持续推进，各级、各类学校的信息化环境得到快速完善，一场由经验模仿教学、计算辅助教学转向数据驱动教学的范式变革正在发生。

教学范式是对教学这一复杂活动的概括性解释，是某个时期或阶段教学综合特征的体现，它既包含教学理论与研究方法，又包含教学模式、学习策略及教学评价方式等。人类社会自诞生以来历经了农业时代、工业时代、信息时代、大数据时代，而教育范式作为社会的子系统也历经了多次重大变革。总的来说，从农业时代开始，教学范式历经了经验模仿教学范式、计算辅助教学范式及数据驱动教学范式三个阶段。随着时代的变革与范式转型，教育的科学性和技术的智能性也逐渐增强[1]，如图 5-7 所示。

---

[1] 杨现民，田雪松.(2018).中国基础教育大数据 2016—2017：走向数据驱动的精准教学.北京：科学出版社.

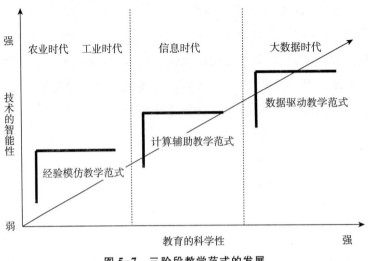

图 5-7 三阶段教学范式的发展

（1）经验模仿教学范式

经验模仿教学范式是教学史上最古老的教学范式，它起源于希腊教学理念中的"模仿—再现"思想，盛行于农业和工业时代，其核心是将教学视为知识与经验的传递，该阶段的教学着重强调经验的模仿和知识的授受。

在经验模仿教学范式下，教学者在整体的教学结构中占据绝对的主导地位，学习者大多扮演被动接受者的角色，教学内容以书本知识、已有经验和技能为主，教学媒介限于纸笔、书本、黑板、粉笔等传统教学工具。

农业时代，经验模仿教学被视为知识传承的重要方式，人们学习经验累积下的现有知识成果，长者或经验丰富的人扮演着"教学者"的角色，将经验与知识传授予他人，学习者通过观察和耳濡目染来获取知识。

随着工业时代的到来，为了满足社会生产的现实需求，经验模仿教学开始在学校教育环境下快速普及。学校培养的人才能够批量化、规模化地投入社会的生产劳动中，推动了该时期经济社会的发展，提高了社会生产力。但同时，这种经验性的、客观存在的知识被过度崇拜，深刻影响了人类的知识观和教育观。经验模仿教学偏爱行为主义学习理论，在该理论的影响下，教学往往过于注重学习者外显行为的习得而忽视了学习者完美人格养成所必需的实践活动和心理活动，培养的人才缺少基本的探索和创新能力，知"鱼"而不懂如何"渔"。

经验模仿教学范式是传统教学中的重要范式，也是教学范式发展的必经阶段。尽管该范式存在明显的弊端，为教育事业的创新发展带来了诸多问题，但其对人类社会的贡献不容忽视。在东亚国家和地区现代化进程中，以经验模仿教学范式为轴心的学校教育在实现高速现代化的过程中起到了关键性的作用。在当前的信息时代，经验模仿教学范式依然存在,但其主导地位正在被计算辅助教学范式和数据驱动教学范式逐步取代。

(2)计算辅助教学范式

20世纪40年代末50年代初,以信息技术为首的第三次技术革命席卷全球,人类开始以惊人的速度走出工业文明,步入信息时代。多媒体、计算机及网络技术的出现改变了人类的认知及生活方式,教育也开始了技术支持下的变革探索之路。

随着信息技术的发展与人们教育观念的转变,计算辅助教学范式逐渐形成并流行起来。该范式出现的初衷是希望借助技术的力量去解决经验模仿教学中存在的内容来源单一、呈现方式单调、学习者兴趣不足等弊端,进而提高教育教学生产力和生产效益。技术的介入是计算辅助教学范式最大的特征,互联网等各种新兴技术与媒体的应用,使得知识的产生和传输速度持续飙升。教学内容开始超越传统的书本教材,延伸至广阔的互联网。教学内容的形态也逐步多样化,音视频、图片、动画等资源开始在教学中广泛应用。教学媒体也变得丰富起来,由传统的教学"老三样"(黑板、粉笔、课本)演变为"新四样"(电脑、网络、白板、多媒体课件)。

计算辅助教学是一场由技术引发的教学范式变革。在这一范式下,尽管以教师与知识为中心的课堂教学模式以及学习者在整个教学过程中被动接受知识的地位未得到显著性改变,但相比经验模仿教学范式,学习者开始体验和参与知识发现与探究的过程。在技术的支持下,该阶段的教学模式开始从讲授式教学转向探究式教学和项目式教学,其中代表性教学模式主要包括WebQuest教学、适时教学(Just-in-Time Teaching, JiTT)、研究性学习、项目式学习、基于问题的学习、基于资源的学习等。

客观来说,这些模式虽然在实践中并未对学校的教育教学产生变革性的影响,但在培养学习者知识探究能力与问题解决能力、推动基础教育创新发展方面确实发挥了积极作用。

(3)数据驱动教学范式

随着数据密集型科学的快速发展,数据成为驱动社会创新发展、综合竞争的重要指标,也成为教育研究和利用的主要对象。与此同时,以大数据、云计算、泛在网络、虚拟现实、人工智能等为代表的新技术开始在教育教学领域"崭露头角"。学习空间超越了封闭的物理空间,走向虚实融合的无边界学习场域;学习过程从课堂、家庭、图书馆等断点式的学习活动,走向家校贯通、双线(线上、线下)融合的学习连续体。与此同时,越来越多、越来越细的教与学的行为印迹被网络教学平台、移动APP(手机软件)、可穿戴设备等"真实"地记录下来。

教学过程与结果数据的持续采集,逐步形成教学大数据,通过教学大数据的深度挖掘和多元分析,能够将数据背后反映的教学意义与价值清晰地呈现出来,进而辅助教师更精准地"教"、指导学生更精益地"学"。随着数据流在教学各个环节的生成与运行,一条具有正向反馈机制的教学链条开始形成,数据驱动教学范式开始出现。

在数据驱动教学范式下(见图5-8),借助教育数据挖掘与学习分析技术,可以将课堂环境与网络环境中生成的教学数据"翻译"成有价值的信息,如学困生的识别、知识缺陷的发现、学科能力的诊断、教学目标的达成度等,进而为教学者的教学决策(调整教学方案、打造精准教学、实现全面评估、施行科学决策等)与学习者的学习决策(制订学习计划、定制学习资源、选择学习路径等)提供更准确、及时、全面的支持,推进数据驱动的精准教学和精准学习。

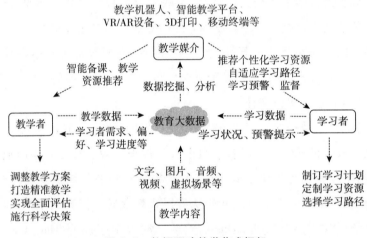

图5-8 数据驱动教学范式框架

数据驱动教学有望超越计算辅助教学,逐步成为大数据时代主流的教学范式。① 近年来,随着大数据技术在教育领域应用探索的快速推进,数据驱动教学开始呈现四大特征:科学化、精准化、智能化和个性化。

5.4.1.2 教学支持范式向学习支持范式的转换

所谓"范式"(paradigm),是一套被普遍接受的信念、理论或世界观。此术语是由科学哲学家托马斯·库恩(Thomas Kuhn)在《科学革命的结构》(*The Structure of Scientific Revolutions*)一书中提出的。② 由于一个成熟的范式将直接为实践者提供主题、工具、方法及前提,因而"范式"的概念一经提出,就被科学界人士广为关注,继而成为各门学科的一个重要研究范畴。

范式不是静态的,而是通过应用来不断完善与拓展的。用库恩的话来讲,范式是一

---

① 杨现民,田雪松.(2018).中国基础教育大数据 2016—2017:走向数据驱动的精准教学.北京:科学出版社.
② Kuhn, T. S.(1970). *The Structure of Scientific Revolutions* (2rd ed.). Enlarged, Chicago: The University of Chicago Press.

个在新的、迫切的环境下进一步清晰和细化的对象。从这个意义上来讲,在某个范式初步成型后,其后的研究者所做的工作往往是为这一范式添砖加瓦,使其更加完善与丰满。然而,随着时间的推移,某种新的范式将以竞争的姿态出现。通过新的实践的选择,新的范式可能会取代旧有的范式,而成为学科的公认范式,我们将这种情况称为范式转换。[①]

Barr and Tagg(1995)指出,20世纪初,高等教育正经历一场从"教"到"学"的范式转型,无论是欧洲博洛尼亚进程(Bologna Process),还是美国高等教育质量认证,学生学习都得到了前所未有的关注,挑战了我们对教学的传统看法。[②]

2013年欧盟高等教育现代化高层小组发布的《提高欧洲高等教育机构教学和学习的质量》指出,未来高等教育将以学生为中心,必须关注学生多样化的需求,确立清晰的目标和组织架构去驱动与支持新范式,应将信息技术和教学方法的整合视为向学习范式转型的重要元素。[③] 信息技术的发展,使人们的工作方式、学习方式、生活方式数字化,个人自主化;信息经济的发展,要求关注未来,对教育提出向未来学习的要求等。

信息化下,教育范式正由教学支持范式向学习支持范式转换。信息技术既是大学向学习支持范式转型的重要驱动力,也为转型提供了方法、手段以及文化上的支持。教学支持范式和学习支持范式在关键要素上有着完全不同的含义,如表5-1所示。向学习支持范式的转型是发达国家高等教育改革的共同趋势,与传统的教学支持范式强调"教材、教师、教室"不同,学习支持范式强调"以学生发展为中心、以学生学习为中心、以学习效果为中心"。学习支持范式把学生学习放在教学过程的核心,重在学生的能力培养,让学生对学习负责,学习效果是判断教学成效的主要依据。学习支持范式是当前世界高等教育领域一场前所未有的范式革命,它既是近百年来心理科学和教育科学发展的共同结果,也是高等教育应对迅猛发展的信息技术、提高高等教育质量的紧迫诉求。

表5-1 教学支持范式与学习支持范式的关键要素

关键要素	教学支持范式	学习支持范式
应用目的	支持良构知识的传递,提高教学效率,支持个性化学习(封闭的)与集体学习	支持非良构知识的建构,提高学习成效,促进学习共同体的合作交流,提供社会参与的渠道,支持个性化学习(开放的)与合作学习

[①] 闫寒冰,张屹.(2008).试论教育技术的范式转换.教育技术学报,2(03),9—12.
[②] Barr, R. B., & Tagg, J. (1995). From teaching to learning: A new paradigm for undergraduate education. *Change: The Magazine of Higher Learning*, 27(06), 12-26.
[③] Higher Level Group on the Modernization of Higher Education. (2013). *Report to the European Commission on Improving the Quality of Teaching and Learning in Europe's Higher Education Institutions*. Luxembourg: Publication Office of European Union.

（续表）

关键要素	教学支持范式	学习支持范式
应用形式	讲授、辅导、模拟、演示、操练与练习	有关研究、交流、生产、思维、建模的工具
学生行为	被动操练、观看、反省	自己动手操作、体验、应用、合作、交流、参与
教师行为	关注教学内容，设计开发课件，更正与反馈	关注学习过程，设计开发学习资源和学习环境，进行基于绩效的评估
技术评价	逼真性、方便性、适用性	智能性、可重用性、互操作性、规范性
架构组织	中央处理架构	分布式架构
社会影响	加剧了拥有设备与没有设备的人之间的不平等关系	加剧了拥有资源与没有资源的人之间的不平等关系

向学习支持范式的转型是发达国家职业教育改革的新趋势，也是我国职业教育改革的急迫诉求。近年来，麻省理工学院应用信息技术，积极推进大学课程模块化、教育模式灵活化、发展战略全球化的探索，努力打造以学生为中心的大学教育模式。① 我国的职业教育应积极借鉴，推进信息技术与教育教学的深度融合，促进院校向学习支持范式转型，全面提升我国的职业教育质量。

向学习支持范式转型是发达国家职业教育改革的共同趋势。在职业教育向学习支持范式转型的过程中，信息技术既是驱动力，也是重要的技术方法和手段。如何运用信息技术掀起一场以学生为中心的教育教学改革，推动职业教育高质量发展，是当代职业教育院校必须认真思考的命题。

这就要求我们的教育理念有根本性的转变，以学生为中心，实现从以"教"为中心向以"学"为中心转变……从"传授模式"向"学习模式"转变。② 同时，信息技术也能从方法、技术、文化等多个层面，为大学向学习支持范式转型提供支持。在方法层面上，大学通过教学方法和信息技术的整合，创造交互的学习方式和学习环境（如混合学习、在线学习、翻转课堂、"在线学习+真实互动+亲身实践"等），促进师生互动，让学习变得更加主动、有趣，增强学习者的学习动机，促进深度学习。在技术层面上，信息技术能打破传统学习空间和非正式学习空间的边界，让学习者不受时空局限，方便、快捷地接触到各类优质教育资源，让学习拥有前所未有的灵活度。在文化层面上，应用现代信息技术能更好地满足学习者的个性化学习需要，赋予学习者极大的学习自由和选择权，让学习者可以

---

① 刘海燕，常桐善.(2018).模块化、灵活化、全球化：基于信息技术的大学"学习范式"转型——基于麻省理工学院的案例探讨.开放教育研究，24(03)，19—26.
② 刘献君.(2012).论以学生为中心.高等教育研究，33(08)，1—6.

随时、随地灵活地规划学习进程,以适合自身的方式,实现最大限度的个性化成长与发展。

5.4.2 全球化、模块化、灵活化

信息化下,应运用现代信息技术全面推动学习范式转型,提升在校教育经历,拓展全球影响力,构建教育新模式。模块化、灵活化、全球化将成为新模式的关键要素。[①]

（1）基于学习成果,推进课程的模块化

随着开放教育运动的发展和普及,职业教育教学方面有如下迹象:推崇个性化定制/弹性学制。[②] 现在的数字化学习资源越来越丰富,学习环境对学习的支持也越来越友好,学生也喜欢数字化学习所带来的灵活性,愿意使用数字化学习资源来完成学业或取得学业成功。这都使得未来的高校培养方案有可能做到更加个性化。高等院校需要正视并适应这样的需求。2014 年麻省理工学院未来教育研究组对学校提出了 16 条建议,其中包括建议将更多的课程分为小的模块课程,探索模块化教学方法,建立模块课程库,跨院系共享,以组合形成更多的培养方案。[③] 拜技术所赐,也许未来学生可以像在媒体播放程序中建立音乐播放列表那样,组装这些课程模块,形成自己个性化的受教育路径和受教育时长。

模块化是重构未来大学课程的关键,是实现学习灵活性的重要举措,希望在线上课程和线下课程中大力推进模块化进程,促进线上、线下教育的交织、交融。

模块化课程的构建基础是学生的学习成果,一个课程模块就是一个基于一定学习成果的独立学习单元。模块化课程强调构建以能力为核心的教学,可以大小不同,从一门完整的课程到课程的一个章节、一次讲座等。模块既可以按顺序学习,也可以单独学习,模块之间可以灵活组合。模块化课程能极大地促进学习的灵活性、流动性和延展性。由于模块可以拆分、重组,学生可以根据兴趣,自由地选择学习内容,未来学生甚至可以通过模块灵活地定制学位课程。大学也可以通过模块化课程,推进跨课程、跨学科、跨学院甚至跨大学的课程组合,发展更多的辅修学位。模块化课程还能通过对学科课程知识点的有效重组,避免学科课程模式下教学内容之间的重复、重叠。模块化还有助于快速发展在线课程,通常开发一门完整的在线课程要花数月的时间,而开发一个课程模块只需几周,这极大地提高了课程开发的时效性。此外,课程模块化还有利于开展学习成果评

[①] 刘海燕,常桐善.(2018).模块化、灵活化、全球化:基于信息技术的大学"学习范式"转型——基于麻省理工学院的案例探讨.开放教育研究,24(03),19—26.
[②] 汪琼.(2017).信息化视角下全球高教发展趋势.中国教育报,05-20.
[③] Task Force on Future of MIT.(2014). Institute-wide task force on the future of MIT education final report.

价,促进学生对学习内容的全面掌握;缓解现有教师资源不足的问题,实现跨学院教师资源的共享;为学习能力强的学生提供更多教学实践机会等。

(2)以学生为中心,实现职业教育模式的灵活化

Barr and Tagg(1995)提出,高等教育范式正在从教学支持范式向学习支持范式转变,即从提供信息到设计学习体验,从思考输入到关注产出,从分散的活动设计到整体化的活动设计。他们认为这样的范式转换至少要有数十年才能完成。①

国内外调研的数据都在提醒我们:大学的课程需要重新设计,需要将学生提供的对学习有高影响的要素用于课程设计和课堂活动组织。比如,设计能够让学生有更多的时间和精力投入对所学知识进行加工整理及应用创造的活动,提供与教师和同学交流所学内容的机会,建立一种集体投入感;提供课程与其他课程或其他实践活动的关联,或者设计的作业超过课程本身,如关联生活经历、关联其他课程或大型实践社群,创造不同的经历体验,让学生更常得到反馈,建立一种互帮互助/被指导的社群归属感;进行反思和集成式学习,通过实际应用找到与所学的关系,帮助学生建立学习的成就感和对所创造东西的价值感;等等。

从教学支持范式转变到学习支持范式,这样的范式变迁对教师和学生都是很大的挑战。在这类课程实施过程中,技术会发挥重要的作用,比如投票表决器能够快速告诉教师有多少学生还没有学会,课程管理平台可以让课程资料管理和学生作业、成绩管理更为便捷,教学微视频可以让学生按自己掌握的情况反复观看,像学习档案袋这样按照学生而不是按照课程来组织学习成果可以促进学生将关注点从单门课程扩展到更广泛的受教育过程,从而认识到所修课程对其知识和能力的全面培养。

慕课(massive open online course,MOOC)运动给高等教育界带来的最大冲击是出现了一些新型高校,一些由资本市场提供支持的以网络教学为主的高校,如美国的密涅瓦大学(Minerva),这些新型高校如同"盗火者",将原先少数人才能享用的、稀缺的高等教育资源平民化、平价化,而支持这些新型高校的基础设施就是网络以及存储于网络中的数字化资源和学习管理系统。

这些非传统高等教育机构与传统高校之间的关系,从长远来看并不是对立的,而是互补的。一方面,它们所服务的学生人群有较大的差异;另一方面,它们适应了学生在人生不同阶段的发展需要。在国内,如雨后春笋般涌现的互联网教育企业中的一部分已经开始涉足成人教育,目前的民办高校信息化水平往往较弱,互联网教育企业如果涉足民办高校,则有望成就我国的名牌私立大学。

---

① Barr, R. B., & Tagg, J.(1995). From teaching to learning:A new paradigm for undergraduate education. Change: The Magazine of Higher Learning, 27(06),12-26.

总之,信息技术的发展改变了高等教育的诸多方面,高等教育的未来在向个性化、适应性方向转变,要求学校和社会提供多样化的选择,这不仅使受教育机会增加,受教育方式更为灵活,而且受教育路径可以定制,获得学位的时间可以变通。

(3) 构建学习生态系统,促进职业教育的全球化

由于在线教育让学习无时不在、无处不在,传统严格的校园物理和时间边界已经模糊,这就使大学必须将关注点从一所大学的建设转移到全球学习生态系统的构建,在新的学习生态系统中,所有的资源、关系和角色都必须重塑。[1]

数字技术提供了巨大的机遇:第一,利用在线技术进行教育功能拆分;第二,在全球建立卫星大学或者翻转大学;第三,寻找合作大学推进混合学习。与世界的深度互动,能够让学生拥有更多的国际经历,将学生与全球的科研和创新联系起来;为教师的教学和科研提供更深度的洞察,使其更好地理解和创新教学方法。与全球社区互动可以有多种形式,如推动全球讨论。院校通过设置挑战性的课程和问题,让学生和全球学习者开展项目合作,创造全球性的思考与实践社区,并使问题解决方案能适用于当地实际。例如,开发有关环境污染的系列课程,包括空气净化、城市规划、政治学、贫穷等主题,让全球学习者从多视角理解和探讨环境污染问题。

5.4.3 新型学习体系

5.4.3.1 面向人人、随时随地的职业教育

职业学校把服务对象固定在某一范围,这不但会弱化职业教育功能,而且是导致很多职业学校陷入生源危机、遭遇各类办学瓶颈的根本原因。[2] 这些限制都是职业学校强加给自己的,是一种"自我束缚"。职业教育应该是面向人人的教育,应该是随时随地的教育,即任何人只要有职业知识与技能需求都可以随时随地接受职业教育。如果再进一步,职业教育不仅应该顺应并满足各类人群的职业需求,更应该引导和激发各类人群的职业需求。

所谓"面向人人的职业教育",在横向上意味着社会各行各业的在职和非在职人员都是职业教育的服务对象,在纵向上则意味着从婴幼儿到老年人各个年龄层次的人员都是职业教育的服务对象。如此,职业教育才能称得上是面向人人的职业教育,才可能有军人、企业员工、公务员、农民等各类人群进入职业学校。当职业教育真正面向人人时,就不需再纠结于所谓的"职普比",才能真正跳出职业学校的"生源周期率"。

---

[1] Task Force on Future of MIT.(2014). Institute-wide task force on the future of MIT education final report.
[2] 崔志钰.(2018).职业教育——不设限 天地宽.中国教育报,09-11.

所谓"随时随地的职业教育",也就是职业学校应该跳出全日制、固定学制的办学束缚,以人民的职业知识、技能需求为中心,办满足人民适时需求的职业教育。既然职业教育是面向人人的,而每个人的职业需求又是各异的,时间上也不可能同步,那么就要求职业学校采取更为灵活多变的办学形式,有七天、半个月、一个月、三个月等各种短期培训,有日班、夜班、早班、晚班等各种组班形式,用丰富多样的职业培训"菜单"满足每个人的职业需求。

职业培训作为职业教育的重要功能,长期被职教人忽视,有的职教人甚至把学历教育称为"正规军"、把职业培训称为"游击队"。职业培训不是职业教育的"副业",职业教育不仅应为社会提供"可口"的职业培训"菜单",更应为企业、社会的职业培训提供"私人定制菜单"。学历教育与职业培训如同职业教育的"两翼",只有"比翼齐飞",职业教育才能获得持续、健康的发展。

当前,职业教育的发展面临难得的机遇和巨大的挑战。在机遇和挑战面前,职业学校切不可自我设限,应始终秉持大职业教育观,以人民的需求为中心,办面向人人、随时随地的职业教育,使职业教育真正成为构筑全民终身教育体系的支柱。

5.4.3.2 "学分银行"与终身学习

终身学习体系的指向,对传统的教育管理体系、制度和模式提出了新的挑战和要求。建立"学分银行"等不同类型学习成果的认证、评估与转换制度,是现代职业教育的重要战略任务。[①]

目前对学分银行大多限于理念层面,尚缺乏可操作的政策和实施办法,应积极构建学分银行的软件与硬件平台,解决各种学习的学分互认、兑换这一难题,尤其要探索将非学历继续教育学习成果、相关职业资格和技能转换为职业学校相关课程学分的制度。

终身学习理论的提出和发展以及在终身学习理论指导下的各种实践活动,使教育的价值不再仅是培育少量精英,而在于能够为广大社会成员包括各种不同潜能的人提供终身发展的、能最大限度地开发自身才能的学习机会和途径。终身学习体系是在对社会各种教育资源进行整合的基础上形成的有利于学习者终身学习的系统,能够适应广大社会成员对学习的多种选择和要求,方便其在一生中的任何时间、任何阶段进行学习。终身学习体系的指向,对传统的教育管理体系、制度和模式提出了新的挑战与要求,突出表现在以下三个方面:

(1) 如何将继续教育与学习者的初始学校教育相衔接

与传统的学校教育不同,继续教育不仅要适应不同类型学习者的要求,在学习的类

---

① 郝克明.(2012).终身学习与"学分银行"的教育管理模式.教育决策咨询,18(01),12—15.

别、内容、方式、时间等方面非常多样化,而且要关注他们中的部分人在回归学校教育时,继续学习的成果如何计入学校教育的学分等。

(2) 如何认证非学历、非正规教育的学习成果

在终身学习框架下,学习和教育可以通过多种途径与形式在不同的场合进行,既包括学历教育、正规教育,也包括非学历教育、非正规教育。特别是大部分继续教育和培训是通过非学历乃至非正规学习的方式进行的,这就需要建立与之相适应的教育管理体系和制度。

(3) 普通教育与职业教育如何沟通

传统的各级、各类学校教育特别是普通学校和职业学校之间缺乏相互沟通和衔接的机制,学生入学后往往被锁定在政府和学校预先设计的教育分类框架内,学生对学习的内容、形式、时间以及自己的发展方向很少甚至没有重新选择的机会。

综上所述,在终身学习背景下,迫切需要突破传统教育在教育体系、制度和培养模式上的局限,对通过各种学习途径取得的学习成果逐步建立认证、评估、累积和相互转换的管理制度。

学分银行就是在终身学习理念的推动下,在不同类型的教育间(包括不同形式的学历教育、非学历教育和无一定形式的教育与学习活动)以学分认证、累积和转换为主要内容的一种新型的学习制度和教育管理制度。所谓"学分银行",实质上就是一种模拟或者借鉴银行的某些功能特点,对不同类型的学习成果通过学分进行认证、累积、转换的一个形象化的表述。这种管理模式不仅使学生能够突破学习时段的限制,储存也就是累积所学成果的学分,而且能够突破传统的专业限制,将通过不同学习途径取得的学习成果与相关的学历教育结合起来,通过专家评估,实现学分在不同类型教育之间的相互转换。

较早提出学分银行的国家是韩国,创立之初的主要目的是向那些未能上大学的人提供高等教育服务。在终身学习理念的推动下,世界其他许多国家或国际组织都在积极探索和努力推行在不同类型教育间建立以学分认证、累积和转换为主要内容的新型学习管理制度。欧洲博洛尼亚进程旨在推进欧洲高等教育一体化,提高和保证高等教育质量,共同致力于建立欧洲高等教育区的目标。为此,欧洲委员会建立了欧洲学分转换与累积系统(european credit transfer system,ECTS),该系统承认以往在欧洲不同大学获得的学分,允许学生在任何时间、以不同背景入校,提高学位和学历认可,增强和促进学生、教师的流动。芬兰在高中阶段对进入普通高中和中等职业学校的学生提供相互转换的机会。挪威从1999年开始尝试通过笔试、面试、自我评价和工作实践评价相结合等方法,将非正式或称无一定形式的学习引入高级中等教育和高等教育,并给予一定的学分。英国为

了提高劳动者自身素质和技能水平,在全国的工程、建筑、制造业等 11 种技术性行业,建立了以工作能力为基础的职业资格证书制度。职业资格证书分为五级,达到职业资格证书四级在人才选拔使用上大体相当于大学工程技术学科的学士学位,五级大体相当于硕士学位,获得职业资格证书三级的青年,可以申请进入大学工程技术学科专业学习学士学位课程。南非 1990 年开始制定终身学习成果认证框架,1994 年建立了国家资格认证体制,2009 年颁布了新的全国终身学习认证方案,由高等教育认证委员会和一般教育认证委员会负责学分认证的组织管理和具体实施工作。日本政府设立了文部省认定技能审查制度,支持和认可民间组织对青少年或成人通过各种途径学到的知识和技能进行检查评估和鉴定,并颁发相应的等级证书,学校经过评估也承认该证书并转化为相应学分。

建设学分银行以及许多国家对不同类型学习成果建立认证、累积和转换的管理制度的探索和实践,是世界教育领域一种新的发展趋势,也是终身学习理念指导下在教育体系、制度和培养模式上的新的探索和发展,将在终身学习体系构建的进程中,越来越显示其强大的生命力和重要作用。

建立学分银行等不同类型学习成果的认证、累积和转换制度,是我国教育体制改革的重要战略任务。为了推进学分银行的建设或建立不同类型学习成果的认证、累积和转换制度,构建终身学习的"立交桥",这些年来我国不少地区在这方面进行了探索,但仍然处在起步和摸索阶段,迫切需要从理论与实践的结合上认真研究和总结我们所做工作的成效以及面临的问题。

5.4.3.3 新型学习体系案例:国家开放大学

国家开放大学是新型学习体系的代表。国家开放大学为学生提供了新型的学习体系,充分做到了面向人人、随时随地即可学习,以学分银行来贯彻终身教育。

2012 年 7 月 31 日,国家开放大学在中央广播电视大学的基础上揭牌成立。一直以来,学校践行"你我身边的大学"这一承诺,以"开放、责任、质量、多样化、国际化"为办学理念,提供"人人皆学、时时可学、处处能学"的学习体验。

国家开放大学致力于实现有支持的开放式学习,探索以学生为中心,基于网络自主学习、远程学习支持服务与面授辅导相结合的新型学习模式;以需求为导向,以能力培养为核心,改革教学内容和课程体系,与行业企业合作,科学、灵活、有针对性地开设国家开放大学特色专业;改进教学方法,为学习者提供集多媒体资源、教学交互、学习评价和学习支持服务于一体的海量、优质网络课程;通过遍布全国的学习中心提供面授辅导,也可以通过高清、快速的双向视频系统促进师生实时交流,为学习者提供随时随地的远程学习支持服务;推进从以终结性考试为主向形成性考核为主的多元评价模式转变。

(1) 随时随地的网络学习环境

国家开放大学学习网为学习者提供了一站式的学习服务,学生只要登录就可以在这里享受海量的学习资源和全方位的服务。学习网是国家开放大学创新人才培养模式,打造以"六网融通"为主要特征的人才培养模式的网络学习平台,包括网络学习空间、网络教师团队、网络核心课程、网络学习支持、网络教学管理和网络学习测评几个子系统。

学习网的界面设计体现了"以学习者为中心"的理念,分为"学生空间""教师空间""课程推荐"三个板块。国家开放大学建有覆盖全国的,一站式、一体化的,一线座席、远端座席、专家座席相结合的"云呼叫"远程接待中心,可以为学生提供全天候的信息查询、选课指导等服务。

(2) 漫步云端的学习体验

作为一所新型大学,国家开放大学特别关注为教育不发达地区和人群提供教育服务,关注少数民族地区的高等教育需求。为解决这些问题,国家开放大学提出了基于云计算技术、建设"云教室"的战略规划,并将建设重点放在中西部地区,优先选择中西部的一线学习中心,最大限度地将优质教育资源输送到学生手中。

作为先进信息技术在远程教育领域的应用典范,"云教室"实现了在线面授教学、远程实时教学、课程实时录播、网络直播教学、视频会议、远程面试与答辩、网络考试与考试监控等功能。"云教室"项目是国家开放大学信息化建设的重要组成部分,它的建设促进了优质教育资源的共享和中西部教育的发展均衡,成为国家开放大学信息化应用的开路先锋。

(3) 海量的数字化学习资源

五分钟课程已经成为优质的微、小课程资源汇聚、共享和学习的公共平台。目前已有 15 000 门五分钟课程上线,满足了老百姓在衣、食、住、行、学等方面的知识需求,提升了大众的幸福生活指数。

除了五分钟课程这样的微课程,在国家开放大学的网站上,学习者还可以寻觅到丰富自己专业知识的"营养套餐",找到让自己放松的"现磨咖啡"。在这里,学习者不但可以穿越时空与古代先哲对话,还可以穿越到大洋彼岸的美国聆听耶鲁大学教授的公开课。视频公开课、网络核心课、名师经典课、国内精品课和国外公开课,各种资源应有尽有,满足学习者不同的口味。

此外,国家开放大学在自身办学体系内和中高职院校里建立了 224 个数字化学习资源分中心,推出中国普法网、大学生村官网、滇西学习网等公益网站,实现了优质资源的共享、共建。

（4）量身定做行业企业课程

2014年秋，国家开放大学携各分部、行业（企业）学院、地方学院、学习中心等，与相关行业、企业和工会系统等开展了广泛的合作，启动了"助力计划"试点，面向生产和服务一线的在职职工开展学历与非学历继续教育，将学习与应用紧密结合，办学体系与企业职工培训体系实现对接，完全实现了产业工人不必耽误工作，就能方便、快捷地学到与自己职业息息相关的专业知识，并获得相应证书的梦想。

国家开放大学打造的"产业与教育融合"新型人才培养模式是重构办学组织体系，践行"把大学办在社会中"这一理念的"试验田"。国家开放大学还探索与大型企业合作培养人才的路径和模式，首家依托"助力计划"的企业大学已经成立，企业大学将成为集学历专业培养、职业技能培训和企业岗位培训于一体的现代大学。此外，学校还与大型企业合作成立企业学院，探索将企业员工岗位技能培训与学历提升相结合的办学模式和体制机制。

（5）学习资源辐射全社会

国家开放大学作为全民终身学习的重要支撑，发挥自身的组织体系优势、信息化平台优势和数字化学习资源优势，积极推进老年教育，主动承担起社会责任。除了老年教育，由国家开放大学牵头的社区教育、艺术教育、干部在线、农民工培训、国培计划、全国教师信息素养提升工程、职工素质提升工程等针对不同群体的非学历继续教育项目也遍地开花。国家开放大学与国家部委、社会团体、行业企业、教育机构等紧密开展合作，探索学历教育与非学历教育结合、职业教育与继续教育衔接、线上学习与线下学习互补、公益服务与市场化运作双赢的新型运营模式，使学习资源迅速向全社会辐射。

（6）为学习者建立终身学习档案

国家开放大学致力于促进全民终身学习，建设具备学分认证、转换、存取等功能的学分银行系统，为每个学习者建立个人终身学习档案。学习者可以按照学分累积规则，零存整取并申请获取相应证书。国家开放大学学分银行努力为各类教育培训机构之间的学分互认与转换提供基础，鼓励社会成员通过各种形式的学习累积学分，实现学历教育与非学历教育之间的沟通和衔接，搭建终身教育的"立交桥"，促进终身教育体系的形成。

参 考 文 献

[1] Andrew, M. (2005). Vocational education and training in England. Middlesex University.

[2] ANTA. (2000). The Vocational Education and Training System.

[3] Apple, M. W. (2004). *Ideology and Curriculum* (3rd Edition). New York: Routledge.

[4] Asian Development Bank.(2009). Good practice in technical and vocational education and training. Mandaluyong City, Philippines.

[5] Auernheimer, G. (2006). The German education system: Dysfunctional for an immigration society. *European Education*, 37(04), 75-89.

[6] Australian Government Department of Industry. (2012). Annual national report of the Australian vocational education and training system 2012.

[7] Australian Qualifications Framework (AQF). (2018). Australian qualifications framework.

[8] Australian Skills Quality Authority (ASQA). (2015). Users' guide-standards for registered training organisations (RTOs) 2015.

[9] Barlow, M. L. (1967). *History of Industrial Education in the United States*. Peoria, Illinois: Chas. A. Bennett Co.

[10] Barr, R. B., & Tagg, J. (1995). From teaching to learning: A new paradigm for undergraduate education. *Change: The Magazine of Higher Learning*, 27(06), 12-26.

[11] Bates, I. (1995). The competence movement: Conceptualising recent research. *Studies in Science Education*, (25), 39-68.

[12] Bath, D., Smith, C., Stein, S., & Swann, R. (2004). Beyond mapping and embedding graduate attributes: Bringing together quality assurance and action learning to create a validated and living curriculum. *Higher Education Research & Development*, 23(03), 313-328.

[13] Beckett, D. (2008). Holistic competence: Putting judgments first. *Asia Pacific Education Review*, 9(01), 21-30.

[14] Benson, C. S. (1997). New vocationalism in the United States: Potential problems and outlook. *Economics of Education Review*, 16(03), 201-212.

[15] Berger, P. T., & Luckmann, T. (1967). *The Social Construction of Reality: A Treatise in the Sociology of Knowledge*. New York, NY: Anchor Books.

[16] Blair, T., Kelly, R., & Brown, G. (2006). Further Education: Raising Skills, Improving Life Chances. Secretary of State for Education and Skills.

[17] Blank, W. E. (1982). *Handbook for Developing Competency Based Training Program*. Englewood Cliffs, New Jersey: Prentice Hall.

[18] Boreham, N. (2004). A theory of collective competence: Challenging the Neo-Liberal individualization of performance at work. *British Journal of Educational Studies*, 52(01), 5–17.

[19] Bowers, H. (2006). Curriculum design in vocational education. Australian Association for Research in Education-2006 Conference, 26 to 30 November 2006, Adelaide.

[20] Brockmann, M., Clarke, L., & Winch, C. (2008). Knowledge, skills, competence: European divergences in vocational education and teaching (VET): The English, German, and Dutch cases. *Oxford Review of Education*, 34(05), 547–567.

[21] Brolin, D. E. (1995). *Career Education: A Functional Life Skills Approach*. Englewood Cliffs, NJ: Prentice-Hall.

[22] Brooking, A. (1996). *Intellectual Capital*. London: International Thomson Business Press.

[23] Brown, B. L. (1998). *Task Analysis Strategies and Practice, Practice Application Brief*. Columbus: ERIC Clearinghouse on Adult, Career, and Vocational Education.

[24] Brown, J. S., Collins, A., & Duguid, P. (1989). Situated cognition and the culture of learning. *Educational Researcher*, 18(01), 32–42.

[25] Brundrett, M. (2000). The question of competence: The origins, strengths and inadequacies of a leadership training paradigm. *School Leadership & Management*, 20(03), 353–369.

[26] Burbules, N. C. (2008). Tacit teaching. *Educational Philosophy and Theory*, 40(05), 666–677.

[27] Butler, F. (1978). The concept of competency: An operational definition. *Educational Technology*, (18), 7–18.

[28] CareerOneStop. (2010a). Technical assistance guide for developing and using competency models? One solution for a demand-driven workforce system.

[29] CareerOneStop. (2010b). Help and FAQs.

[30] Cheetham, G., & Chivers, G. (1996). Towards a holistic model of professional competence. *Journal of European Industrial Training*, 20(05), 20–30.

[31] Chen, D. N., Liang, T. P., & Lin, B. (2010). An ecological model for organizational knowledge management. *Journal of Computer Information Systems*, 50(03), 11–22.

[32] Chomsky, N. (1965). *Aspects of the Theory of Syntax*. Cambridge, MA: MIT Press.

[33] Clarke, L., & Winch, C. (2007). Introduction. In L. Clarke, & C. Winch (Eds.), *Vocational Education* (pp. 1–17). New York: Routledge.

[34] Colardyn, D., & Bjornavold, J. (2004). Validation of formal, non-formal and informal learning: Policy

and practices in EU member states. *European Journal of Education*, 39(01), 89.

[35] Collins, A, Brown, J. S., & Newman S. E. (1989). Cognitive apprenticeship: Teaching the craft of reading, writing and mathematics. *Thinking: The Journal of Philosophy for Children*, 8(01), 2-10.

[36] Compton, J. I., Frankie S. L., & Starobin, S. S. (2010). Career and technical education as pathways: Factors influencing post college earnings of selected career clusters. *Journal of Education for Students Placed at Risk*, (15), 93-113.

[37] Cronshaw, S. F., Best, R., Zugec, L., Warner, M. A., Hysong, S. J., & Pugh, J. A. (2007). A five-component validation model for functional job analysis as used in job redesign. *Erogmtrika*, (04), 12-31.

[38] Dandara, O. (2014). Career education in the context of lifelong learning. *Procedia-Social and Behavioral Science*, (142), 306-310.

[39] DEEWR. (2018). National training framework.

[40] Delamare-Le Deist, F., & Winterton, J. (2005). What is competence? *Human Resource Development International*, 8(01), 27-46.

[41] Diamond, R. M. (1997). *Designing and Assessing Courses and Curricula: A Practical Guide*. San Francisco, CA: Jossey-Bass.

[42] Dostal, W. (2008). Occupational research. In F. Rauner & R. Maclean(Eds.), *Handbook of TVET Research*. Dordrecht: Springer.

[43] Dreyfus, H. L., & Dreyfus, S. E. (1986). *Mind over Machine*. Oxford: Blackwell.

[44] Duarte, M. (2014). Formative assessment in b-learning: Effectively monitoring students learning. TEEM'14 Proceedings of the Second International Conference on Technological Ecosystems for Enhancing Multiculturality, New York.

[45] Finch, C. R., & Crunkilton, J. R. (1993). *Curriculum Development in Vocational and Technical Education: Planning, Content, and Implementation*(4th ed.). Boston, MA: Allyn and Bacon.

[46] Fodor, J. A. (1983). *The Modularity of Mind*. Cambridge, MA: MIT Press.

[47] Foster, P. N. (1997). Lessons from history: Industrial arts/technology education as a case. *Journal of Vocational and Technical Education*, 13(02), 12.

[48] Foundation Education. (2012). Summary of AQTF or VET quality framework audit information.

[49] Fuchs, H. W., & Reuter, L. R. (2004). Education and schooling in East Germany. *International Journal of Educational Development*, 24(05), 529-537.

[50] Gadotti, M. (2009). Adult education and competence development: From a criticalthinking perspective. In K. Illeris (Ed.), *International Perspectives on Competence Development: Developing Skills and Capabilities* (pp. 18-33). New York, NY: Routledge.

[51] Gopher, D., Weil, M., & Siegel, D. (1989). Practice under changing priorities: An approach to the training of complex skills. *Acta Psychologica*, 71(01-03), 147-177.

[52] Gordon, H. R. D. (2008). *The History and Growth of Career and Technical Education in America* (3rd ed.). Prospect Heights, IL: Waveland.

[53] Gray, K. C., & Herr, E. L. (1998). *Workforce Education: The Basics*. Boston: Allyn and Bacon.

[54] Hager, P., & Beckett, D. (1995). Philosophical underpinnings of the integrated conception of competence. *Educational Philosophy and Theory*, 27(01), 1-24.

[55] Halinen, I., & Holappa, A. (2013). Curricular balance based on dialogue, cooperation and trust: The case of Finland. In W. Kuiper, & J. Berkvens (Eds.), *Balancing Curriculum Regulation and Freedom across Europe*. CIDREE Yearbook, Enschede, the Netherland: SLO.

[56] Hall, B. H., & Marsh, R. J. (2003). *Legal Issues in Career and Technical Education*. Homewood IL: American Technical Publishers.

[57] Halász, G., & Michel, A. (2011). Key competences in Europe: Interpretation, policy formulation and implementation. *European Journal of Education*, 46(03), 289-306.

[58] Han, S. (2009). Competence: Commodification of human ability. In K. Illeris (Ed.), *International Perspectives on Competence Development: Developing Skills and Capabilities* (pp. 56-68). New York, NY: Routledge.

[59] Harden, R. E. (2001). Curriculum mapping: A tool for transparent and authentic teaching and learning. *Medical Teacher*, 23(02), 123-137.

[60] Hativa, N. (1997). Teaching in a research university: Professors' conceptions, practices, and disciplinary differences (An unpublished report). Tel Aviv: Tel Aviv University.

[61] Hativa, N. (2000). *Teaching for Effective Learning in Higher Education*. Dordrecht, The Netherlands: Kluwer Academic Publishers.

[62] Higher Level Group on the Modernization of Higher Education. (2013). *Report to the European Commission on Improving the Quality of Teaching and Learning in Europe's Higher Education Institutions*. Luxembourg: Publication Office of European Union.

[63] Hodge, S. (2007). The origins of competency-based training. *Australian Journal of Adult Learning*, 47(02), 179-208.

[64] Hoffmann, T. (1999). The meanings of competency. *Journal of Eueopean Industrial Training*, 23(06), 275-285.

[65] Hsu, C, C. (2007). The Delphi technique: Making sense of consensus. Practical Assessment. *Research and Evaluation*, 12(10), 1-8.

[66] Huggins, R., & Sturt, H. (2004). The skills economy and workforce development: A regional approach to policy intervention. *European Journal of Education*, 39(01), 47-68.

[67] Hyland, T. (2006). Reductionist trends in education and training for work: Skills, competences and work-based learning. *Peter Lang*, 129-146.

[68] Illeris, K. (2009). Competence, learning and education: How can competences be learned, and how can they be developed in formal education? In K. Illeris (Ed.), *International Perspectives on Competence Development: Developing Skills and Capabilities* (pp. 83–98). New York: Routledge.

[69] Industry Skills Councils (ISCs). (2011). Education, employment and workplace relations references committee: The Senate industry skills council's final report.

[70] Industry Skills Councils (ISCs). (2013). Quality in VET-A national imperative.

[71] Industry Skills Councils (ISCs). (2014). Shared responsibilities, shared solutions: Analysis of the training package continuous improvement process for the industry skills councils forum.

[72] Javidan, M. (1998). Core competence: What does it mean in practice? *Long Range Planning*, 31(01), 60–71.

[73] Kang, S., & Bishop, J. (1989), Vocational and academic education in high school: Complements or substitutes? *Economics of Education Review*, 8(02), 133–148.

[74] Kells, H. R. (1983). *Self-study Process: A Guide for Post-secondary Institution* (2nd ed.). New York: Macmillan Publishing.

[75] Kember, D. (1997). A reconceptualisation of the research into university academics' conception of teaching. *Learning and Instruction*, 7 (03), 255–275.

[76] Kember, D., & Kwan, K. P. (1999). Lectures' approaches to teaching and their relationship to conceptions of good teaching. In N. Hativa, & P. Goodyear (Eds.), *Teacher Thinking, Beliefs and Knowledge in Higher Education*. Dordrecht, the Netherlands: Kluwer Academic Publishers.

[77] Kessinger, T. A. (2011). Efforts toward educational reform in the united states since 1958: A review of seven major initiatives. *American Educational History Journal*, 38(02), 263–276.

[78] Kincheloe, J. L. (1999). *How Do We Tell the Workers? The Socioeconomic Foundations of Work and Vocational Education*. Boulder, Colorado: Westview Press.

[79] Klein, J. (2010). *Creating Interdisciplinary Campus Cultures: A Model for Strength and Sustainability*. San Francisco: Jossey Bass and Association of American Colleges and Universities.

[80] Knowles, M. S. (1970). *The Modern Practice of Adult Education: A Systematic Approach to Education*. New York: Holt, Rinehart, & Winston.

[81] Kuhn, T. S. (1970). *The Structure of Scientific Revolutions* (2nd ed.). Enlarged, Chicago: The University of Chicago Press.

[82] Kun, Y.-W., Wang, H.-S., & Chang, S.-H. (2015). A Study on the current developments and strategies of vocational education and training in Singapore. *Journal of Technological and Vocational Education*, 6(02), 17–42

[83] Laanan, F. S., Compton, J. I., & Friedel, J. N. (2006). The role of career and technical education in Iowa community colleges. *Community College Journal of Research and Practice*, (30), 293–310.

[84] Law, S. S. (2011). Case study on national policies linking TVET with economic expansion: Lessons from Singapore. Paper presented at the meeting of experts for the 2012 education for all global monitoring report 34, Germany.

[85] Le, C., Wolfe, R., & Steinberg, A. (2014). The past and the promise: Today's competency education movement. Students at the Center: Competency Education Research Series. Boston, MA: Jobs for the Future.

[86] Lee, J.-P., & Jung, T.-H. (2005). Vocational education for national competitiveness. In J.-H. Kim (Ed.), *New Paradigm of Human Resources Development* (pp. 61-78). Seoul: KRIVET.

[87] Levesque, K., Laird, J., Hensley, E., Choy, S. P., Cataldi, E. F., & Hudson, L. (2008). Career and technical education in the United States: 1990 to 2005 (NCES 2008-035). Washington, DC: National Center for Education Statistics, Institute of Education Sciences, U. S. Department of Education.

[88] Levine, T. (2002). Stability and change in curriculum evaluation. *Studies in Educational Evaluation*, (28), 1-33.

[89] Lewis, E. G. (1998). Disciplinary breadth and interdisciplinary knowledge production. *Knowledge, Technology & Policy*, (01), 4-15.

[90] Light, A. (1998). Estimating returns to schooling: When does the career begin? *Economics of Education Review*, 17(01), 31-45.

[91] Lum, G. (2004). On the non-discursive nature of competence. *Educational Philosophy and Theory*, 3(05), 485-496.

[92] Mansfield, B. (1989). Competence and standards. In J. W. Burke (Ed.), *Competency based Education and Training* (pp. 26-38). London, UK: Falmer Press.

[93] Mcalpine, L. (2004). Designing learning as well as teaching: A research-based model for instruction that emphasizes learner practice. *Active Learning in Higher Education*, 5(02), 119-134.

[94] McClelland, D. C. (1998). Identifying competencies with behavioral-event interviews. *Psychological Science*, 9(05), 331-339.

[95] McTighe, J., & Thomas, R. S. (2003). Backward design for forward action. *Educational Leadership*, 60(05), 52-55.

[96] Mead, G. H. (1967). *Mind, Self and Social: From the Standpoint of a Social Behaviorist*. Chicago, IL: University of Chicago Press.

[97] Mesjasz, C. (2010). Complexity of Social Systems. *Acta Physica Polonica A*, (04), 706-715.

[98] Mobley, M. D. (1964). A review of federal vocational-education legislation 1862-1963. *Theory into Practice*, 3(05), 167-170.

[99] Molgat, M., Deschenaux, F., & LeBlanc, P. (2011). Vocational education in Canada: Do policy directions and youth trajectories always meet? *Journal of Vocational Education and Training*, 63(04), 505-524.

[100] Moore, L. (2007). Preaching the word: Career and technical education. *Techniques: Connecting Education & Careers*, 82(03), 48-51.

[101] Mulder, Y. G., Lazonder, A. W., & de Jong, T. (2011). Comparing two types of model progression in an inquiry learning environment with modelling facilities. *Learning & Instruction*, 21(05), 614-624.

[102] Na, S. I. (2009). The present state and the future challenges of vocational education in the Republic of Korea. *Bulletin of National Institute of Education Resources and Research*, (43), 167-98.

[103] Nadler, D. A., & Tushman, M. (1999). The organization of the future: Strategic imperatives and core competencies for the 21st century. *Organizational Dynamics*, 27(01), 45-58.

[104] Nieto, S. (2005). *Why We Teach*. Chicago: Teacher College Press.

[105] Noddings, N. (2004). *Philosophy of Education*. Boulder, Colo. : Westview Press.

[106] Norton, R. E. (2009). Competency-based education via the DACUM and SCID process: An overview. Center on education and training for employment, college of education and human ecology.

[107] OECD. (2009). 21ST century skills and competences for new millennium learners in OECD countries.

[108] Oyao, S. G. Holbrook, J., Rannikmäe, M., & Pagunsan, M. M. (2015). A competence based science learning framework illustrated through the study of natural hazards and disaster risk reduction. *International Journal of Science Education*, 37(14), 2237-2263.

[109] Perfettop, G. A., Bransford, J. D., & Franks, J. J. (1983). Constraints on access in a problem solving context. *Memory and Cognition*, (11), 24-31.

[110] Petersen, W., & Jepsen, M. (2015). Report. German approach and experience of development of occupational standards, Flensburg.

[111] Polanyi, M, & Grene, M. (1969). *Knowing and Being: Essays by Michael Polanyi*. Chicago: University of Chicago Press.

[112] Polanyi, M. (1966). *The Tacit Dimension*. New York: Doubleday.

[113] QCA. (2004). New thinking for reform.

[114] QCA. (2006a). QCA for england education.

[115] QCA. (2006b). The national qualifications framework sheet.

[116] Ramsaroop, E V. (2001). Vocational and technical education changes that are potential contributors to the economic development of Trinidad and Tobago, Virginia Tech.

[117] Rauner, F., & Maclean, R. (2008). Vocational education and training research: An introduction. In F. Rauner, & R. Maclean (Eds.), *Handbook of Technical and Vocational Education and Training Research* (p. 279). Amsterdam: Springer Netherlands.

[118] Raven, J. (2001). The conceptualisation of competence. In J. Raven, & J. Stephenson (Eds.), *Competence in the Learning Society* (pp. 253-274). New York, NY: Peter Lang.

[119] Reid, T. (2003). Overview of DACUM job analysis process. NIC academy division.

[120] Reigeluth, C. M., & Rodgers, C. A. (1980). The elaboration theory of instruction: Prescriptions for task analysis and design. *NSPI Journal*, 19(01), 16-26.

[121] Reigeluth, C. M., & Stein, F. S. (1983). The elaboration theory of instruction. In C. M. Reigeluth, (Ed.), *Instructional-design Models: An Overview of the Current Status*. Hillsdale, N. J.: Erlbaum.

[122] Rogers, G. E. (1995). Technology education curricular content: A trade and industrial education perspective. *Journal of Industrial Teacher Education*, 32(03), 59-74.

[123] Rojewski, J. W. (2002). Preparing the workforce of tomorrow: A conceptual frame for career and technical education. *Journal of Vocational Education Research*, 27(01), 7-34.

[124] Rumberger, R., & Daymont, T. N. (1984). Economic value of high-school vocational training acquired in high-school. In M. E. Borus (Ed.), *Youth and the Labor Market: Analyses of the National Longitudinal Survey* (pp. 158-166). Kalamazoo, MI: W. E. Upjohn Institute for Employment Research.

[125] Ruth, D. (2006). Frameworks of managerial competence: Limits, problems and suggestions. *Journal of European Industrial Training*, 30(03), 206-226.

[126] Rychen, D. S., & Salganik, L. H. (2003). A holistic model of competence. In D. S. Rychen, & L. H. Salganik (Eds.), *Key Competencies: For a Successful Life and a Well-functioning Society* (pp. 41-62). Göttingen, Germany: Hogrefe & Huber.

[127] Sanches-Nielsen, E. (2013). Producing multimedia pills to stimulate student learning and engagement. ITiCSE' 13 Proceedings of the 18th ACM conference on Innovation and technology in computer science education, New York.

[128] Sawardekar, N. (2002). *Assessment Centres: Identifying Potential and Developing Competency*. Thousand Oaks, CA: Sage Publication.

[129] Schilling, J. F., & Kötting, J. R. (2010). Underpinnings of competency-based education. *Athletic Training Education Journal*, 5(04), 165-169.

[130] Schulze, U., Kanwischer, D., & Reudenbach, C. (2011). Competence dimensions in a Bologna-oriented GIS education. In T. Jekel, A. Koller, K. Donert, & R. Vogler (Eds.), *Learning with GI 2011, Implementing Digital Earth in Education* (pp. 108-117). Heidelberg, Germany: Herbert Wichmann Verlag.

[131] Schwab, J. J. (1970). *The Practical: A language for Curriculum*. Washington, DC: National Educational Association.

[132] Scriven, M. (1999). The nature of evaluation (part I): Relation to psychology. Practical Assessment, Research & Evaluation, 6(11),1149-1156.

[133] Shadish, W. (1998). Some evaluation questions. *Practical Assessment Research & Evaluation*, 6(August), N/A.

[134] Shen, S. S. (2009). The relation of secondary school's education and vocational school's training in

Australia. *Bulletin of Educational Data: Technical and Vocational Education of Various Countries*, (43), 199-219.

[135] Singapore Workforce Development Agency (SWDA). (2012). There are 33 Singapore Workforce Skills Qualifications (WSQ) frameworks. Each framework is recognized by the respective industry.

[136] Singapore Workforce Skills Qualification (WSQ). (2017). Interpretation of WSQ competency standards for training and assessment.

[137] Smith, P, L., & Ragan, T. J. (2004). *Instructional Design*. New York: John Wiley & Sons.

[138] Stasz, C. (2000). *Assessing Skills for Work: Two Perspectives*. Oxford: Oxford Economic Papers.

[139] Stenhouse, L. (1975). An Introduction to Curriculum Research and Development. London: Heinemann.

[140] Stoll, L., & Fink, D. (1996). *Changing Our Schools: Linking School Effectiveness and School Improvement*. Buckingham: Open University Press.

[141] Stolz, S., & Gonon, P. (2012). *Challenges and Reforms in Vocational Education: Aspects of Inclusion and Exclusion. Studies in Vocational and Continuing Education, Volume 11*. New York: Peter Lang GmbH, Internationaler Verlag der Wissenschaften.

[142] Stout, B. L., & Smith, J. B. (1986). Competence-based education: A review of the movement and a look to the future. *Journal of Vocational Home Economic Education*, 4(02), 109-134.

[143] Stufflebeam, D. L. (2003), The CIPP model for evaluation. In T. Kellaghan, & D. L. Stufflebeam (Eds.), *International Handbook of Educational Evaluation* (pp. 31-62). Dordrecht: Springer.

[144] Ständigen Konferenz der Kultusminister der Länder in der Bundesrepublik Deutschland. (2017). Grundstruktur des Bildungswesens in der Bundesrepublik Deutschland Diagramm.

[145] TAFE Directors Australia. (2014). About us.

[146] Tang, J.-L., & Huang, S.-F. (2013). Department-based practical curriculum design for vocational and technical university: The case of department of mechanical engineering at China University of Science and Technology. *Journal of China University of Science and Technology*, 55(04), 153-179.

[147] Tariq, V. N., Scott, E. M., Cochrane, A. C., Lee, M., & Ryles, L. (2004). Auditing and mapping key skills within university curricula. *Quality Assurance in Education*, 12(02), 70-81.

[148] Task Force on Future of MIT. (2014). Institute-wide task force on the future of MIT education final report.

[149] Tchibozo, G. (2010). Emergence and outlook of competence-based education in European education system: An overview. *Education Knowledge & Economy*, 4(03), 193-205.

[150] Thielens, W., Jr. (1987). The disciplines and undergraduate lecturing. Paper presented at the annual meeting of the American Educational Research Association, Washington: D. C.

[151] Tseng, M. S. & Lee, Y. -F. (2014). A study on the current status and development issues of the tech-

nical high schools in Japan. *Journal of Technological and Vocational Education*, 5 (03), 55-76.

[152] U. S. Department of Education Office of Vocational and Adult Education. (2012). Aligning secondary and postsecondary education: Experiences from career and technical education.

[153] U. S. Department of Education.(2001). No child left behind act.

[154] UNESCO. (1982). Curriculum development in technical and vocational education: A methodology guide.

[155] Vargas Zuñiga, F. (2004). 40 questions on labour competency.

[156] Weick, K. E., & Robert, K. H. (1993). Collective mind in organizations: Heedful interrelating on flight decks. *Administrative Science Quarterly*, (38), 357-381.

[157] Willbergh, I. (2015). The problems of 'competence' and alternatives from the Scandinavian perspective of Bildung. *Journal of Curriculum Studies*, 47(03), 334-354.

[158] Wolf, A. (1989). Can competence and knowledge mix? In J. W. Burke (Ed.), *Competency based Education and Training* (pp. 39-53). London, UK: Falmer Press.

[159] Wu, M.-H., Li, K.-Y., & Huang, W.-C. (2011). Competence for Taiwan Students of Technological and Vocational Education:The Example of Career and Technical Education in the U. S. A. *Bulletin of Educational Data: Technical and Vocational Education of Various Countries*, (51), 69-88.

[160] Wu, P. C. (2018). Reflecting on the perspective transformation of competency-based education. *Journal of Educational Research and Development*, 14(02), 35-64.

[161] Yu, C.-P. (2016). Discussion and reflection on the vocational education and training and it's quality assurance in Australia. *Journal of Educational Research and Development*, 12(02), 31-64.

[162] Yung, C.-S. (2010). Historical background, current status and development trends of vocational and technical education in the United States. *Bulletin of Educational Data: Technical and Vocational Education of Various Countries*, (47), 135-164.

[163] Zirkle, C. (1998). Perceptions of vocational educators and human resource/Training and development professionals regarding skill dimensions of school-to-work transition programs. *Journal of Vocational and Technical Education*, 15(01), 305-411.

[164] 〔德〕费利克斯·劳耐尔,赵志群,吉利. (2010). 职业能力与职业能力测评:KOMET 理论基础与方案.北京:清华大学出版社.

[165] 〔德〕乔·凯兴斯泰纳. (2005). 职业教育思想与《劳作学校要义》等选读.北京师联教育科学研究所编译.北京:中国环境科学出版社.

[166] 〔荷兰〕杰罗姆·范梅里恩伯尔,保尔·基尔希.(2015).综合学习设计(第二版)——四元素十步骤系统方法.盛群力,陈丽,王文智,毛伟,等译,福州:福建教育出版社.

[167] 〔美〕彼特·德鲁克.(2014).卓有成效的个人管理.杨剑译.北京:机械工业出版社.

[168] 〔美〕罗伯特·加涅,等. (1999).教学设计原理.皮连生译.上海:华东师范大学出版社.

[169]〔美〕洛林·安德森,等.(2009).布卢姆教育目标分类学:分类学视野下的学与教及其测评(完整版).蒋小平,等译.北京:外语教学与研究出版社.

[170]〔美〕洛林·安德森.(2008).学习、教学和评估的分类学:布卢姆教育目标分类学修订版(简缩本).皮连生主译.上海:华东师范大学出版社.

[171]〔美〕沃尔特·迪克,卢·凯瑞,等.(2007).系统化教学设计.6版.庞维国,等译.上海:华东师范大学出版社.

[172]〔美〕伊曼纽·华勒斯坦.(1997).开放社会科学.刘峰译.北京:生活·读书·新知三联书店.

[173]〔美〕约翰·杜威.(2016).民主主义与教育.王承绪译.北京:中国轻工业出版社.

[174]〔美〕约翰·杜威.(2005).我们怎样思维·经验与教育.姜文闵译.北京:人民教育出版社.

[175]〔日〕竹内弘高,野中郁次郎.(2006).知识创造的螺旋:知识管理理论与案例研究.李萌译.北京:知识产权出版社.

[176]〔英〕丹尼斯·劳顿,等.(1985).课程研究的理论与实践.张渭城,环惜吾,黄明皖,等译.北京:人民教育出版社.

[177]〔英〕路易丝·斯托尔,〔加〕迪安·芬克.(2010).未来的学校变革的目标与路径.柳国辉译.北京:北京大学出版社.

[178]白汉刚.(2011)."十一五"期间我国职业教育发展情况分析.中国职业技术教育.(31),63—67.

[179]曹晖,伊晓婷,李澍松,沈君华.(2018).基于多元学习需求的英国开放大学课程建设研究.成人教育,38(03),89—93.

[180]曹井新,张丽平,陈宝军.(2008).终身教育理论的产生发展过程与本质特征.哈尔滨职业技术学院学报,(05),38—39.

[181]曹叔亮.(2016).近十年来我国职业教育研究发展实证分析——基于"十一五""十二五"期间教育部人文社会科学研究一般项目.职业技术教育,37(07),26—30.

[182]曹阳艳.(2015).教学设计与岗位工作任务相结合——《市政工程计量与计价》教学设计研究.吉林教育,(01),148—135.

[183]柴福洪,陈年友.(2012).高等职业教育名词研究.北京:高等教育出版社.

[184]陈军.(2007).本科层次职业技术人才培养模式研究.东北师范大学.

[185]陈明.(2012).本科教育教学:从"教"到"学"的转型——"'以学生为中心'的本科教育变革"国际学术研讨会综述.嘉应学院学报(哲学社会科学版),(12),83—87.

[186]陈智敏,吕巾娇,刘美凤.(2016).不同层级学习者分析要素体系修订.教师教育学报,3(01),71—77.

[187]程宜康,吴倩.(2014).高职教育课程体系构建的课程决策.职教论坛,(27),4—9.

[188]程宜康.(2011).高职教育标准化建设思考.高等职业教育(天津职业大学学报),20(01),11—15.

[189]崔志钰.(2018).职业教育——不设限 天地宽.中国教育报,09-11.

[190] 邓宏宝.(2015).高职院校职业生涯辅导课程开发研究.南京师范大学.

[191] 窦争妍.(2016).中国制造业转型升级背景下的人力资本积累研究.上海社会科学院.

[192] 范敏,刘永凤.(2017).斯腾豪斯对课程开发"过程模式"的诠释.外国教育研究,44(06),108—117.

[193] 范树花.(2008).改革开放以来我国职业教育政策走向研究.陕西师范大学.

[194] 方明.(2004).缄默知识论.合肥：安徽教育出版社.

[195] 冯克诚.(2005).凯兴斯泰纳职业教育思想与《劳作学校要义》选读.北京：中国环境科学出版社.

[196] 高林,等.(2006).应用性本科教育导论.北京：科学出版社.

[197] 高志敏,朱敏,傅蕾,陶孟祝.(2017).中国学习型社会与终身教育体系建设："知"与"行"的重温与再探.开放教育研究,23(04),50—64.

[198] 龚春蕾.(2010).职业教育体系特色的国际比较研究.职教论坛,(18),7—11.

[199] 关晶,李进.(2014).现代职业教育体系研究的边界与维度.中国高教研究,(01),90—93.

[200] 关晶.(2013).职业主义与能力本位：两种职业教育范式的比较.外国教育研究,40(10),21—29.

[201] 郝克明.(2012).终身学习与"学分银行"的教育管理模式.开放教育研究,18(01),12—15.

[202] 郝天聪,石伟平.(2018).全面深化改革语境下的职业教育研究——近年中国职业教育研究热点问题分析.教育研究,39(04),80-89.

[203] 何力.(2015).基于"五个对接"的现代学徒制模式构建.教育现代化,(09),42—44.

[204] 和震.(2009).我国职业教育政策三十年回顾.教育发展研究,29(03),32—37.

[205] 黄碧珠.(2015).职业教育体现终身教育理念的三种实践模式,生成机理与问题应对.中国职业技术教育,(33),23—26.

[206] 黄华,赵淑桐.(2009).高职课堂教学质量评价指标体系研究.三门峡职业技术学院学报,(02),25—31.

[207] 黄惠敏.(2018).以学生习为中心之校教育与课程探究.台湾教育评论月刊,7(01),178—181.

[208] 黄克孝,郭扬,石伟平,严雪怡.(2004).构建21世纪的职业技术教育体系.职教论坛,(01),9—12.

[209] 黄克孝.(2002).论高职课程改革的目标界定.河南职技师院学报（职业教育版）,(06),55—56.

[210] 黄艳,袁维红,俞英娜.(2017).对接职业标准的"建筑结构"课程建设探究.岳阳职业技术学院学报,32(02),44—46.

[211] 黄中阳,陈飞霞.(2005).论社会培训机构的角色定位.成人教育,(11),27—29.

[212] 贾晓霞.(2018).基于知识图谱的我国高等职业教育研究进展可视化分析.江苏师范大学.

[213] 姜大源.(2002).论行动体系及其特征——关于职业教育课程体系的思考.教育发展研究,(12),70—75.

[214] 姜大源.(2006).学科体系的解构与行动体系的重构——职业教育课程内容序化的教育学解读.

中国职业技术育,(07),53—57.

[215] 姜大源.(2007).当代德国职业教育主流教学思想研究.北京:清华大学出版社.

[216] 姜大源.(2008).职业教育:经验与策略辨.中国职业技术教育,(16),1.

[217] 姜大源.(2009).基于需求的问题与项目导向的职业教育合作——中国教育部和德国继续教育与发展协会20年合作纪事及其启示.中国职业技术教育,(32),5—8.

[218] 姜大源.(2014).工作过程系统化,中国特色的现代职业教育课程开发.顺德职业技术学院学报,12(03),1—11.

[219] 姜大源.(2018).完善体系的现状、愿景与当务.中国教育报,01-02.

[220] 姜大源.(2009).论高等职业教育课程的系统化设计——关于工作过程系统化课程开发的解读.中国高教研究,(04),66—70.

[221] 姜大源.(2017).工作过程系统化课程的结构逻辑.教育与职业,(13),5—12.

[222] 姜闽虹,李兰巧.(2013).文科实训——一种高职实训模式的探索.上海:上海交通大学出版社.

[223] 蒋莉.(2006).职业教育主要思潮简述.成人教育,(03),15—17.

[224] 焦磊.(2018).国外知名大学跨学科建制趋势探析.高等工程教育研究,(03),124—129.

[225] 赖春金,李隆盛.(2011).职能分析的方法与选择.T&D飞讯,(18),8—32.

[226] 李保强,蔡运荃,吴笛.(2016).我国高等职业教育研究学术群体知识图谱构建——基于作者共被引分析的视角.高等教育研究,37(08),40—47.

[227] 李超.(2016).高职课堂教学质量评价研究——以Y职业学院为例.厦门大学.

[228] 李德勇,吴婷,陈谦明.(2013).基于"经济人"理论的人力资源管理效率研究.河南社会科学,21(02),63—65.

[229] 李弟财.(2016).生态战略视野下的校企协同研究.当代职业教育,(01),83—87.

[230] 李怀康.(2007).职业核心能力开发报告.高等职业教育(天津职业大学学报),16(02),4—8.

[231] 李继中.(2016).工学结合教学的有效性探索.北京:清华大学出版社.

[232] 李继中.(2016).工学结合教学有效性探索.北京:清华大学出版社.

[233] 李金奇,袁小鹏.(2015).教育民生论.北京:教育科学出版社.

[234] 李隆盛.(2001).能力本位课程、教学与评量.第一届提升中等学校教师专业知能研讨会,教育改革与教学创新的期许会议手册暨论文汇编,19—35.

[235] 李雄杰.(2010).高职理论实践一体化课程规划与设计.高等工程教育研究,(02),88—92.

[236] 李宇红.(2014).职业教育分级制研究:职业教育分级框架与分级标准建构研究(修订本).北京:中国财富出版社.

[237] 李宇红.(2016).职业教育中、高、本衔接的教学标准建构研究.中国职业教育,(16),11.

[238] 李志刚.(2013).高职教育规模与经济发展水平的相关性研究——基于产业结构调整的视角.职教论坛,(07),30—33.

[239] 列宁.(1990).黑格尔《逻辑学》一书摘要,列宁文选,第55卷.北京:人民出版社.

[240] 林俊彦,王聪荣,罗文基,许全守,蔡铭修.(2007).职业学校课程基础研究案之子计划:先进国家技职教育课程改革方向之研究期末报告.台北科技大学技术与职业教育研究所.

[241] 刘斌,邹吉权.(2017).从十九大报告看我国职业教育发展的方向和重点.高等职业教育(天津职业大学学报),26(05),3—10.

[242] 刘冰,闫智勇,吴全全.(2018).职业教育课程开发模式的源流与趋势.中国职业技术教育,(33),5—11.

[243] 刘海燕,常桐善.(2018).模块化、灵活化、全球化:基于信息技术的大学"学习范式"转型——基于麻省理工学院的案例探讨.开放教育研究,24(03),19—26.

[244] 刘献君.(2012).论以学生为中心.高等教育研究,33(08),1—6.

[245] 刘晓,周明星,GAO Han.(2016).现代职业教育理论体系:认识论、本体论与方法论构建.大学教育学,(05),101—104.

[246] 刘新华,王冬琳,王利明,蒋从根.(2013).我国职业教育层次结构与生产力发展水平关系的实证研究.中国高教研究,(04),93—98.

[247] 刘尧.(2018).教育困境源于教育质量迷失.教育科学研究,(05),15—19+45.

[248] 刘义光.(2006).关于教育标准的思考.中国远程教育,(01),28—29.

[249] 刘毅,王邦勇.(2012)."以学生为中心"的人才培养模式的更新与超越.教育探索,(06),14—15.

[250] 刘志华.(2010).教学系统设计与实践.北京:清华大学出版社.

[251] 鲁昕.(2012).推动教育结构科学调整让每个孩子都成为有用之才.中国教育报,11-27.

[252] 路宝利.(2016).美国中等职业教育发展的职业主义与民主主义之争:"普杜之辩"研究.职业教育研究,(03),2.

[253] 路宝利.(2017).美国中等职业教育启鉴:"普杜之辩"研究.全球教育展望,46(10),115—128.

[254] 罗笑.(2015).高职院校特殊教育专业学生职业能力的构成——基于职业岗位分析.职教通讯,(16),70—73.

[255] 马成荣,等.(2014).我国现代职业教育学制改革的路径探析.中国职业技术教育,(31),40—44.

[256] 马丁,郑兰琴.(2011).培训课程设计与开发.北京:中国铁道出版社.

[257] 马树超.(2004).完善职业教育体系条件保障的思考.中国职业技术教育,(02),9—11.

[258] 孟庆国.(2009).现代职业教育教学论.北京:北京师范大学出版集团.

[259] 米靖.(2004).中国职业教育史研究.上海:上海教育出版社.

[260] 南海.(2012).职业教育的逻辑.太原:山西人民出版社.

[261] 欧阳河,等.(2009).中国职业教育体系的形成与演进.职教论坛,(07),43.

[262] 欧阳河.(2009).职业教育体系论.中国职业技术教育,(30),5—8.

[263] 潘金林.(2010).高校分类:高等教育多样性发展的重要导向.教育发展研究,(01),34—37.

[264] 潘懋元,王伟廉.(1995).高等教育学.福州:福建教育出版社.

[265] 皮连生,王小明,胡谊.(2009).教学设计.2版.北京:高等教育出版社.

[266] 平和光,李孝更.(2017).中国特色现代职业教育体系建设报告.职业技术教育,(24),37—44.

[267] 邱乐路,马渝华,武海燕.(2002).建立多层次、开放性高等职业教育体系的探讨.重庆工业高等专科学校学报,(01),86—87.

[268] 曲佳,何朝峰.(2009).建构主义视野下的缄默知识探究.安庆师范学院学报(社会科学版),28(12),28—31.

[269] 冉云芳.(2017).我国企业参与职业教育办学研究综述.教育学术月刊,(01),25—33

[270] 任江春,赵文涛,王勇军,徐明,付绍静.(2016).以学生为中心的教学模式研究与实践——记信息安全导论小班教学改革.计算机教育,(09),106—110.

[271] 盛群力.(2008).21世纪教育目标新分类.杭州:浙江教育出版社.

[272] 师冬松.(2008).我国现代职业教育体系的构想.阜阳师范学院学报(社会科学版),(03),135—137.

[273] 石凌.(2009).职业教育与经济增长的关系研究——以柳州市为例.华中科技大学.

[274] 石伟平.(1997).职业能力与职业标准.外国教育资料,(03),59—64.

[275] 石伟平.(2001).比较职业技术教育.上海:华东师范大学出版社.

[276] 石学云,祁占勇.(2010).中国职业教育改革发展的政策走向分析——1995—2008年中国职业教育政策文本的定量分析.职业技术教育,31(34),5—11.

[277] 石中英.(2001).知识转型与教育改革.北京:教育科学出版社.

[278] 宋明娟,甄晓兰.(2011).重建大学课程的意义与策略初探:来自建构大学系所学生专业能力的经验反思.当代教育研究,19(01),55—100.

[279] 苏春林.(2017).能力本位课程的要素及实施途径.北京教育,(05),80—83.

[280] 孙琳,徐桂庭.(2015).我国中等职业教育教学改革发展的脉络与变迁——基于教学政策文件的分析.职教论坛,(03),4—15.

[281] 孙善学.(2011)."回到逻辑起点"思考职业教育.中国教育报,09-17.

[282] 孙善学.(2011).从职业出发的教育.教育与职业,(22),45—47.

[283] 孙善学.(2011).职业教育分级制度基本问题.教育与职业,(22),97.

[284] 谭光鼎,王丽云.(2009).教育社会学:人物与思想.上海:华东师范大学出版社.

[285] 汤进.(2016).基于职业(行业)标准的课程与教学内容建设——以高职棉花加工与经营管理专业为例.辽宁高职学报,(09),46—48.

[286] 汤霓,石伟平.(2016).我国职业资格证书课程体系构建的逻辑起点、核心要素与制度保障.中国高教研究,(08),102—106.

[287] 唐虔.(1993).CBE及其对中国职教改革的意义.中国职业技术教育,(01),34—35.

[288] 陶秋燕.(2004).高等技术与职业教育——以澳大利亚为个案的研究.北京:科学出版社.

[289] 陶中.(2016).中国转型时期大学生基层就业问题研究.长春:吉林人民出版社.

[290] 滕大春.(2001).美国教育史.北京:人民教育出版社.

[291] 田庆锋,常镇宇.(2006).基于生态范式的知识管理架构研究.科学管理研究,24(06),65—73.

[292] 汪宝明.(2002).能力本位学习的技职教育课程发展.内湖高工学报,(13),1—8.

[293] 汪琼.(2017).信息化视角下全球高教发展趋势.中国教育报,05-20.

[294] 王策三.(2005).教学论稿.第2版.北京:人民教育出版社,

[295] 王艳霞.(2017).终身学习背景下的职业教育——以职业变迁为视角.职业教育,06(01),30—33.

[296] 王永林,王战军.(2014).高等职业教育评估的价值取向研究——基于评估方案的文本分析.教育研究,(02),104—111.

[297] 文部科学省. A synopsis of objectives for schools at all levels as per stipulated in school education law.

[298] 文部科学省.(2018). The objectives of high schools.

[299] 文部科学省.(2018). System for the revitalization of industrial education.

[300] 文部科学省.(2018).The basic orientation of career and vocational education development.

[301] 乌美娜.(1994).教学设计.北京:高等教育出版社.

[302] 吴晓义.(2005).波兰尼的缄默知识理论对职业能力开发的启示.中国职业技术教育,(23),32—33+35.

[303] 吴晓义.(2005).国外缄默知识研究述评.外国教育研究,(09),16—20.

[304] 吴晓义.(2006)."情境—达标"式职业能力开发模式研究.东北师范大学.

[305] 吴雪萍,郝人缘.(2017).中国职业教育的转型:从数量扩张到质量提升.中国高教研究,03,92—96.

[306] 谢莉花.(2017).德国职业教育的"教育职业标准":职业教育条例的开发内容、路径与经验.外国教育研究,(08),28—40.

[307] 谢良才,和震.(2016).论现阶段的普职比波动.教育科学,32(06),72—80.

[308] 谢珍珍.(2018).改革开放40年职业教育立法与政策回顾.中国职业技术教育,(31),14—21.

[309] 徐国庆,李政.(2017).职业教育国家专业教学标准开发理论与方法.上海:华东师范大学出版社.

[310] 徐国庆.(2007).职业教育原理.上海:上海教育出版社.

[311] 徐国庆.(2007).职业能力的本质及其学习模式.职教通讯,(01),24—28.

[312] 徐国庆.(2008).职业教育课程论.上海:华东师范大学出版社.

[313] 徐国庆.(2008).职业教育项目课程的内涵、原理与开发.职业技术教育,29(19),5—11.

[314] 徐国庆.(2009).当前高职课程改革关键概念辨析.江苏高教,(06),130—132.

[315] 徐国庆.(2010).职业能力现实化视野中的我国职教课程改革基本命题.职教论坛,(12),4—9.

[316] 徐国庆.(2014).课程衔接体系:现代职业教育体系构建的基石.中国职业技术教育,(21),187—191.

[317] 徐国庆.(2006).职业知识论与职业教育课程内容设计.职教通讯,(07),11—15.

[318] 许薇,管连,梁建花.(2018).校企合作育人模式下计算机应用型人才培养模式创新与实践.教育进展,8(04),399—406.

[319] 薛滩,王军红.(2008).职业教育与学科教育的相互融合与发展.职业技术教育,29(10),10—12.

[320] 闫寒冰,张屹.(2008).试论教育技术的范式转换.教育技术学报,2(03),9—12.

[321] 严中华.(2009).职业教育与课程开发与实施.北京:清华大学出版社.

[322] 杨桂青.(2016).构建充满现代精神的教育体系——访北京教育科学研究院副院长褚宏启教授.中国教育报,07-07.

[323] 杨金土,孟广平,严雪怡,等.(2010).高等职业教育的标准、特点和发展途径.理论经纬,(07),18—20.

[324] 杨林.(2008).韩国职业教育的历史进程及启示.中国民族教育,(11),41—43.

[325] 杨现民,田雪松.(2018).中国基础教育大数据2016—2017:走向数据驱动的精准教学.北京:科学出版社.

[326] 杨艳.(2014).构建与行业标准相衔接的高职嵌入式技术专业课程体系.软件,35(01),159—160.

[327] 臧亮.(2010).我国职业教育政策演变研究(1978—2008).浙江师范大学.

[328] 张健,周智君.(2011).缄默知识理论视阈下的"实践育人"观.辽宁教育行政学院学报,28(02),38—41.

[329] 张伦.(2009).德国职教教学设计案例分析.中国现代教育装备,(16),100—103.

[330] 张敏,李崇鞅.(2015).高职课程建设对接职业岗位群和职业生涯发展的研究——以湖南邮电职业技术学院移动通信技术专业为例.湖南邮电职业技术学院学报,(02),42—45.

[331] 张新民,罗志.(2016).高职专业群建设的机理、理论、动力和机制.职教论坛,(27),5—9.

[332] 张新民.(2011).高等职业教育理论构建.长沙:湖南人民出版社.

[333] 张永林.(2016).高等职业教育专业课程设计研究.天津大学.

[334] 章建丽.(2008).论"教育标准"——一个批判性的视角.贵阳学院学报(社会科学版),(01),92—95.

[335] 赵志群.(2003).职业教育与培训学习新概念.北京:科学教育出版社.

[336] 赵志群.(2008).对工学结合课程一些基本概念的认识.中国职业技术教育,(33),50—51+63.

[337] 赵志群.(2009).职业教育工学结合一体化课程开发指南.北京:清华大学出版社.

[338] 赵志群.(2018).我国职业教育课程模式的发展.职教论坛,(01),52—57.

[339] 赵志群.(2004).论职业教育工作过程导向的综合性课程开发.职教论坛,(06),5—8.

[340] 中国职业技术教育学会课题组.(2016).从职教大国迈向职教强国——中国职业教育2030研究报告.职业技术教育,37(06),10—13.

[341] 中华人民共和国教育部.(2018).2017年全国教育事业发展统计公报.

[342] 钟启泉.(2000)."学校知识"与课程标准.教育研究,(11),50—54.

[343] 周茂东,张福堂,杨军,谢金生.(2013).高职电子商务专业教学标准构建研究.武汉:华中师范大学出版社.

[344] 周正.(2006).从巴洛夫到福斯特——世界职业教育主导思想的转向及启示.湖南师范大学教育科学学报,5(01),84—89.

[345] 朱益明.(1999).从国际发展看我国的职业技术教育前景.教育发展研究,(08),54—57.